초국그원대사 3

Series CHUGOKU KINGENDAISHI, 6 vols.

Vol., 3. KAKUMEI TO NATIONALISM: 1925-1945

by Yoshihiro Ishikawa

Copyright © 2010 by Yoshihiro Ishikawa

First Published 2010 by Iwanami Shoten, Publishers, Tokyo.

This Korean language edition Published 2012 by Samcheolli Publishing Co., Seoul.

by arrangement with the proprietor c/o Iwanami Shoten, Publishers, Tokyo

through BC Agency.

중국근현대사 3
혁명과 내셔널리즘, 1925-1945

**지은이** 이시카와 요시히로
**옮긴이** 손승회
**편  집** 손소전
**디자인** 김미영
**펴낸이** 송병섭
**펴낸곳** 삼천리
**등  록** 제312-2008-121호
**주  소** 10570 경기도 고양시 덕양구 신원로2길 28-12, 401호
**전  화** 02) 711-1197
**팩  스** 02) 6008-0436
**이메일** bssong45@hanmail.net

1판 2쇄 2018년 3월 10일
1판 1쇄 2013년 1월 25일

값 15,000원
ISBN 978-89-94898-16-2 04910
ISBN 978-89-94898-13-1(세트)
한국어판 © 손승회 2013

# 중국근현대사

## 3

### 혁명과 내셔널리즘
**1925 – 1945**

이시카와 요시히로 지음
손승회 옮김

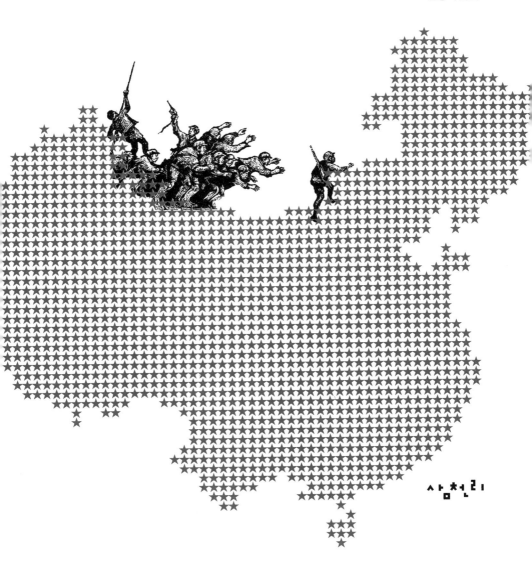

삼천리

# 서 론

**쑨원의 유언**  1925년 3월 12일, 중국혁명의 지도자 쑨원(孫文)이 베이징에서 사망했다. 간암으로 세상을 떠나던 당시 58세였다. 죽음을 앞두고 그는 세 가지의 유서를 남겼다. 중국국민당 동지들에게 보내는 유서(〈유촉〉遺囑)와 가족에게 남긴 유서 그리고 마지막으로 소련의 지도자에게 보내는 유서였다. 의도적으로 소련에 보내는 유서를 남긴 것은, 당시 소련이 중국 혁명운동에 대한 최대 지원국이었고, 자신이 죽은 뒤에도 소련이 중국을 포함한 피억압 민족에게 계속 지원의 손길을 뻗어 주기를 기원했기 때문이다.

세 가지의 유서 가운데 가장 중요한 '유촉'은 이렇게 시작한다.

나는 국민혁명에 온 힘을 다 바쳤다. 그 목적은 중국의 자유와 평등을 구하는 데 있다. 40여 년의 경험을 통해 깊이 깨달았다. 이 목적을 달성하려면 반드시 민중의 참여를 불러일으켜야 하며, 평등한 국제관계로 우리를 대하는 전 세계의 민족과 연합하여 공동으로 분투해야 한다는 사실을.

쑨원의 유언으로 잘 알려져 있는 "혁명은 아직 성공하지 않았다"라는 구절은 이 부분에 이어 등장한다. 〈유촉〉이 말하고 있는 바와 같이 쑨원의 생애는 자유롭고 평등한 중국의 실현을 위해 바쳤다고 해도 좋다. 또한 그의 생애는 좌절과 재기의 연속이었다. 하지만 자유롭고 평등한 중국을 보지 못하고, 끝내 자신의 혁명 목적을 달성하지 못한 채 세상을 떠날 수밖에 없었다. "혁명은 아직 성공하지 않았다"라는 말을 동지들에게 남긴 이유이다. 미완의 혁명을 성공시키기 위해 쑨원은 특히 동지들에게 민중을 일으켜 세우고 중국을 평등하게 대우하는 민족과 연대해 달라고 부탁했다. 쑨원이 사망한 뒤, 그의 후계자들은 미완의 혁명을 달성하는 데 없어서는 안 되는 이 두 과제를 구체적으로 어떻게 실행할 것인가라는 무거운 책무를 지게 되었다.

그런데 쑨원은 〈유촉〉의 마지막 부분에서, 실현해야 할 당의 당면 과제로서 '불평등조약의 철폐'를 예로 들면서 "특히 최단 기간 내에 그 실현을 촉구해야 한다"고 명령하였다. 이것이 "중국의 자유와 평등을 구하는 데" 구체적인 해결책을 제시해 줄 수 있는 과제가 되기 때문이다.


**약한 나라, 중국**  쑨원이 〈유촉〉을 남기고 세상을 떠난 1920년대 중반 중국은 어떠한 국가였는가? 당시 세계가 바라보는 중국은 서글플 정도로 빈곤하고 약했다. 신해혁명을 통해 1912년에 성립한 중화민국은 정체(政體)로서는 공화제를 강하게 주장했지만 내실은 갖춰져 있지 못했고, 베이징의 중앙정권은 전국을 호령할 만한 권위도 실력도 지니지 못했다. 쑨원이 베이징에서 사망한 것도 전년인 1924년 가을의 정변으로 혼란스런 중앙 정국을 잘 마무리하기 위해 회담하려고

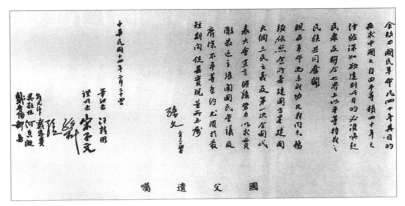

**쑨원의 〈유촉〉** 쑨원의 서명 뒤에 필기자인 왕징웨이(汪精衛)와 입회한 증명인 쑹쯔원(宋子文), 쑨커(孫科)의 서명이 보인다(《北京革命文物》).

**쑨원의 장례 제단** 영정 사진 위에 "뜻이 있으면 결국 이루어진다"는 문구와, 좌우에 "동지라면 모름지기 더 노력해야 한다," "혁명은 아직 성공하지 않았다"라고 쓰인 현수막이 보인다. 관을 지키고 있는 이들은 오른쪽부터 쿵샹시(孔祥熙), 쑹쯔원, 쑨커, 다이언사이(戴恩賽), 쑹칭링(宋慶齡), 쑹메이링(宋美齡), 쑹아이링(宋靄齡)이다(《上海圖書館藏歷史原照》).

정치적 기반인 광둥(廣東)을 떠나 베이징에 온 뒤에 일어난 일이다. 또한 청조 이래 떠안은 유산인 불평등조약 체제는 변함없이 그대로였다. 불평등조약의 상징이라 할 수 있는 조계(租界)가 상하이와 톈진을 비롯한 대도시에 존재했고, 중국에서 권익을 떠받치던 열강들의 주병권(駐兵權)도 그대로 유지되고 있었다.

이렇게 약한 중국의 모습을 국제연맹에서 차지한 지위를 통해 살펴보자. 중국은 국제연맹이 발족한 1920년부터 가맹국이 되어 처음에는 연맹의 비상임이사국 가운데 하나였다(상임이사국은 영국·프랑스·이탈리아·일본 4개국, 비상임이사국은 중국·에스파냐·브라질·벨기에 4개국). 그러나 1923년 선거에서 비상임이사국이 6개국으로 늘어났음에도 48표 가운데 겨우 10표밖에 얻지 못해 낙선했고, 이듬해와 또 그다음 해에 치른 투표에서도 연거푸 실패했다. 결국 1925년 시점에 중국은 그저 국제연맹의 가입국 가운데 하나일 뿐이었다. 제2차 세계대전 후에 창설된 유엔(국제연합)에 비해 국제연맹은 국제 분쟁을 해결할 수 있는 힘에서 커다란 한계를 지니고 있다는 점이 널리 알려져 있었다. 그러나 그 무렵에는 연맹이 전부였고 그 가운데에서 중국은 응분의 지위를 획득하지 못했다. 일본에 이어 아시아의 대표자를 자임하던 중국 외교관들의 처지에서 본다면 국제 무대에서 드러난 연이은 패배는 굴욕이었다.

신문을 비롯한 여론이 국제사회에서 드러난 중국의 모습에 대해 낙담하고 반발한 것은 당연한 일이었다. 더욱이 이러한 연맹이라면 차라리 탈퇴해야 한다는 강경론까지 제기될 정도였다. 그런가 하면 연거푸 투표에서 실패한 것이, 국내에서 크고 작은 내전이 그치지 않고 국가의 신용이 실추한 당연한 결과라는 냉철한 지적도 있었다. 중국의 국가 정세에 관심을 기울이던 사람들은 국가의 미래에 대해 불안감을 갖고 분개할

상하이 조계 공원을 지키는 인도인 수위(1921년)　공원 안으로 중국 사람들이 드나드는 것을 제
한했다. 오른쪽 문기둥에는 일본인에 대하여 "1. 공원 안으로 입장하는 사람은 반드시 양복이나
정장을 착용할 것"이라는 조계 당국의 안내문이 걸려 있다(《在上海帝國總領事館管內狀況 大正
十年》).

수밖에 없었다.

　더욱이 이러한 국제사회에서 중국의 지위에는 전혀 관심을 두지 않고
하루하루 생활에 쫓기고 있던 민중이 이 무렵 압도적 다수를 차지하고 있
었다. 민중들은 국제 정세는커녕 국내 정치 상황이나 중국의 장래에 대
해서도 깊이 생각하지 않은 채 생존을 이어 갈 뿐이었다. 이런 모습은 중
국 지식인들에게 절망감을 가져다주었고 더욱 애타게 만들었다. 내셔널
리즘을 통해 각성된 중국 지식인들이 나라 안팎의 위기 상황에서 느꼈을
초조감과 고립감은 짐작하고도 남음이 있다. 약한 나라에서 강한 나라로,
이것은 1920년대를 살아간 중국의 정치가나 문화예술인들이라면 정치
적·사상적 입장의 차이를 뛰어넘어 공통으로 안고 있는 소망이었다.

**'대국'으로서의 중국**　　국제연맹에서 좌절한 뒤로 20년이 지난 1942년 10월 상순, 미국과 영국은 차례로 중국에 대한 불평등조약 철폐를 제안했다. 제2차 세계대전이 벌어지고 있는 가운데 이루어진 제안이었다. 물론 1942년 초 '연합국 공동선언'에 중국이 서명하고 연합국의 일원이 된 것에 대한 보답이었지만, 중국의 기쁨은 남달랐다. 그해 10월 10일 건국기념일(신해혁명 발발 기념일) 행사에서 중국 국민정부의 지도자 장제스(蔣介石)는 이슬비를 맞으며 참가한 군중 2만 명 앞에서 이렇게 연설했다.

　　미국과 영국은 우리나라에서 100년 동안 지속된 불평등조약을 철폐한다고 정식으로 통고해 왔습니다. 100년 동안 혁명을 추구한 선열들의 분투와 총리(쑨원) 유촉의 명령은 모두 불평등조약 철폐를 목표로 하고 있었는데, 그 꿈이 오늘에서야 실현된 것입니다. (환호)

　　신기하게도 아편전쟁 종결과 함께 불평등조약(난징조약, 1842)이 체결되고 100주년이 되는 해에 마침내 불평등조약 철폐가 실현되었다. 쑨원이 남긴 명령을 실현하는 것을 가장 큰 사명으로 삼아 온 장제스에게 이날은 평생 가장 영광스런 순간이었을 것이다.

　　이듬해인 1943년 장제스·루스벨트·처칠의 회견, 이른바 카이로회담을 통해 중국은 '대국'의 반열에 들어서게 된다. 그리고 1945년 유엔 설립 때 중국(중화민국)은 공식적으로 상임이사국 가운데 하나가 되었다. 20년 동안 비상임이사국에도 탈락한 나라가 바야흐로 유엔 상임이사국, 즉 '5대 강국'으로 변모한 것이다. 물론 이 '대국'은 여러 가지 제약을 짊어진 '대국'이었다. 장제스는 카이로선언이 공표된 직후에 쓴 일기에서

"어제 카이로선언이 공표되고 나라 안팎의 여론은 모두 근대 중국 외교사에서 유래가 없는 승리로 높이 평가하고 있다. 하지만 내 마음에는 근심과 두려움이 있을 뿐이다"(1943년 12월 4일)라고 기록했다. 전후 동북(만주)과 타이완 등의 중국 반환을 규정한 카이로선언을 덮어놓고 높이 평가하는 중국 여론의 환호를 그대로 공유할 수 없었고, 미국·영국·소련 3대국과 격차를 느끼지 않을 수 없었다.

그러나 객관적으로 보아 '소국에서 대국으로' 이 20년 동안 이루어진 변화의 폭을 누구도 부정할 수 없다. 그리고 이 변화를 불러온 것이 바로 1925년부터 20년 동안 중국이 경험한 혁명과 국가 건설, 그리고 일본에 맞선 전쟁이었다. 이 책은 이 20년 동안 중국에서 벌어진 격동의 발자취를 다룰 것이다.

소련에 보낸 유서,
그 이후

첫머리에 소개한 쑨원의 세 가지 유서 가운데 〈소련에 보내는 유서〉는 약간의 문제를 내포하고 있었다. 소련과 오래도록 제휴하길 바라는 이 유서에는 "평등한 국제 관계로 우리를 대하는 민족과 연합한다"라는 〈유촉〉의 구절을 보완하는 내용이 담겨 있었다. 결국 쑨원은 국민당 동지에게 소련과 변함없이 연대할 것을 명령했다고 해석할 수 있다. 그 배경이 된 것이 쑨원 만년의 혁명 방침인 '연소용공'(連蘇容共, 소련과 연대하고 공산당원을 수용한다) 정책이었다.

하지만 '연소용공'에 대해서는 국민당 내부의 반발도 뿌리 깊었고, 그 새 방침은 쑨원의 강한 지도력에 의해 가까스로 유지되고 있었다. 국민당은 쑨원이 사망하고 3년도 지나지 않아 '연소용공' 정책을 파기하고 정반대의 정책을 취하기에 이르렀다. 그 때문에 쑨원의 뜻을 받드는 국민당에게 남겨진 〈소련에 보내는 유서〉는 무척 곤란한 문서가 되었다.

이런 사정을 반영한 듯 국민당은 그 후 〈소련에 보내는 유서〉를 쑨원의 정규 저작으로 인정하지 않겠다는 입장을 취했다. 전후에 타이완에서 간행된 쑨원 전집에는 〈소련에 보내는 유서〉가 수록되지 않았다. 반면 국민당과는 다른 의미에서 쑨원 혁명 사업의 계승자를 자임하는 중국공산당은 당연히 그 유서를 대륙에서 간행되는 쑨원 전집에 수록하였다. 더욱이 기이한 것은 국민당이 줄곧 〈소련에 보내는 유서〉를 쑨원의 저작집에서 일관되게 배제하지 않았다는 점이다. 쑨원 사후에 편찬된 저작집과 국민당사 저작에 〈소련에 보내는 유서〉가 포함되었는지 여부를 연표(오른쪽)로 정리해 보았다.

쑨원의 죽음 이후 잠시 동안 쑨원의 저작집에 〈소련에 보내는 유서〉가 수록되었지만, 국민당과 공산당이 대립하고 중소 관계가 악화되면서 국민당의 간행물에서 〈소련에 보내는 유서〉는 사라졌다. 중일전쟁이 일어나면서 국공(국민당과 공산당)과 중소 관계가 개선되면 다시 등장했다가, 냉전 체제로 들어서면 다시 사라지게 된다. 말하자면 〈소련에 보내는 유서〉를 어떻게 다루느냐가 소련과 공산당에 대한 국민당의 입장을 나타내는 일종의 척도가 된다고 할 수 있다.

이런 현상이 암시하는 바와 같이, 이 책이 다루는 1925~1945년의 중국 역사는 두 당사자인 국민당과 공산당의 협력과 대립을 배경으로 한다. 따라서 하나의 역사 사건과 현상을 둘러싸고 서로 반대로 해석하는 경우가 많다. 어떤 사건을 두고 국민당이 서술하게 되면 공산당의 음모이고, 공산당이 서술하게 되면 국민당의 책모가 되는 이른바 역사 해석의 대립은 이미 1920년대부터 시작되었다. 이른바 전후 냉전기에 두드

**쑨원 관련 저작과 〈소련에 보내는 유서〉의 포함 여부**

| 연도 | 관련 저작 / 국공 · 중소관계 | 소련 유서 |
|---|---|---|
| 1920년대 | 《中山全書》등 | ○ |
| 1927년 | 국공 분열 · 중소 단교 | |
| 1929년 | 중동철도 분쟁 | |
| | 鄒魯,《中國國民黨史稿》(초판) | × |
| 1930년 | 胡漢民 編,《總理全集》 | × |
| 1937년 | 중일전쟁 발발 · 제2차 국공합작 성립 | |
| 1938년 | 鄒魯,《中國國民黨史稿》(개정판) | ○ |
| 1944년 | 黃季陸 編,《總理全集》 | ○ |
| 1945년 | 제2차 세계대전 종결 | |
| 1949년 이후 | 臺灣版,《國父全集》 | × |

• 中山(중산), 總理(총리), 國父(국부)는 모두 쑨원을 가리킨다.

러진 이데올로기에 바탕을 둔 역사상(歷史象)의 대립을 국민당과 공산당이 미리 경험했다고 봐도 좋을 것이다. 이렇듯 서로 다른 역사 해석이 양당의 관계가 가까워지거나 멀어지는 상황에서 수시로 바뀌었기에, 이 20년의 역사를 서술할 때 흔히 국공 양당의 입장에 맞춰 변화해 온 역사로부터 사실(史實)을 하나하나 해방시키는 노력을 하지 않으면 안 된다.

쑨원 사후의 중국사는 〈유촉〉의 과제를 실현하는 주체가 국민당이냐 아니면 공산당이냐를 둘러싸고 전개되었다고 할 수 있다. 이런 의미에서 보면, 1925년부터 20년 동안 정치적으로 협력과 대립을 펼치면서 중국을 변화시킨 이 두 정당이야말로 이 책의 주인공이다.

* 이 책에서 중국어나 러시아어 자료를 인용할 때 지면 관계와 이해의 편의를 중시하여 원문의 문맥과 의미를 손상하지 않는 범위에서 생략하거나 요약했다. 또한 인용문 가운데 필자가 설명한 부분은 [ ]로 표시했다.(지은이)

소　련

몽　골
(외몽골인민공화국)

o 쿠차

o 우루무치

o 카슈가르(카스)

신장

칭하이

시

티베트

시캉
(1939년 설치)

라싸 o

인도
(영국령)

윈난

**1935년 무렵의 중화민국**

## 1장

# 국민혁명 시대

황푸군관학교 개학식 장면(1924년 6월 16일) 왼쪽부터 랴오중카이, 장제스, 쑨원, 쑹칭링. 단상
에는 국민당기(청천백일기)가 걸려 있다(《圖片中國百年史》).

# 1. 쑨원의 뜻을 계승하는 자

중국국민당　　쑨원이 이끈 중국국민당은 청말에 결성된 혁명 조직 흥중회(興中會)와 중국동맹회(中國同盟會)를 전신으로 하는 정당이다. 신해혁명 후에 국민당(공개 정당), 그리고 쑨원에게 절대 충성을 맹세한 중화혁명당(中華革命黨)을 거쳐 5·4운동 후인 1919년 10월에 중국국민당으로 개조되었다. 그 후 쑨원은 이 정당을 기반으로 베이징의 중앙정부에 대항하는 지방 정권을 광둥에 조직했다(1923년 3월). 겉으로 보기에 이 정권은 이전과 마찬가지로 서남 지방의 군사력을 결집시킨 것에 불과한 것이었지만, 이 시기 국민당은 당의 모양새를 크게 변화시켰다. 1923년 1월 '쑨원-요페 연합선언'을 통해 소련과 제휴 방침을 분명히 함과 동시에 당의 강령과 규약을 처음으로 공표하여, 그동안 쑨원이 전권을 행사하던 당에서 위원회를 통한 합의제로 당 운영 방식을 변모시켰다.

그때까지만 해도 국민당의 모든 요직 임명권과 당대회를 비롯한 각종 회의 소집권은 모두 총리(쑨원)가 장악하고 있었고, 당대회에는 총리를 선출하는 것 말고는 어떤 권한도 없었다. 그나마도 그런 당대회조차 그때까지 열린 적이 없었기 때문에, '개진'(改進)이라는 1923년 일련의 변혁은 국민당을 근대 정당으로 만드는 커다란 전환점이 되었다. 당의 개혁에는 코민테른과 소련에서 파견된 마링(Maring, 본명은 Henk Sneevliet)과 미하일 보로딘(Михаил Бородин) 등이 참여했다.

'쑨원-요페 연합선언'에서 쑨원은 혁명 러시아의 소비에트 제도가 중국에는 적합하지 않다고 했지만, 당 운영 방식에서 국민당은 분명히 소련으로부터 많은 것들을 받아들였다. 가장 두드러진 사례는 소련공산당의 규약을 받아들여 1924년 국민당의 당 규약을 제정했다는 점일 것이다. 그 후 국민당은 '민주주의적 중앙집권제'가 당의 조직 원리임을 거듭 표명했다. 잘 알려진 바와 같이 '민주주의적 중앙집권제'는 공산당의 조직 원리이다. 강한 의지를 지닌 혁명가가 엄격한 규율에 기초하여 중앙 집권적인 당 조직을 구축한다는 이념은 소련공산당 볼셰비즘의 근간을 이룬다. 국민당과 공산당은 내걸고 있는 주의는 다르지만, 둘 다 자기 완결적인 이데올로기를 지니고 집권적인 조직을 추구한다는 의미에서 일란성 쌍둥이라고 해도 과언이 아니다.

당 운영 방식의 변화에 보조를 맞추려고 했는지 1923년 가을에는 당원의 재등록도 실시되었다. 그 무렵 국민당은 당원 수가 20만 명에 이르렀다고 한다. 다만 청말 이후의 혁명 활동이 상당 부분 해외 화인(華人)에게 의존해 온 사정도 있어, 다수는 해외 당원이었고 국내 당원은 공식적으로 5만 명에 미치지 못했다. 더욱이 당 운영에 사실상 참여할 수 없는 다수의 일반 당원은 명부상의 당원에 지나지 않았고, 실제로는 당원다운 당원의 상당 부분이 간부로 이루어진 간부 중심형 정당이었다. 당원 재등록을 통해 국내 당원의 대부분을 차지하는 광저우(廣州)의 당 조직은 3만 명에서 3천 명으로 줄어들었지만, 이 상황을 전하는 국민당원

황푸군관학교에서 행사를 마치고 교문을 나서는 쑨원(흰 모자를 쓴 남성). 오른쪽 흰옷을 입은 소련의 군사 고문이 함께 걸어 나오고 있다(우소프, 《중국의 소비에트 정보기관》, 러시아어).

의 글은 재등록을 실시한 결과 조직이 정예 집단으로 다시 태어나게 되었다고 서술하고 있다. 하지만 이름뿐인 당원이 명부에서 삭제된 측면이 강해 간부가 상대적으로 높은 비율을 차지하는 국민당 구조에 커다란 변화를 가져온 것은 아니었다. 나중에 국민당의 기층 활동에 몰두한 '새로운 피'로서 국민당에 가입한 공산당원이 중요한 역할을 수행한 것은 바로 이 때문이다.

당의 개조만큼 중요한 것은 당 군대의 창설이다. 그때까지 크고 작은 군벌의 힘을 빌리려고 늘 고심했던 쑨원은, 1923년 이후 소련의 적군(赤軍)처럼 정치사상을 지닌 군대(당군)의 필요성을 통감하였다. 1923년에 심복 장제스를 소련에 파견하여 적군의 역할을 시찰하게 한 뒤 1924년 6월 스스로 총리가 된 쑨원은 장제스를 교장으로, 랴오중카이(廖仲愷)를 당 대표에 임명하고, 광저우 동쪽 교외 황푸(黃埔)에 '육군군관학교'(황푸군관학교)를 창설했다. 주의와 당을 위해 싸우는 사관으로 양성된 군관학교 졸업생은 또한 소련 군사고문단의 지도 아래 단련된 국민혁명군(1925년 편성)의 핵심 장교가 되었다. 이들은 1924년부터 이듬해에 걸친 광둥 성의 통일과 1926년부터 감행된 북벌(北伐)에서 커다란 역할을 수행하였다.

**중국공산당**   공산당원의 국민당 가입, 즉 국공합작(國共合作)은 1924년 1월 국민당 제1차 전국대표대회를 통해 정식으로 막이 올랐다. 이 무렵 공산당원은 전국에 걸쳐 500여 명밖에 되지 않았고, 국민당의 공식적인 국내 당원 수의 1퍼센트 정도였다. 생전에 쑨원은 공산당과 대등한 제휴(당과 당의 합작, 이른바 당외 합작)가 아니라, 어디까지나 공산당원이 개인 자격으로 국민당에 입당하는 방식(이른바 당내 합작)에 집착했다. 이런 생각은 국민당의 이념에 대한 쑨원의 자신감뿐 아니라 두 당의 세력에 나타나는 양적 격차를 반영한 것이기도 했다.

공산당원 다수의 반대를 무릅쓰고 코민테른의 지시 아래 국민당으로 전 당원이 가입한다는 국공 당내 합작 방침이 관철된 데에서 알 수 있는 것처럼, 1920년대 초 당이 결성된 이래 중국공산당은 공산주의자의 국제 조직인 코민테른과 이 조직을 실질적으로 지도하는 소련(소련공산당)의 강한 영향 아래에 있었다. 코민테른의 입장에서 본다면 사회주의혁명을 위한 조건이 갖춰져 있지 않은 '반식민지' 상태의 중국에서 민족해방운동이 당면 임무였고, 공산당원은 '중국에서 중요한 유일 민족혁명 집단'(코민테른의 견해)인 국민당의 활동에 가담하여 될 수 있으면 국민당을 지원할 수밖에 없었다.

국공합작은 공산당의 세력이 발전하는 데 크게 기여했다. 조직의 확대라는 측면에서 본다면, 국민당에 가입한 공산당원이 광저우를 비롯한 국민당 지배 지역에서 국민당원이라는 이유로 직책을 얻게 되었다는 점이 특히 중요하다. 지방 정권이라 해도 광둥 정권은 어엿한 정부였고 정권이 노농부조(勞農扶助)를 내걸고 사회운동을 지원하는 정책을 펴고 있었기 때문에, 그들은 박봉이지만 공적 기관에서 월급을 받으며 혁명운동에 몰두할 수 있었다. 재정 기반이 취약했던 초기 공산당은 전문적으로 당 업무에 종사할 다수의 활동가를 지원할 수 없었기 때문에, 국민당의 지원 아래 '직업혁명가'를 유지할 수 있다는 점은 의미가 컸다. 합작 당시 500명이던 당원 수가 1925년 가을에 2,500~3,000명에 이르게 된 배경에는 국공합작에 따른 이러한 경제적인 간접 효과도 컸다고 할 수 있다. 물론 5·30운동을 비롯한 반제국주의 운동이 고조됨에 따라 입당자가 크게 늘어난 점도 간과할 수 없는 사실이다.

**외국의 자금 원조** 공산당의 재정 기반이 소련과 코민테른의 자금 원조에 의해 확보되었다는 소문이 많은데, 과연 실제로는 어떠했을까? 다행히도 국공합작이 시작된 1924년 한 해에 대하여 비교적 상세한 자료가 남아 있다. 그 자료를 바탕으로 계산해 보면 당의 총수입은 32,000위안 정도가 된다. 이 가운데 당원이 납부하는 당비 등 중국공산당이 스스로 조달한 수입은 1,900위안 정도에 불과했다. 나머지 3만 위안 정도는 코민테른 등 이른바 모스크바에서 원조한 자금이었다. 비율로 따지면 그해 공산당 재정 수입 가운데 95퍼센트 정도가 모스크바에 의존하고 있었다고 할 수 있다. 이 수치는 어디까지나 당의 활동 예산에 국한된 것이고, 공산당 계열의 노동조합과 관련한 자금 원조는 포함되지 않는다. 그 밖에 소련으로부터 국민당에 전달되는 원조의 일부는 국민당 고문 보로딘 등을 통하여 공산당의 활동을 위해 전용되었기 때문에 실제 원조액은 그 몇 배는 되었을 것이다. 1927년에는 이러한 원조 총액이 100만 위안까지 증가했고, 예산의 90퍼센트 이상을 코민테른의 원조에 의존하는 재정 구조는 1920년대 내내 거의 변화하지 않았다.

이런 의미에서 소련의 자금으로 활동하는 '루블당'이라고 외부에서 비방하는 말이 근거가 없는 것은 아니지만, 다른 한편 중국공산당이 조직 규정상 분명히 코민테른의 중국 지부였던 국제 정당의 특수성도 고려해야 할 것이다. 조직과 이데올로기, 정책 면에서 코민테른의 지도를 받는 당인 이상, 그 국제 조직으로부터 경제적 지원을 받는다는 사실만으로 비난받을 일은 아니다.

자금 원조라는 측면에서 보면, 국민당이 소련으로부터 받은 군사 원조를 비롯한 직간접 물질적 원조는 공산당을 크게 웃돌았다. 1925년 6월 중국(주로 광둥)에 대한 군사 원조 예산을 심의·결정한 소련공산당 중앙정치국은 4월부터 9월까지 반년치 원조금으로 460만 루블(약 150만 위안)을 책정했다. 그 전해 중국공산당에 대한 원조 금액이 3만 위안가량이었는데, 단순하게 비교한다면 공산당의 100배에 달하는 원조가 국민당의 군사 정비를 위해 사용되었음을 알 수 있다.

그러나 액수만 놓고 비교하면, 일본이 제1차 세계대전 중 돤치루이(段祺瑞) 정권에게 제공한 차관(니시하라西原 차관)이 총 1억5천만 위안 정도였으니, 연간 300만 위안 정도 되는 소련의 국민당 원조도 그 앞에서는 매우 적다고 할 수 있다. 그러나 '비용 대비 효과'라는 측면에서 본다면, 소련의 원조는 국민혁명이라는 거대한 성과를 일구어 냈기 때문에

'니시하라 차관'보다 확실히 효과가 컸다. 결국 동일하게 외국의 자금 원조가 이루어졌다고 해도, 그것을 받아 실제 활동하는 주체와 어떻게 조합되는지, 즉 '원조'가 중국의 혼란을 조장하는가 아니면 새 시대를 개척하는가에 따라 원조의 효율성은 완전히 달랐다.

**쑨원의 죽음**　　광둥이 새로운 체제를 정비하고 있을 때, 베이징을 중심으로 하는 북방의 정국은 여러 차례 큰 전환점을 맞이하고 있었다. 그 무렵 중앙 정계의 주류를 형성하고 있던 세력은 차오쿤(曹錕)과 우페이푸(吳佩孚)를 정군(政軍)의 총수로 하는 즈리파(直隷派)였다. 의원을 매수하여 차오쿤을 대총통으로 선출(1923년 10월)한 뒤 즈리파는 전국 통일을 내걸고 펑톈파(奉天派, 장쮀린)와 안후이파(安徽派, 돤치루이)를 압박했고, 여기에 반발한 반즈리파는 1924년 9월 대규모 무력 항쟁을 전개하였다. 1922년의 즈펑전쟁(直奉戰爭, 제1차, 즈리파의 승리)에 이어 제2차 즈펑전쟁이 발발했다. 1910~1920년대에 크고 작은 내전이 1,000~2,000회나 발생했다고 하는데, 양쪽을 합쳐 30만 군대가 동원된 제2차 즈펑전쟁은 북방 군벌 사이에 벌어진 최대의 내전이었다.

동북 지방에서 남하한 펑톈군과 그에 맞선 즈리군이 산하이관(山海關) 부근에서 격전을 벌이던 와중에, 즈리군의 펑위샹(馮玉祥)이 반란을 일으켜 10월에 베이징을 제압하고 차오쿤을 감금하였기에(베이징정변) 배후를 위협당한 즈리군은 붕괴되었다. 이때 펑위샹은 자신의 군대를 '국민군'으로 개칭하고, 이어 황제에서 퇴위한 뒤 자금성에 거주하고 있던 푸이(溥儀)를 쫓아냈다. 또 펑위샹은 사태를 수습하기 위해 장쮀린의 동의를 얻어 돤치루이에게 베이징정부의 '임시집정'(臨時執政)을 맡게

했으며, 반즈리 동맹의 일익을 담당하고 있던 쑨원도 '북상선언'(北上宣言)을 발표하고 연말에 베이징에 도착하였다. 1925년 3월에 세상을 떠난 쑨원이 베이징에 머문 것은 이 때문이었다.

북상에 즈음하여 쑨원은 기능을 상실한 국회를 대신하여 전국 사회단체 대표가 참여하여 '국민회의'(國民會議)를 열고 중앙 정치를 새로이 바꾸자고 주장했다. 쑨원이 세상을 떠났을 때 베이징에서는 '국민회의' 개최를 목표로 하는 '국민회의촉성회 전국대표대회'가 열렸지만, 돤치루이 등은 거기에 찬성하지 않았고 몇 안 되는 저명인사를 중심으로 한 '선후회의'(善後會議)를 통해 혼란스런 정국을 일단 수습하는 길을 선택했다. 베이징의 정계는 그 후 일본의 지원을 받은 실력자 장쭤린이 펑위샹을 배제하는 형태로 주도권을 장악하고, 과거에 적이었던 우페이푸를 포섭하여 임시집정을 대신하려고 하는 아슬아슬한 정권 운영을 추진하게 되었다.

한편, 펑톈파에 대립하기에 이른 펑위샹은 국민당과 제휴를 강화하여 장쭤린 타도를 꾀하던 장쭤린의 부하 궈쑹링(郭松齡)과 밀약을 맺었다. 하지만 장쭤린을 몰아내려던 궈쑹링의 반란(1925년 11월)은 일본의 노골적인 개입 때문에 실패로 끝났다(궈쑹링 사망). 베이징을 펑톈군에 넘긴 펑위샹의 국민군은 서북 방향으로 퇴각하여 재기를 노렸다. 국민당에 가입한(1926년) 펑위샹을 남쪽의 광둥과 함께 혁명 세력으로 간주한 소련은 국민군에게도 군사고문단을 파견하고 무기를 원조했다.

쑨원이 사망함에 따라 국민당은 강력한 카리스마를 지닌 지도자를 상실하고 말았다. 국민당은 개조를 통해 쑨원 개인의 전제적 권력을 약화시켰지만, 쑨원은 당의 규약을 얼마간 초월한 존재였다. '연소용공' 방침이 당내의 뿌리 깊은 이견에도 불구하고 유지된 것도, 국민회의 운동이 큰 공감을 얻은 것도 쑨원의 카리스마와 명성에 크게 힘입은 결과였다. 예컨대 국민당 회합에서 공산당과의 합작 취소를 호소하는 목소리가 있을 때, 쑨원은 "모두가 명령에 복종하지 않겠다면 나는 국민당을 아예 없애고 스스로 공산당에 가입할 것이다!"라고까지 잘라 말했다. 세간으로부터 '적화'(赤化)라는 말을 듣고서도 전혀 개의치 않은 쑨원의 강한 의지를 보여 주는 일화이다.

**5·30운동**  쑨원이 지향한 국민혁명은 그가 세상을 떠난 뒤에 시작되었다. 국공합작하의 광저우에서 1925년 5월에 개최된 제2회 전국노동대회를 통해 중화전국총공회(中華全國總工會)가 성립하였다. 이것은 쑨원이 유언으로 남긴 '민중의 환기(喚起)'의 구체적 표현이라 할 수 있다. 광둥에서는 그 전해에 중국에서 처음으로 단체교섭권과 파업권을 인정한 노동조합법이 제정된 바 있다. 중화전국총공회로 결집한 노동조합은 166개였고, 그 아래 54만 명의 노동자가 조직되어 있었다.

그 무렵 다수의 노동자는 공장 경영자에게 직접 고용되지 않고 공두(工頭)라는 중간 노무 관리자를 통해 모집되고 관리되고 있었다(포공제包工制). 그 때문에 지연(地緣)을 유대로 하는 길드적 인간관계 속에서 생활했다. 공산당 계통의 노동조합 조직화가 아직 일반화되지 않았기 때문이다. 그러나 제1차 세계대전 후에 중국에 진출한 일본계 재화방(在華紡)으로 대표되는 외국계 기업은 생산성 향상을 위해 노동자를 직접 관리하기 시작했고, 연해 도시에서는 외국 자본의 지배에 대한 반발과 노사 문제가 복잡하게 얽히게 되었다. 제2회 전국노동대회가 노동조건 개선이나 경제투쟁뿐 아니라 "군벌과 국제 제국주의를 타도하는 혁명"을 결의한 데에는 이러한 시대 배경이 있었다.

전국총공회의 힘을 확인할 수 있는 기회는 이미 마련되어 있었다. 재화방에서 발생한 쟁의가 발단이 되어 일어난 대규모 반제국주의 운동인 5·30운동이 그것이다. 출발은 1925년 2월 이래 계속된 상하이 일본계 방적공장 내외면(內外綿)에서 발생한 노사 분쟁이었다. 쟁의 도중에 중국인 노동자가 일본인 직원의 발포로 사망했기 때문에(5월 16일), 공산당은 이 문제를 중요하게 생각해 "30일에 상하이 조계에서 반제 시위운동을 조직"하기로 결정했다. 30일 시위에 대해 상하이 공동조계 당국은 강경책으로 대응했고 경찰서로 몰려든 군중에게 발포하여 13명의 희생자가 나왔다. 바로 5·30 사건이었다.

이 참극을 계기로 일본계 기업의 노사 분쟁 문제는 일거에 반제국주의 운동으로 전환되었다. 학생과 상인, 노동자들이 파업에 돌입했을 뿐 아니라 공산당이 이때 조직한 상하이 총공회는 중소기업가나 학생 단체와 함께 공상학연합회(工商學聯合會)를 결성하여 외국 상품 불매운동을 전개했다. 노동자 파업은 20만 명을 넘어 유래가 없는 총파업으로 발전했고 상하이는 거의 6월 한 달 동안 도시 기능이 마비 상태에 빠졌다. 아시아의 경제 중심지인 상하이에서 일어난 5·30운동을 계기로 깜짝 놀란 전 세계는 중국 내셔널리즘의 고양을 주목하기 시작했다.

5·30운동의 예봉은 제국주의 열강 가운데에서도 상하이 조계 당국을 실질적으로 대표하는 영국을 겨누면서 전국으로 파급되었다. 특히 국공합작하의 광저우와 그 인접 지역이자 극동의 대표적 영국 식민지인 홍콩에서 두드러졌다. 5·30운동 지원 파업이 일어난 광저우에서는 6월 23일 영국·프랑스 조계인 사몐(沙面)을 포위한 시위가 발생하였다. 10만

**시위에 참가한 베이징 학생** 반제국주의 슬로건이 적힌 옷을 입고 있다(1925년 6월, 《圖片中國百年史》).

군중에 두려움을 느낀 조계 수비대가 시위대에 발포하여 52명이 사망하면서, 타오르던 반영(反英) 운동에 기름을 부었다. 홍콩에서 일하는 노동자 13만 명이 속속 광저우로 철수했다. 나아가 전국총공회의 지도와 국민당 정권의 지원을 받는 2천 명의 노동자 규찰대(자경방위대)가 홍콩과 광저우 사이의 교통을 차단하고 홍콩과 사몐에 대한 경제 봉쇄를 감행했다. 이 파업(이른바 홍콩 파업)은 1926년 10월까지 16개월 동안 이어졌다. 세계적으로도 보기 드문 장기 파업을 통해 '동양의 진주'라고 칭송받고 있던 홍콩은 이제 '악취 나는 항구'(臭港), '죽음의 항구'(死港)로 바뀌었다.

**국공 양당의 마찰** 홍콩 파업이 전개되고 있던 1925년 7월, 쑨원 사후 광둥의 국민당 정권은 명칭을 대원수부(大元帥府)에서 '국민정부'(주석 왕징웨이)로 바꾸고, 8월에는 군대를 황푸군관학교 연대를 기본으로 하는 제1군 휘하의 국민혁명군으로 개편하였다. 그러나 쑨원에 필적할 만한 지도자가 없었던 국민정부는 반제·반군벌 국민혁명 노선을 계승했지만 공산당과의 관계뿐 아니라 국민당 내부에서도 이런저런 균열이 나타났다.

우선 국공 관계에서 그러했다. 앞서 살펴본 바와 같이 국공합작은 공산당원이 공산당 당적을 보유한 채 국민당에도 가입하는 형식이었는데, 이런 사정은 특히 국민당의 고참 당원에게는 공산당원이 국민당을 탈취하지 않을까 하는 의심을 불러일으켰다. 즉 공산당 쪽에서는 국민당원 가운데 누가 공산당원인지 파악하고 있었지만, 공산당 명부가 없었던 국민당 쪽은 누가 공산당원인지 알 수 없는 상황이었다. 이런 국민당 쪽의 의심을 배경으로 쑨원의 측근이기도 했던 다이지타오(戴季陶)는《쑨원주의의 철학적 기초》와《국민혁명과 중국국민당》같은 팸플릿(모두 1925년 여름에 출간)을 통해 공산당의 '기생(寄生) 정책'을 비판하고, 철저한 '순정 삼민주의'(純正三民主義)를 강하게 주장했다.

국민당에게 골치 아픈 것은 적극적으로 국민당의 활동을 담당하고 있는 자들이 예외 없이 공산당원이었다는 현실이었다. 다이지타오조차 공산당의 이념을 비판하면서도, 장제스에게 보낸 편지에서 "지금 가장 분투하는 청년 대다수가 공산당원이고 국민당 옛 동지의 부패와 퇴폐는 덮어 가릴 수도 없다"(1925년 12월)고 인정할 수밖에 없었다.

한편 국민당 내로 눈을 돌려 보면, 쑨원의 유력한 후계자로 지목된 재정부장 랴오중카이(廖仲愷)가 국민정부가 수립된 지 얼마 되지 않은 8월

20일, 광저우 시내에서 우파 자객한테 암살되는 사건이 발생하였다. 그 후 사건을 처리하는 과정에서 외교부장 후한민(胡漢民)과 군사부장 겸 광둥성장 쉬충즈(許崇智)가 암살에 관여한 것으로 추궁받고 실각했다. 사건의 진상은 오늘날까지도 명확하게 밝혀지지 않았지만 국민당과 국민정부 안에서 암투가 복잡하게 전개되었음을 엿볼 수 있다. 이렇게 하여 국민정부는 연소용공에 적극적인 자세를 보이고 있던 왕징웨이와 광둥의 군사적 통일에 성과를 올리고 있던 장제스를, 보로딘을 비롯한 소련 고문단이 지원하는 체제로 유지되었다.

## 2. 장제스의 대두와 공산당

**장제스라는 사람**　　장제스(1887~1975)는 저장 성 평화(奉化) 사람이다.
청말 일본으로 건너가 도쿄 유학생을 위한 군사 예비
학교인 신부학교(振武学校)에서 수학한 다음 1910년부터 1년 동안 니가
타 현의 다카다(高田) 일본육군 연대에서 실습을 받았다. 그전부터 쑨원
의 혁명운동에 가담하고 있던 그는 신해혁명이 일어난 1911년에 귀국
하여 그 뒤로 주로 군사 측면에서 쑨원의 혁명운동을 지원하였다. 러시
아혁명의 영향을 받아 중국에서 사회주의 사조가 발흥한 1919년 이후
에는 러시아어를 배웠고,《공산당선언》과《마르크스 학설 개요》(다카바
타케 모토유키高畠素之 번역본)를 읽기도 했다. 1923년 쑨원이 소련에 대
표단을 파견할 때 누구보다도 장제스를 먼저 선발한 데에는 이러한 그
의 지향이 크게 작용하였다. 쑨원의 연소(連蘇) 방침에도 적극적으로 찬
성한 그는 결코 처음부터 반공적인 자세를 취하지 않았다.

　또한 장제스는 증국번(曾國藩)을 모방하여 일기 등을 통해 내부 성찰
을 게을리하지 않고 수양하는 인물이기도 했다. 증국번은 지난날 상군
(湘軍)을 조직하여 태평천국을 진압한 청조의 고관이었다. 증국번은 군

**군복을 입은 장제스(1927년)**  그는 술도 담배도 즐기지 않는 독특한 인물이었다. 이 사진은 당시 그의 맹우 장징장(張靜江)의 부인에게 선물한 것이다(《中國近代珍藏圖片庫 蔣介石與國民政府》).

사뿐 아니라 유학에도 조예가 깊었고, 인생훈(人生訓)이나 처세훈(處世訓) 등도 통달했다. 또 문하에서 수많은 인재가 배출되었기 때문에 그는 완전무결한 인격자로서 당시 지식인들한테 거의 예외 없이 존경을 받았다. 젊은 날의 마오쩌둥 역시 그러한 증국번의 숭배자 가운데 한 사람이었다.

황푸군관학교 교장 장제스는 뒷날 자신의 '적계'(嫡系)가 될 재목을 육성했다. 조직 규율의 모델인 일본군과 소련 적군(赤軍)의 영향뿐 아니라 유교적 소양으로 자신과 타인을 연마해야 한다는 그의 이념이 반영되었다. 인맥의 면에서 보면, 지연이나 혈연 말고도 학연(이를테면 '황푸동학회')이라고도 할 수 있는 사제 관계가 나중에 다른 사람들이 가질 수 없는 정치 자산이 되었다. 공산당이나 좌파 사이에서도 신망을 얻은 그는 공산당이 '좌파에 의한 승리 대회'라고 일컫는 국민당 제2차대회

(1926년 1월)에서 왕징웨이 다음으로 많은 표를 얻어 중앙집행위원에 처음 선출되었다.

**중산함 사건**　광둥 성을 통일한 국민당·국민정부에게 전국 통일을 향한 군사행동(북벌)을 일으키는 것은 비원(悲願)이었다. 특히 장제스는 북벌의 조기 실현을 기대했다. 하지만 공산당과 소련의 고문단은 광둥의 기반과 노동자·농민 정책의 실시가 아직 불충분하기 때문에 북벌은 시기상조라고 판단했다. 또한 소련은 광둥에 대한 지원과 별도로 1926년 초에는 베이징의 중앙 정국을 타개하는 일과 직접 연결된 펑위샹에 대한 원조도 병행하고 있었다. 이러한 공산당과 소련 측의 대응에 장제스는 서서히 불신감을 갖게 되었고, 1926년 3월에 발생한 이른바 '중산함 사건'은 그 돌출적 행동이 발전한 결과였다.

이 사건은 국민혁명군의 포함(砲艦) '중산함'이 자신의 명령 없이 운항함에 따라 장제스가 광저우에 계엄령을 선포한 상태에서 소련 군사고문단의 관저와 홍콩파업위원회를 포위하고 노동자 규찰대의 무기를 압수하는 등 강경하게 대응한 사건이었다. 장제스는 중산함의 운행을 소련과 중국공산당의 음모라고 생각했다. 장제스는 사건 직후 자신의 행동이 과잉 대응이었음을 깨닫고 일련의 조치를 해제했지만 사건의 처리는 예상하지 못한 방향으로 전개되었다. 당시 광저우에 체류하고 있던 소련 대표단(부브노프 사절단)이 장제스 측과 절충하는 과정에서, 이 사건의 배경에 장제스에 대한 소련 군사고문단의 불손한 언동과 북벌 문제에 대한 의견 대립이 있음을 인식하고 북벌에 반대하던 소련 고문을 경질하는 데 동의했다. 그러한 바탕에서 부브노프(A. Bubnov)는 북벌의 조기 실시가 타당하고, 장기간 진행된 홍콩 파업이 북벌을 고려하여 적절한 시기에 종식되어야 한다는 데에도 동의했다. 결국 광둥 혁명 정권의 안정을 우선시하는 입장에서 장제스의 뜻을 따르는 방향으로 전환하기에 이르렀다.

부브노프 사절단의 이러한 타협책은 모스크바 소련공산당 중앙의 동의를 얻은 것이었지만(따라서 공산당도 장제스에 대해 반격하지 않았다), 장제스의 독단적인 행동에 불만을 품은 왕징웨이는 소련이 장제스의 의향을 존중한다고 생각했다. 권위가 손상당했다고 느낀 왕징웨이는 광저우를 떠나 요양을 구실로 해외로 나갔다.

이 사건을 두고 장제스의 자작극설, 공산당·소련 음모설, 국민당 우파 음모설 등 다양한 해석이 있다. 국민당 우파의 모략에 장제스가 과잉 반응했다는 견해가 진실에 가깝지만, 사건을 처리하는 과정에서 장제스의 지위가 상승했음은 틀림없다. 장제스는 그 사건 이후 4월에 왕징웨이를 대신하여 국민정부 군사위원회 주석이 되었고, 나아가 7월의 북벌을 앞두고 국민혁명군 총사령, 국민당 중앙집행위원회 상무위원회 주석에 취임했다. 상무위원회 주석은 당내 최고 지위였다.

**소련의 대중국 정책과 공산당**　레닌의 죽음(1924) 이후에도 중국공산당과 국민당에 대한 지원을 통해 중국 혁명을 후원하던 소련(소련공산당)과 코민테른은 전자가 후자를 실질적으로 지도하는 관계였기 때문에 중국에 대해 같은 인식을 갖고 있었다. 따라서 소련이 국익을 중시하여 중국 혁명에서도 민족 혁명의 통일전선 유지를 우선하면 코민테른도 대개 그 틀을 따랐고, 중국공산당에게 국민당에 대한 과도한 비판이나 대립을 피하도록 지도했다.

한편 '당내 합작'이라는 방식은 분명 합작 개시 당시의 상황에는 어울렸지만, 공산당원이 늘어나 국민당 내에서 중요한 지위를 차지하게 되자 중공의 '기생 정책'을 염려하는 국민당 간부들한테서 쑨원의 '삼민주의'에 바탕을 둔 사상 통일의 명분에 따르라는 압박이 커져 갔다. 이러한 상황에서 공산당 쪽에서는 1926년에 들어서서 '연소·연공·노농부조'라는 쑨원의 '3대 정책'이라는 구호를 내세워 교묘한 선전 활동으로 대처하는 한편, 그해 5월에는 국민당의 '당무정리안'(黨務整理案, 국민당 내에서 공산당원의 활동을 제한하는 방안)에 동의하는 타협책을 택할 수밖에 없었다.

중국공산당 지도자 천두슈(陳獨秀, 1879~1942)는 국공 사이에 필요 없는 알력을 줄이고, 공산당의 독자성을 발휘하기 위해서라도 합작의 형식을 당원들 사이의 협력이라는 '당외 합작'으로 바꾸자고 코민테른에 여러 차례 호소했다. 하지만 공산당의 요구는 통일전선의 유지를 중시하는 코민테른에 받아들여지지 않았다. 또한 북벌에 대해서도 전시라는 이유로 민중운동이 억압될 수 있고 장제스의 군사독재를 초래할지도 모른다는 염려 때문에 공산당이 신중론을 제창했지만, 모스크바는 처음부터 북벌에 대해 이해를 표시했고 중산함 사건 이후에는 북벌의 조기 실시를 용인하려고 하였다.

이리하여 국민당 다수가 북벌을 강하게 요구하며 준비를 착착 진행시켜 가자 공산당도 북벌에 계속 반대할 수는 없게 되었다. 북벌의 실패가 이제 '신우파'가 된 장제스의 권위를 실추시킬 것이라는 시나리오가 있었지만, 공산당은 단순한 군사행동에는 일체 따르지 않을 것이며 민중운동과 연대한 광범한 민족혁명 운동을 전개한다는 조건을 붙여 북벌에 적극적으로 협력하기로 결정했다.

# 3. 북벌과 베이징정부

북벌의 개시     1926년 5월 국민혁명군 북벌 선발대가 후난(湖南)에 파견되면서 북벌전쟁이 시작되었다. 이보다 앞서 후난 성에서는 성장 대리였던 탕성즈(唐生智) 군대가 후난에 기반을 확보하려는 우페이푸 군과 대치함에 따라 탕성즈를 지원한다는 명분으로 광둥의 국민혁명군이 개입했다. 탕성즈는 국민정부 측에 섰고 그의 군대는 국민혁명군에 편입되었다. 이윽고 그해 7월 '북벌 선언'과 국민혁명군 동원령을 통해 북벌이 본격적으로 시작되었다. 북벌군은 장제스의 직계 부대인 제1군부터 새로 편입된 탕성즈 군까지 전체 8군, 25개 사단으로 편성되었고 총병력은 10만 명이었다. 여기에서 주목할 만한 점은 제1군을 제외하고 나머지 7개 군은 속칭 서남 군벌인 광시, 윈난, 후난 등의 현지 군을 흡수·개편했다는 사실이다. 황푸군관학교에서 사관을 양성하여 단기간에 정예군을 확충하기에는 한계가 있어, 국민혁명군은 정치 공작 등에 따라 귀순한 비국민당계 부대를 다수 끌어안을 수밖에 없었다.

이들 북벌군에 맞서 후난 방면에서는 우페이푸(총병력 25만), 장시(江西) 방면에서는 즈리파에서 분리되어 나온 쑨촨팡(孫傳芳, 총병력 20만)

이 대응했고, 이들의 배후에 총병력이 35만 명에 이른다는 장쭤린(張作霖) 군이 배치되어 있었다. 여기에 더하여 특히 소련은 중국에 이런저런 권익을 갖고 있던 영국이나 일본 같은 열강이 북벌의 진전에 따라 노골적인 군사 개입을 할 가능성이 충분하다는 것을 걱정했다. 덧붙여 말하면, 과거 10년 동안 중국에서 무력 통일을 내걸고 유력한 군벌들이 패권을 다투었지만 그 누구도 성공하지 못했고, 역사적으로 봐도 북쪽에서 일어난 왕조가 남하하여 중국을 통일한 사례는 많지만 그 반대의 경우는 거의 없었다. 이렇듯 북벌에는 곤란한 점이 한둘이 아니었다.

하지만 북벌이 시작되자 북벌군은 예상을 뛰어넘어 빠르게 진격해 나갔다. 우페이푸와 쑨촨팡의 연대가 정비되지 않은 틈을 타 우선 후난 우페이푸 군을 공략하고 이어 장시의 쑨촨팡 군과 대결한다는 각개격파 전술이 있었고, 드높은 사기와 민중 동원을 중심으로 하는 정치 공작이 효과를 보았다. 북벌군 최초의 주요 전쟁터인 후난과 후베이에서는, 8월 중순에 후난을 제압하고 8월 말에는 우페이푸 군이 주력을 투입한 요충지 팅쓰차오(汀泗橋)와 허성차오(賀勝橋)를 격전 끝에 공략하였으며, 10월 10일(신해혁명 발발 기념일)에는 창장 강(長江) 중류의 대도시 우한(武漢)을 점령했다. 우한 공략과 잇따른 추격으로 우페이푸 군의 주력은 거의 괴멸되기에 이르렀다.

**북벌의 진전**    후난·후베이에 이어 전쟁터가 된 장시에서는 장제스가 직접 작전을 지휘했다. 양호(兩湖, 후난·후베이)에서 승리를 본 그로서는 위신 때문에라도 질 수는 없었다. 성도 난창(南昌) 공략을 서두르다 몇 차례 실패하여 1만 명이 넘는 사상자가 발생하였지만,

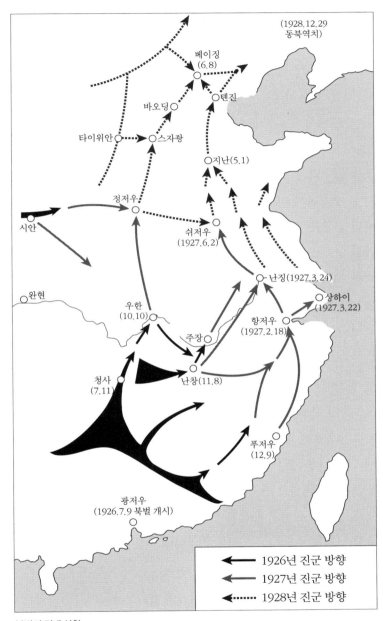

(1928.12.29
동북역치)

베이징
(6.8)

바오딩○
○톈진

타이위안○ ○스자좡

지난(5.1)

정저우

시안

쉬저우
(1927.6.2)

난징(1927.3.24)

완현○

○상하이
(1927.3.22)

우한
(10.10)

항저우
(1927.2.18)

주장

청사
(7.11)

난창(11.8)

푸저우
(12.9)

광저우
(1926.7.9 북벌 개시)

| ← | 1926년 진군 방향 |
| ← | 1927년 진군 방향 |
| ◄···· | 1928년 진군 방향 |

북벌의 전개 상황

직계 부대와 제7군(군장 리쭝런李宗仁)의 분투도 있어 11월 초에는 난창을 점령함으로써 장시 또한 북벌군이 통제하게 되었다. 푸젠 성(福建省)도 12월에는 국민혁명군의 지배 아래로 들어갔다. 또 북방으로 눈을 돌리면, 일단 중국 서북부로 물러난 펑위샹도 9월에 쑤이위안(綏遠) 성 우위안(五原)에서 국민혁명 참가를 선언하며 재기하여 11월 하순에는 산시(陝西)를 지배 아래에 두었다.

북벌군의 빠른 진격은 국민혁명군을 '우리 군'이라고 부르던 민중의 지지 없이는 불가능한 일이었다. 농민운동의 고양에 따라 진전된 후난·후베이 전황은 말할 것도 없다. 북벌 이전부터 광둥에서 양성된 농민운동가들은 후난·후베이를 중심으로 농민협회를 조직하여 협회 회원이 40만을 헤아렸다. 그리고 북벌군의 북상에 호응하면서 회원이 격증하여 1926년 말에는 후난에서만 160만 명으로 늘어났다. 농민은 각지에서 무장하여 북벌군의 측면 지원을 담당했을 뿐 아니라 지주와 토호에 맞서 격렬한 투쟁을 전개했다. 한편, 상하이를 비롯한 도시에서도 당초 중국 동남 지역에서 전투가 일어나는 것을 회피하기 위한 목적으로 시작된 자치운동이 간접적으로 쑨촨팡의 장시(江西) 파병을 가로막았고, 그 후 국민당의 활동에 따라 점차 쑨촨팡을 반대하는 색채가 강해졌다.

제국주의 타도를 내건 국민혁명에 공감한 것은 중국인만이 아니었다. 황푸군관학교에서는 민족 독립을 추구하는 다수의 조선 청년들이 수학했으며 실제로 북벌군에도 참가하였다. 또 1925년부터 1927년까지 아시아의 민족해방운동과 중국 혁명의 연대를 내걸고 광저우와 우한에서 결성된 '피압박민족연합회'에는 중국인이나 중국 거주 조선인뿐 아니라 베트남(호찌민), 인도, 미얀마, 타이완의 독립운동가들까지 합류했다. '베트남 청년혁명회'나 '타이완 혁명청년단' 같은 조직이 모두 국민혁명기에 광저우에서 결성된 것을 보면 이 혁명이 아시아 민족해방운동으로서 의미가 얼마나 컸는지 짐작할 수 있다.

**국민당의 균열**　　국민혁명군이 예상 밖에 빠른 속도로 북상하자, 당초 북벌에 우려를 내비친 소련의 스탈린조차 "한커우(漢口)는 이제 중국의 모스크바가 될 것이다"(몰로토프에게 보내는 편지, 1926년 9월 23일)라고 측근에게 편지를 써 보내며 기쁨을 감추지 않았다. 그런가 하면 중국공산당과 국민당의 좌파 지도자들은 북벌이 진전됨에 따라 계속 증대하는 장제스의 권세를 우려하여 그의 권력을 억제하기 위한 방책을 모색하기 시작했다. 그들은 유럽에서 '요양 중'이던 왕징웨이를 불러들여 최고 지위로 복직시키고 나아가 당의 갖가지 결의를 통해 장제스의 권력을 제한하는 방법을 택했다. 군은 어디까지나 당의 지시에 따라야 했기 때문에 왕징웨이의 권위와 당권을 통해 장제스에 대항한다는 논리였다.

무엇보다 초점이 된 것은 광저우정부의 이전 문제였다. 우한 점령을 맞이하여 광저우의 국민당 중앙은 1926년 11월 당 중앙과 정부를 우한으로 이전한다고 결정했고, 12월 우한에 먼저 도착한 쉬쳰(徐謙, 사법부장), 쑨커(孫科, 교통부장, 쑨원의 장남), 천요우런(陳友仁, 외교부장) 등 정부·당의 좌파 요인과 보로딘은 당 중앙과 정부의 임시연석회의를 조직하고 향후 이 기구가 최고 직권을 행사한다고 선언했다. 이듬해 1927년 1월 1일 우한을 수도로 하는 정부, 즉 '우한 국민정부'가 정식으로 출범했다. 이틀 뒤에는 임시연석회의가 다가올 국민당 중앙총회(2기 3중전회)를 3월에 우한에서 개최하기로 결정했다. 이 총회의 결의를 통해 장제스의 권력을 축소시킨다는 계획이었다.

이런 움직임에 대해 난창(南昌)에 북벌군 총사령부를 설치한 장제스는 당의 규약에 없는 임시연석회의의 정통성을 인정하지 않았다. 난창에 남아 있던 당 중앙집행위원들과 중앙정치회의를 소집하여 당 중앙과 국민정부는 잠시 난창에 둘 것이며, 2기 3중전회는 난창에서 개최할 것이라고 결정하는 등 대항 수단을 동원했다. 수도 이전을 둘러싼 다툼이었다. 이 시점에 난창에도 탄옌카이(譚延闓, 국민정부 주석 대리), 장징장(張靜江, 당 중앙 상무위원회 주석 대리) 같은 지도부가 있어서 나름의 정통성을 갖추고 있었지만, 그 후 우한 측의 공작에 따라 난창의 당 중앙위원 다수가 우한으로 이동했던 탓에 조직의 정통성이라는 측면에서 누가 봐도 우한이 우세한 지위에 있었다. 하지만 무엇보다 군의 대권은 북벌군 총사령인 장제스 손에 있었기 때문에 두 세력의 줄다리기는 간단히 해결될 수 없었다. 장제스는 우한을 방문하기도 하고 왕징웨이의 복직에 찬동하는 등 우한과 대립이 표면화되는 것을 피하면서, 장시와 광둥처럼 좌파(공산당) 색채가 강한 지방 당부(黨部)를 자파로 끌어들이는 쇄신을 진행하였다.

좌파와 공산당이 주도하는 우한의 국민당은 예정대로 3월에 2기 3중전회를 열어 장제스가 맡고 있던 당 상무위원회 주석직을 폐지하고 군 총사령관의 권한을 제한하는 등 일련의 조치를 취했다. 당과 정부의 요직은 좌파(그 실체는 복잡하여 실질적으로는 국민당 내의 반장제스 연합체라고 하는 편이 정확하다)와 공산당원이 장악했고, 그 가운데에서도 노동 문제와 토지 문제를 다루는 노공부장(勞工部長)과 농정부장(農政部長)이라는 장관급 직위에 비로소 공산당원이 취임하게 되었다. 또 국공 관계와 관련해서도 국공 양당의 연석회의 설치가 결정되었다. 이것은 공산당원이 국민당원으로서 활동해 온 그동안의 '당내 합작'이, 공산당 세력이 강한 우한에서 실질적으로 당과 협의를 통한 '당외 합작'으로 전환해 가고 있었음을 말해 준다.


**혁명군, 상하이로**  농민운동·노동운동의 물결과 함께 창장 강 유역까지 확대된 국민혁명의 격랑으로 우한의 한커우 조계가 실력으로 회수되었다. 북벌의 진전에 따라 창장 강 유역에 많은 이권을 보유하고 있던 영국이 창장 강 상류의 완현(萬縣)에 포격을 가하는 등(1926년 9월에 발생한 이 사건을 완현 참안(慘案)이라고 부른다) 중국 민중과 충돌을 일으켜 격렬한 반영 감정을 불러일으켰다. 이러한 가운데 한커우 영국 조계에서 벌어진 반제국주의 선전을 둘러싼 갈등이 원인이 되어 1927년 1월 초 맹렬한 반영 운동이 발생하자, 막 수도를 옮겨 온 우한 국민정부는 그 형세를 이용하여 영국 조계 임시관리위원회를 설치하고 이어서 조계를 실력으로 접수했다.

그 무렵 주장(九江, 장시 성)에서도 마찬가지로 민중과 영국 조계 당국의 충돌이 발생했고 여기에 개입하는 형태로 국민정부는 조계를 접수했다. 국민정부가 내건 '혁명 외교' 앞에 영국은 한커우와 주장의 조계 반환 협정에 조인하여 얼마 동안 굴욕을 당할 수밖에 없었다. 조계의 존재는 열강과 중국 사이의 불평등 체제의 상징이었는데 조계가 국민정부에 (실력으로) 회수되었다는 것은 상당한 충격이었다. 전 세계의 눈은 중국 최대의 조계를 보유하고 있던 상하이로 쏠렸다.

북벌군이 점차 다가오자 상하이에 이권과 거류민을 두고 있던 열강은 속속 상하이에 군대를 증파했다. 공동 조계의 실권을 쥐고 있던 영국을 필두로 미국, 일본, 프랑스 등에서도 무려 1만 명이 넘는 군대가 파견되었다. 이리하여 상하이를 관통하는 황푸 강은 각국의 해군 함선으로 가득 찼고 조계의 경계에는 철조망과 흙 포대가 설치되었다. 당초 상하이에서는 국내의 동란에서 단절된 '안전지대'를 지향하는 자치운동이 전개되었다. 하지만 북벌군이 파죽지세로 진격해 들어오고 반제국주의가 드높아지는 상황에서, 이제 운동은 상하이특별시 정부를 수립하는 것을 목적으로 하는 '혁명운동'의 색채를 띠게 되었다.

이러한 긴장 속에서 세 차례에 걸친 무장봉기가 발생하였다. 1926년 10월과 1927년 2월에 공산당이 주도한 상하이봉기는 실패로 끝났지만, 장제스의 직계 부대를 중심으로 하는 제1군이 상하이 목전까지 접근해 온 가운데 이루어진 제3차 봉기(3월 21일)는 총파업과 무장봉기, 이어진 이틀 동안의 시가전 끝에 당시 쑨촨팡 군을 대신해 상하이를 지배하고 있던 펑톈군 부대를 몰아냈다. 봉기 소식을 듣고 북벌군이 상하이에 입성한 3월 22일 '상하이특별시 임시정부'가 수립되었다. 장제스도 나흘 뒤에 상하이로 들어왔다.


**난징 사건과 열강의 대응**

이때 '국제도시' 상하이는 마치 '혁명 도시' 같은 모습이었다고 해도 좋을 것이다. 봉기는 상하이 조계 바깥에서 발생했기 때문에 열강의 수비군과 충돌하지는 않았다. 염려스러운 충돌은 상하이를 점령하고 이틀이 지난 3월 24일 국민혁명군 제2·6군(좌파·공산당의 세력이 강했다)이 난징을 점령했을 때 일어났다. 쑨촨팡을 몰아내고 난징에 입성한 국민혁명군 병사와 민중이 적군을 찾아낸다는 이유로 영사관이나 교회를 습격하여 몇몇 외국인을 살상했던 것

북벌군 진입을 앞두고 경비에 나선 상하이 조계의 영국군 파견 부대(1927년 2월, 朝日新聞社).

상하이 거리를 시위 행진하는 노동자 무장 규찰대(1927년 3월,《中國共産黨70年圖集》).

이다. 한커우·주장 조계를 실력으로 회수한 뒤 각지의 민중 단체와 공회(工會, 노동조합) 등은 그 추세를 쫓아 상하이 조계마저 즉시 회수하고 자 했다. 난징에서 일어난 외국인 습격 사건이 조직적인 명령에 따라 이루어졌다는 증거는 없지만, 그 사건이 연초부터 반제 감정과 반제 운동을 격화시키는 배경이 되었음은 틀림없는 사실이다.

난징에서 습격 사건이 발생하자 보복으로 영국과 미국의 군함이 난징 시내를 포격하여 다수의 사상자를 발생시켰다. 이른바 '난징 사건'이다. 이 사건으로 일본은 영사관을 습격받아 사망자가 생겼지만 영·미에 동조하지 않고 자중하는 모습을 보였다. 중국에 대한 '내정 불간섭'을 표방한 시데하라 기주로(幣原喜重郎) 외상의 이른바 시데하라 외교는 국민혁명군의 승리를 저지할 수 없다고 판단하고 오히려 혁명군 내부의 온건파·반공파와 공동보조를 모색하고 있었기 때문이다. 최후통첩을 들이대어 국민정부에게 사죄와 굴복을 요구하려 했던 영국에 대해서 시데하라는 '온건파' 장제스의 몰락과 과격분자의 극심한 발호를 불러올 것이라고 했다. 동시에 3월 말에는 상하이 일본 총영사를 통해 장제스 쪽도 설득했다. 열강으로부터 더 이상의 비난을 피하기 위해서라도 난징 사건을 처리하는 데 성의를 보이고 공산당과 하루빨리 관계를 끊으라고 요구했던 것이다.

이보다 앞서 난징 사건의 첫 소식을 전해들은 장제스는 곧바로 일본 영사에게 관리를 보내 직접 난징으로 가서 사태 해결에 나서겠다는 의지를 표명했다. 이어서 철저한 진상 조사 결과 자신의 군대에 습격 사건의 책임이 있다면 스스로 모든 책임을 지고 문제를 해결하겠다고 거듭 밝혔다. 또 일본 측의 설득에 대해서는, 4월 초 국민정부 내의 과격분자에 대한 숙청을 단행하겠다는 뜻을 전했다. 일본은 '혁명 외교'를 표방하는 우한정부에는 강경한 자세를 취하면서 장제스에게는 신호를 보내 결단을 촉구하였다. 장제스가 이 사건의 사후 처리를 통해 열강들과 관계를 회복하고 신뢰를 구축함으로써 대외적으로 국민정부를 대표하는 인물로 떠올랐던 점을 고려하면, 난징 사건은 그가 패권을 확립하는 데 커다란 전환점이었다.

**장제스와 소련** 장제스는 한편으로 소련과 관계를 유지하는 데에도 신경을 썼다. 그는 전해(1926년) 가을 심복인 사오리쯔(邵力子)를 모스크바에 파견했다. 사오리쯔는 코민테른에서 한 연설에서 "국민당은 공산당과 코민테른의 지도 아래 그 역사적 역할을 완수한다"고 밝히고, 코민테른에 상주 대표를 설치하는 것을 포함한 관계 강화를 희망한다고 밝혔다. 이에 대해 소련 수뇌부도 중국에서 민족통일전선을 유지하고 혁명을 지속하려면 당분간 장제스의 힘을 빌릴 필요가 있다고 생각했다. 또 국민혁명의 지나친 반제 운동이 제국주의 열강의 무력간섭을 불러올지도 모른다고 염려했다. 코민테른이 1927년 3월 말에 상하이 중국공산당에게 무력으로 조계에 돌입하지 말라고 통보하거나, 장제스와 충돌을 피하기 위해 노동자 규찰대에게 총기와 칼을 휴대하지 말라고 명령한 것은 그런 우려의 표현이었다.

그 무렵 장제스에 대하여 가장 강경한 자세를 보인 쪽은 우한의 국민당과 고문 보로딘이었다. 북벌을 통해 위신을 높인 장제스가 중국에서 가장 부유한 상하이와 난징 등 강남 지방을 지배하는 것은 호랑이가 날개를 단 격이었고, 이제 그는 우한을 제쳐 두고 열강과 접촉할 수 있게 되었다. 이런 상황에서 우한의 국민당 중앙은 상하이와 난징을 장악하기

스탈린이 1927년 4월 8일에 장제스에게 준 초상 사진 자필로 "중국 국민혁명군 총사령관 장제스에게, 국민당의 승리와 중국의 해방을 기념하며 스탈린으로부터"라고 적었다(판초프,《蘇中關係秘史》, 러시아어).

위한 인사 조치를 단행하는 한편, 3월 말에는 그 지역에 주둔하고 있던 제6군에게 비밀 명령을 내려 장제스를 체포하려고 했다. 하지만 이 시도는 성공하지 못했다. 장제스는 거꾸로 제6군 등 좌파계 군대를 난징으로부터 이동시키고 그 대신 직계인 제1군을 주둔시킴으로써 난징까지 장악하게 되었다. 장제스는 제6군의 공산당원이 선동하여 난징 사건을 일으켰다고 생각했다. 그리고 4월이 되자 장제스는 공산당에 다음과 같이 경고를 보냈다. "현재 중공 분자는 유언비어를 유포시켜 우리들의 단결을 훼손하고 있다. …… 더 이상 교란 행위를 계속하면 어떤 당, 어떤 정파라도 반혁명이라 하지 않을 수 없다."

멀리 모스크바에 있던 스탈린은 신기하게도 장제스가 경고 발언을 한 다음 날(4월 5일) 장제스의 반역을 예측하고 우려하는 당내 반대파의 목소리를 억누르며 "우리에게 복종하고 있는 우파와 왜 지금 갈라서야 하는가? …… 어찌되었든 장제스는 제국주의자와 싸우고 있지 않은가? …… 혁명을 위해 그를 마지막까지 이용해야 한다. 끝까지 즙을 다 짜낸 레몬처럼 된 뒤에 버려야 할 것이다"라고 연설함으로써 중국 정세를 낙관적으로 바라보았다. 그런데 이로부터 열흘도 지나지 않아 스탈린은 자신의 판단이 완전히 잘못되었음을 알게 되었다.

**형해화된 베이징 정권**

여기에서 시간을 조금 거슬러 올라가 북방으로 눈을 돌려 보도록 하자. 국공합작 아래 국민정부가 북벌을 시작한 1926년, 베이징정부에서는 1년 사이에 내각(국무원 총리)이 다섯 차례나 교체되었다. 국가 원수라고 할 수 있는 대총통도 국회도 이제 존재하지 않았고, 정권이 실체를 갖추지 못하고 있다는 사실은 누가 봐도 분명했다. 그해 3월 평위샹의 국민군과 전쟁을 벌인 펑톈군을 일본 등의 열강이 노골적으로 지원했고, 거기에 항의하는 베이징의 학생 시위대에 정부군이 발포하여 47명의 희생자를 냈다(3·18사건). 이 사건에 책임을 지는 형식으로 집정 돤치루이가 자리에서 물러난 이후 베이징정부는 펑톈파와 즈리파가 연합하여 장악하게 되었지만, 계속 단명한 내각은 때로 각료조차 구성하지 못하는 상황까지 연출했다.

사실 이 시기 중국은 워싱턴회의(1922) 이래 요구해 온 불평등조약 체제 개정을 위한 구체적인 국제 협의(1925년 가을 이후의 베이징 관세 특별회의, 1926년 초 이후의 법권 조사회의)의 단계로 어렵게 들어섰는데, 이러한 몰골의 정부로는 협의가 그 어떤 결론에도 이르기 힘들었다. 당초 중국의 관세 자주권을 원칙적으로 승인한 관세 특별회의는 돤치루이가 물러난 뒤에도 계속되었지만 결국은 유야무야되었고, 관세 자주권과 치외

법권을 비롯한 불평등조약을 개정하는 과제는 다음 정권으로 넘겨졌다. 베이징을 지배한 장쭤린은 1927년 4월 베이징의 소련 대사관을 강제 수색하여 거기에 몸을 피하고 있던 리다차오(李大釗) 등 공산당원들을 체포·처형하고, 이어 6월에는 안국군(安國軍) 정부 대원수로 취임하였다. 이렇게 해서 베이징의 정부는 '안국군 정부'라는 중앙정부답지 않은 명칭을 지닌 정권이 되었다.

당시 베이징과 톈진의 신문도 1926년 전반 무렵까지 베이징의 정계 동향과 관세 특별회의를 비롯한 국제 협의에 대하여 어느 정도 보도하고 있었으나, 북벌 세력이 매우 빠르게 창장 강 이남을 석권하자 지면은 물밀 듯이 북상하는 '불길한 혁명 세력'을 둘러싼 전쟁 국면에 관한 보도 일색이 되어 버렸다. 그 무렵 북방에서 국민혁명군에 관한 여론은 소련과 공산당에 조종되어 적화된 흉폭한 군사 집단이라는 것이 일반적이었다.

1927년 초 톈진에 거주하던 중국 지성계의 거목 량치차오(梁啓超)는 자녀에게 보내는 편지에서 "북방의 군벌에게는 이제 마지막 날이 다가오고 있다"고 하면서도, 국민혁명에 대해서는 "일당독재의 국면에서는 누구도 그 앞에 광명을 볼 수 없다"고 하며 경계심을 보였다. 더욱이 난징 사건 이후에는 "장제스가 공산당이 아닌 것은 현재 충분히 증명되고 있다. 하지만 그에게 공산당을 제압할 수 있는 힘이 얼마만큼 있는지는 그 자신조차 확신하지 못하는 것 아닌가? 현재 상하이에서는 두 쪽이 격렬한 투쟁을 전개하고 있어 참담한 상황에 이르렀다. 만약 공산당 일파가 승리한다면 전 국민은 정말 죽을 곳마저 알 수 없는 지경에 이르고 말 것이다. …… 아마도 나는 망명해야만 할 것이다"라고 썼다.

당시 이미 정계를 떠나 문필 생활을 하고 있던 량치차오는 오랫동안 쑨원 등이 이끈 혁명운동과는 별로 인연이 없었다(주로 대립하는 관계였다). 바로 그 지난날의 적이 공산당을 끌어들여 바야흐로 '일당독재'로 천하를 차지하려 한다면 이미 스스로 머물 곳이 없다고 생각할 수밖에 없었다. 지난날의 민국 지식인이나 정치가가 볼 때 분명히 이상하고 이질적인 시대가 찾아온 셈이다.

# 4. 국공합작의 붕괴

상하이봉기와 임시정부 수립으로 기세를 올리던 공산당
계 노동자 조직(상하이 총공회)과 주둔 국민혁명군 사이에
대립이 뚜렷해진 1927년 4월 1일, 왕징웨이가 모스크바
와 블라디보스토크를 경유하여 상하이에 도착했다. 장제스, 천두슈 등
국공 지도자와 회담한 왕징웨이는 5일에 천두슈와 공동선언을 발표하
여 양당의 우호 관계를 확인함과 동시에 장제스에 대한 신뢰를 표명했
다(그런 뒤에 왕징웨이는 바로 우한으로 출발했다). 그런데 장제스는 이 시
점에 이미 국민당 우파 감찰위원들과 결합하여 공산당 탄압을 책동하고
있었다.

상하이에 계엄령을 선포한 4월 12일 아침, 장제스의 명령을 받은 심복
바이충시(白崇禧, 총참모차장)와 제26군은 시내 곳곳에서 노동자 규찰대
에 대한 무장해제를 감행하며 저항하는 규찰대에게는 무력을 행사했다.
조계 당국 측의 기록에 따르면, 이 충돌로 규찰대 쪽 사상자는 300여 명
에 이르렀고, 소총 3천 정과 기관총 20정을 포함하여 많은 무기가 압수
되었다. 규찰대를 지도하는 상하이 총공회 측은 즉각 무기 반환과 총공

회의 보호를 요청했다. 다음 날 13일에는 제26군의 폭거에 항의하고 압수된 무기 반환을 요구하는 노동자와 시민들의 시위가 벌어졌다. 군은 시위대에 발포와 학살로 대응하는 한편, 좌파와 공산당 조직의 해산을 명령하고 총공회를 점거하였다. 4월 12일에 강제로 실행한 무장해제가 계기가 되어 발생한 일련의 반공 탄압(수백 명이 살해되었다고 한다)을 상하이 쿠데타 또는 4·12쿠데타라고 일컫는다.

사실 장제스는 이에 앞서 4월 9일 난징에서 좌파 쪽 집회를 탄압하고 친공산당계가 차지하고 있던 장쑤 성 당사를 습격하는 소규모 정변을 일으켰다. 또 11일에는 항저우에서도 똑같은 사태가 발생했다. 따라서 상하이 쿠데타는 전혀 돌발적인 사건이 아니었다. 그러나 좌파와 공산당에 대한 대대적인 탄압이 전 세계의 이목이 쏠려 있는 상하이에서 벌어졌다는 사실이 주는 충격은 매우 컸다. 장제스와 충돌하리라고 어느 정도 예상하고 있었던 상하이 총공회와 공산당 조직도 장제스의 선제 공격 앞에 속수무책으로 당했고, 쿠데타와 그 뒤에 이어진 공산당원 검거로 괴멸적인 피해를 입었다. 광저우에서도 동일한 반공 숙청이 벌어졌다.

쿠데타가 군사력에만 의지한 것은 아니었다. 총공회가 대두함에 따라 노동쟁의가 자주 발생했고 무장 규찰대의 위협에 떨고 있던 수많은 자본가·상공업자들은 장제스에게 노사분규의 시정과 치안 회복을 기대하며 공채 인수를 비롯한 갖가지 원조를 제공했다. 상하이의 여론에서도 쿠데타의 잔학성을 격렬하게 비난하는 목소리가 있었지만, 한편으로는 장제스의 처단을 지지하는 쪽도 적지 않았다. 태평양전쟁 이전의 저명한 중국 연구자 다치바나 시라키(橘樸)는 장제스에 대해 비판적이었지만, 당시 상황을 민중들 사이에 널리 퍼져 있던 '공적병'(恐赤病, 공산주의에

조계에서 상하이 총공회 집회장을 포위·수색하는 일본 해병대(1927년 4월)  열강들도 장제스의 반공 숙청을 지지했다(朝日新聞社).

대한 지나친 두려움―옮긴이)이 가져온 일종의 '여론 승리'였다고 해석했다(《新天地》1927년 6월호).

　이런 노골적인 행동으로 우한의 국민당 중앙과 난징의 장제스 사이의 대립은 결정적인 국면으로 치달았다. 우한 쪽은 4월 17일에 장제스를 모든 직무에서 해임한 데 이어 당에서도 제명시켰다. 그러나 장제스는 역으로 난징에 있던 당 중앙집행위원회의 지지 속에서 국민당 중앙정치회의와 중앙군사위원회를 조직하고, 18일에는 난징에서 후한민(胡漢民)을 주석으로 하는 독자적인 국민정부를 수립했다. 장제스의 쿠데타는 베이징대학 총장이었던 차이위안페이(蔡元培)를 비롯한 유력 당원의 찬동을 얻었고, 그 무렵 상하이에 머물며 형세를 관망하고 있던 원로 후한민도 난징 쪽에 섰다.

**우한 정권과 왕징웨이**　　　　　장제스의 쿠데타와 난징 국민정부 수립은 우한의 국민당과 정부를 크게 동요시켰다. 우한의 국민당은 쿠데타 직전인 4월 8일에 난징으로 수도를 옮길 것을 결의했지만, 경제 선진 지역 장악을 노린 이 천도 계획은 허망하게 좌절되고 말았다. 또한 당 3중전회의 결의 '외교·재정·교통의 통일'에 기초를 두고 3월부터 재정부장 쑹쯔원(宋子文) 등 간부를 상하이에 파견하여 당의 통일적 지배를 장쑤, 저장 지역까지 확대하려 했지만 그것도 실현 불가능하게 되었다.

우한 정권이 장제스에 맞설 만한 지도자로 기대한 인물은 4월 10일에 우한에 도착한 왕징웨이였다. 그러나 '붉은 도시'(赤都)라고 일컫던 우한에서 왕징웨이가 본 것은 경제적 궁핍과 사회적 혼란뿐이었다. 원래 우한은 창장 강 중류 지역의 가장 큰 도시이고 교통의 요충이었지만, 즈리파 통치 이후 이어진 재정 파탄과 지폐 남발로 경제는 최악의 상태였다. 우한정부가 통일적인 지배를 장쑤, 저장까지 포괄하기 위해 난징으로 천도를 실행하려 했던 것도 이 때문이었다. 그러나 이제 창장 강 하류 지역과 광둥으로 진출하는 길은 난징파가 장악했고, 후난과 후베이 두 성에서만 지배력을 행사할 수 있게 된 우한정부는 최소 필요 수입의 10퍼센트밖에 확보하지 못했다. 더욱이 그 수입도 공채와 적성(敵性) 자산의 접수가 90퍼센트를 차지하고 있는 궁핍한 상황이었다.

이러한 사태를 더욱 악화시킨 것은 민중운동에 의해 붕괴된 사회질서였다. 후난와 후베이에서 일어난 농민운동과 노동운동은 북벌이 전개되는 과정에 숨은 공로자였지만, 혁명으로 분출된 대중의 에너지는 당초 그것을 조장하고 지원한 공산당의 통제마저 뛰어넘는 '과화'(過火)가 되어 사회질서까지 파괴하고 말았다. 농민운동은 정부가 규정한 지조(地

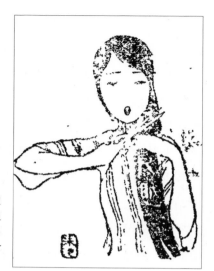

**머리를 자르는 여성** 국민당계 신문《민국일
보》(民國日報)에 실린 만화(상하이, 1927년
1월 1일). 단발은 혁명, 즉 여성해방의 상징이
었으나, 사회적·정치적으로 적지 않은 마찰
을 일으켰다.

우한의 메이데이 집회에 참가한 무장 규찰대 여성들(1927년 5월) 행진하고 있는 여성들 모두 단
발머리이다(朝日新聞社).

租) 제한이라는 범위를 넘어 토지를 몰수하고 지주를 박해하는 행위가 일상적으로 일어났고 쌀의 유통을 가로막기까지 하였다. 도시에서도 임금 인상과 노동시간 단축을 요구하는 파업이 이어졌다. 그 무렵 우한에서 노동운동을 지도하고 있던 류사오치(劉少奇)는 뒷날 당시 상황을 이렇게 회고했다.

> [노동자는] 기업을 도산시키자는 구호를 내걸고 임금을 놀랄 만한 수준으로 인상시키고, 노동시간을 일방적으로 하루 4시간 이하로 단축시켰다. 제멋대로 사람들을 체포하고 법정과 감옥을 만들었을 뿐 아니라, 기선과 기차를 검문하여 교통을 마비시키고 공장과 점포를 몰수하고 분배했다. 이런 현상은 그 무렵 지극히 흔해 빠진 일이었다. 노동조합은 최고의 정부였고 가장 큰 권력을 보유했으며, 그 힘이 때로는 정식 정부를 능가했다.

이러한 가운데 우한정부는 민중운동을 억제하는 한편, '현금집중조례'(은행이 보유한 은화를 봉쇄하고 새 지폐로 바꿈)를 실시하는 등 다급한 경제정책을 시도했다. 하지만 효과는 없었고 우한의 사회 혼란과 인플레이션은 계속되었다. 이런 현실은 난징과 상하이를 비롯한 난징정부 지배 아래에 있던 지역의 물가가 안정되어 있는 상황과 좋은 대조를 이루었다. 한마디로 우한정부는 내부에서 붕괴되고 있었다.

**국공합작의 종언**　　우한정부 지배 지역에서 격화된 민중운동과 무질서에 대한 반응은 5월 들어 잇따른 군의 반란으로 나타났다. 이러한 상황에서 6만 명이나 되는 당원을 확보할 정도로 성장한 공산당마저 확고한 대응책을 제시하지 못했다. 코민테른이 전해(1926년) 말에 제출한 '비자본주의적 발전'을 우한정부에서 충실히 실행해야 한다고 주장하는 이가 있는가 하면, 똑같이 코민테른이 요구하는 국민당 좌파와 합작을 유지하기 위해 국민당에 양보할 수밖에 없다고 주장하는 이도 있었다. 코민테른 대표들 사이에도 견해가 갈렸다.

때마침 코민테른 결의(5월 30일)를 요약한 스탈린 지시 전보, 이른바 '5월 지시'가 전달되었다(6월 초). 토지혁명의 단호한 실행, 우한정부와 국민당의 재개조, 2만 공산당원의 무장, 5만 노동자·농민의 국민혁명군 가입, 반동적인 우한정부의 군 간부 처벌 등이었다. 국민당이 도저히 받아들일 수 없는 정책을, 그것도 우한정부를 통해 좌파와 협력하여 실시하라는 명령이었다. 게다가 더욱 뜻밖의 일이 발생했다. 코민테른 대표 가운데 한 사람인 로이(Manabendra Nath Roy)가 이 지시 내용을 왕징웨이에게 보여 준 것이다. 이 일은 왕징웨이가 공산당과 갈라설 것(分共, 분공)을 결심하게 하는 절호의 구실이 되었다.

이때 로이가 한 행동도 이상했지만, 더 이해할 수 없는 것은 왕징웨이가 그 내용을 알고도 분공(分共)을 실천하는 데까지 한 달 남짓한 시간이 걸렸다는 사실이다. 왕징웨이가 바로 분공을 결의하지 않은 것은 자금 원조를 비롯한 소련의 동향을 확인하려 했기 때문이다.

로이에 따르면, 당초 왕징웨이는 필요한 원조가 곧바로 이루어진다는 조건으로 '지시'에 동의했다고 한다. '필요한 원조'는 말할 것도 없이 소련으로부터 오는 자금 원조였다. 1927년 4월 초 귀국하기에 앞서 3월에 왕징웨이가 모스크바에 들렀을 때, 소련 지도자는 그에게 충분한 원조를 제공하겠다고 약속했다. 그 반대급부로 당연히 왕징웨이는 소련·코민테른과 긴밀하게 제휴하겠다고 보증했다. 4월에 상하이를 찾은 왕징웨이와 접촉한 중국공산당 간부는 "왕징웨이의 태도는 무척 근사하고 정치사상은 안정되어 있다. 중공과 협력하는 것은 물론, 사회주의 제도 건설로 나아가는 것에서도 그는 코민테른의 생각에 전적으로 찬동하고 있다"고 보고했다. 로이가 왕징웨이를 '(국민당) 중앙위원회 내 유일한 좌파'라고 판단하면서, 신뢰 속에 그의 힘을 빌려 일을 도모하려 한 것도 어찌 보면 당연한 일이었다.

하지만 약속한 대로 '필요한 원조'는 전혀 기대할 수 없게 되었다. 우한정부는 1927년 4월에 200만 루블을 원조 받은 데에 이어 6월 중순에 1,500만 루블의 추가 차관을 요구했지만, 그달 하순에 회답을 받은 금액은 겨우 200만 루블에 지나지 않았다. 우한 측이 기대한 '필요한 원조'는 나머지 부분도 지급이 지체되었고 그마저도 적은 금액이었다. 그 사이에 우한 측이 믿었던 펑위샹(당시 우한정부 지배 지역의 북쪽에 진출했다)은 왕징웨이를 비롯한 우한 측과 가진 회담(6월 10~11일), 장제스의 난징 측과 회담(6월 20~21일)을 거치면서, 우한 측에 장제스와 협력하고 노농운동을 억제하라고 요구했다. 그리하여 7월 15일 국민당 중앙회의에서 왕징웨이는 '5월 지시'를 '폭로'하고, 중앙회의는 당·정부·군에서 공산당원의 직무 정지를 결정하기에 이르렀다. 이로써 제1차 국공합작은 종언을 고했다.

2장

# 난징 국민정부

席主汪

권력을 장악한 장제스를 풍자하는 만화 '권'(拳, 주먹)과 '권'(權, 권력)이 동음이란 사실을 이용하여 그가 '큰 주먹'(拳), 곧 '대권'(大權)을 장악하고 있음을 암시하고 있다(《上海漫畫》제75기, 1929년).

# 1. 난징 국민정부의 북벌 재개

**'분공' 후의
불안정한 국민당**

상하이 쿠데타에 이은 우한의 분공(分共) 결정은 공산
당에게 혁명운동의 실패 또는 패배를 의미했지만, 이
로 인해 '국민혁명'이 붕괴되지는 않았다. 국민당의
입장에서 보면 혁명의 방해자였던 공산당을 철저히 배제함으로써, 난징
과 우한의 균열을 회복하여 본래의 혁명을 다시 시작할 수 있었다. 그런
의미에서 우한의 왕징웨이든, 난징의 장제스든 그 후 자신들을 어디까지
나 '혁명파'로 생각하고 있음에 주의를 기울여야 한다. 그러나 국공합작
체제 아래에서 가장 적극적으로 기층 활동을 담당해 온 공산당원이 당
밖으로 제거됨으로써, 국민당이 상대적으로 기층 조직이 약한 간부 중심
형 정당에 머물렀다는 점은 부정할 수 없다. 공산당을 대신하여 국민당
을 지원한 것은, 북벌 과정에서 귀순한 여러 군대를 아우른 당군(黨軍)과
상하이를 중심으로 하는 도시 지역의 상공업자와 민족자본가, 그리고 치
안 회복과 하루빨리 중국이 통일되기를 염원하는 여론이었다.

우한 분공 이후 국민당의 우한 측과 난징 측은 당의 재통합을 위한 교
섭을 시작했지만, 경제력과 군사력에서 상대적으로 우위에 있던 난징 측

과 장제스의 하야를 고집한 우한 측 사이의 깊은 골은 쉽게 메워지지 않았다. 그러나 이후 자신이 이끄는 북벌군이 쉬저우(徐州)에서 벌어진 전투에서 쑨촨팡 군에게 예기치 못한 패배를 당하자 장제스는 주위의 설득을 받아들여 '하야'를 선언했고(1927년 8월), 곧 국민당의 최고 기관으로서 중앙특별위원회가 9월에 발족했다. 이 과정에서 연초 이래의 분열이 한꺼번에 해결될 수 있었다. 그러나 사전 교섭에서 자신의 정통적인 지위를 확보하는 데 어려움을 느낀 왕징웨이는 불만의 표시로서 '사퇴'를 표명하였다. 중앙특별위원회가 열리기는 했지만 장제스와 왕징웨이라는 구심점이 없어졌기 때문에, 거의 아무것도 결정하지 못한 채 분열과 다툼을 반복하다 결국 그해 연말에 해산되었다.

말하자면 장제스의 '하야'든 왕징웨이의 '사퇴'든(왕징웨이의 '사퇴벽'은 유명하다) 그들의 정치적 거래 수단일 뿐이었고, 사태의 변화에 따라 복직 요청이 들어오면 언제라도 재등장할 수 있는 여지가 남아 있었다.


**장제스의 일본 방문**　하야를 표명한 장제스는 1927년 9월 말에 개인 자격으로 일본을 방문했다. "일본 정부와 군 지휘부에게 앞으로 전개될 북벌에 대한 본심을 명확하게 듣는다"는 게 주요한 목적이었다. 개인 자격이라고는 해도 장제스가 당시 중국의 최고 실력자 가운데 한 사람이었음은 틀림없다. 아니나 다를까 그는 일본의 여러 중요한 인물들과 만나 정열적으로 회견하였다.

그 가운데 가장 중요한 것이 11월 5일 다나카 기이치(田中義一) 수상과 진행한 비공식 회담이었다. 시데하라 외교의 '연약함'을 공격하여 정권을 잡은 다나카는, 이른바 '다나카 외교'를 통해 국민혁명에 노골적으로 개입한 것으로 알려져 있다. 다나카는 반공을 내건 장제스와 난징정부를 높이 평가하고, 회담 전 장제스의 관내(關內, 만리장성 남측)에서 패권을 인정하고 장쭤린을 동3성(헤이룽장·지린·랴오닝, 이른바 '만주') 통치에 전념시킴으로써 국민혁명군과 충돌을 피하게 한다는 구상을 갖고 있었다. 그러나 회담에서 다나카는 일본의 관심이 만주의 치안 유지에 있을 뿐 장쭤린을 지원할 의도는 없으며, 북벌을 서두르지 말고 우선 창장 강 이남에 머물 것을 거듭 요구했다. 장제스는 북벌을 하지 않으면 국민정부가 지탱할 수 없으며 국민혁명은 열강의 이익 보호와 연결된다고 호소하면서, 지난날의 소련처럼 일본이 북벌을 지원해 줄 것을 요청하였다. '소련처럼'이라고 말한 장제스는 이어서 "혁명당인 자신들이 이 같은 말을 한다면 매국노라고 하여 국민의 분노를 불러올 것"을 알고 있다고까지 사정했지만, 다나카는 끝내 확실한 언질을 주지 않은 채 두 시간에 걸친 회담은 구체적인 합의를 얻지 못하고 끝이 났다. 장제스는 이듬해가 되어서야 다나카가 "남방에 전념하라"고 한 말뜻을 알게 되었다.

그런데 중국에 대한 무단 강경책이라고 알려진 이른바 다나카 외교가 실제로는 정권 안팎의 강경·온건 양쪽을 조정하지 못했으며 일관성을 결여했다고 최근 지적되고 있다. 하지만 중국의 입장에서 본다면 지난사변(濟南事變)과 장쭤린 폭살 사건 등 다나카 수상 재임 시에 발생한 이런저런 중국 간섭 정책이 중국 쪽의 반일 감정을 결정적인 것으로 만들었음은 틀림없는 사실이다. 중국에서 다나카 기이치라고 하면, 중국에 대한 침략 의도를 노골적으로 표명한 이른바 〈다나카 상주문〉이라는 괴문서가 언제나 화제에 오른다. 1929년 날조된 이래 주로 중국에서 오랜 세월 동안 진품으로 신뢰를 받는 현실은, 다나카 외교를 계기로 일본의 중국 정책이 크게 변화했다는 생각이 중국 쪽에 널리 공유되고 있음을 거꾸로 시사해 준다.

약 40일에 걸친 일본 방문(그 뒤 일본을 다시 방문하지 않았다)에서 장제스가 얻은 성과 가운데 하나는 아리마(有馬) 온천에서 요양하고 있던 쑹메이링(宋美齡)의 어머니를 찾아가 결혼 허락을 받은 일이다. 쑹메이링은 '쑹씨 세 자매' 가운데 막내였고, 쑨원의 부인 쑹칭링(宋慶齡, 국민당의 반공 방침에 반대하고 있었다)의 동생이었다. 결국 이 결혼으로 장제스는 쑨원의 동서라는 커다란 정치적 자산을 얻었다. 게다가 쑹메이링의 오빠가 국민정부의 재정부장 쑹쯔원이고, 큰 언니 쑹아이링(宋靄齡)이 쿵샹시(孔祥熙, 머지않아 국민정부 공상부장에 취임했다)의 부인이었다는 사정까지 고려한다면 두 사람의 결혼은 의미가 컸다. 쑹메이링과 장제스의 결혼식은 귀국한 뒤 12월에 거행되었고, 이를 계기로 장제스는 기독교도가 되었다. 그것은 쑹씨 집안의 강력한 희망이었다. 덧붙이면, 쑨원도 기독교 신자였고 서양 여러 나라들이 그 집안에 대해 좋은 인상을 갖고 있었던 것도 신앙과 관계가 깊다고 한다.

**북벌군, 베이징으로**　귀국한 장제스는 1928년 1월에 국민혁명군 총사령관에 복직한 데 이어 2월에 당 군사위원회 주석, 3월에는 중앙정치회의 주석까지 겸직했다. 이것은 장제스와 왕징웨이라는 두 거두 없이 늘 분규로 시달리던 국민당으로 그가 완전히 복귀하는 것을 의미한다. 물론 전년 이래의 당내 반장제스 세력이 소멸된 것은 아니었기에, 그는 당 인맥에 대해 강경·유연 두 가지 태도로 임하면서 주로 국민혁명군을 구성하는 유력 군인을 회유하고, 북벌 재개라는 군사작전을 통해 구심력을 획득하려 했다.

국민혁명군은 4개의 집단군(集團軍)으로 재편되어 장제스가 직접 통솔하는 제1집단군 이외에 3개 집단군에는 각각 평위샹(제2집단군), 옌시산(閻錫山, 제3집단군), 리쭝런(李宗仁, 제4집단군)이 사령관에 임명되었다. 또 평·옌·리 세 사령관은 카이펑(開封, 허난 성), 타이위안(太原, 산시 성), 광저우(廣州, 광둥 성)라는 자신들의 지반(地盤)에 설치된 당 정치분회 주석 지위도 부여받았다. 이리하여 군인 집단의 협력 체제 아래 4월에 북벌이 재개되었다(제2차 북벌). 아울러 북벌을 재개하는 과정에 절대로 배외(排外) 행동을 하지 않고 외국인의 생명과 재산은 엄격하게 보호할 것이라고 천명했다.

북방에는 장쭤린을 중심으로 쑨촨팡, 장쭝창(張宗昌) 등 잔존 부대 약 20만 명이 있었지만, 이제 60만으로 불어난 북벌군의 적수는 되지 못했다. 사기가 저하된 북군은 북벌군의 공세 속에 모든 전선에서 패주했고 장쭤린도 6월 초에 베이징을 탈출했다. 마침내 북벌군은 6월 8일 베이징에 무혈입성하여 국민당의 깃발인 '청천백일기'(靑天白日旗)를 게양했다. 종래의 중화민국 국기는 홍·황·남·백·흑 다섯 가지 색(한漢·만滿·몽蒙·회回·장藏 5족을 상징한다)을 배치한 이른바 '5색기'였는데, 이제 쑨원이 제정했다고 하는 새로운 당기(黨旗)로 바뀐 것이다. 뒷날 국민정부는 홍색 바탕의 왼쪽 상단 구석에 국민당의 상징인 '청천백일'을 배치한 청천백일만지홍기(靑天白日滿地紅旗)를 중국의 정식 국기로 삼았다. 새로운 국가 상징물의 등장이었다.

베이징과 톈진이 평정된 6월 15일 국민정부는 북벌과 전국 통일이 완성되었음을 선언하고, 이어 7월 초에 장제스는 평위샹, 옌시산, 리쭝런과 함께 베이징에서 객사한 쑨원이 잠들어 있는 시자오(西郊)의 비윈사(碧雲寺)를 찾아 그 영전에 북벌 완성을 보고했다. 난징이 수도임을 보여

**5·4운동 시기 상하이의 번화가(1919년)** 게양된 깃발은 당시의 국기인 5색기이다(《館藏革命文物選編》).

**베이징 시가에 내걸린 청천백일기** 국민혁명군이 점령한 베이징에는 국민당의 당기인 청천백일기가 게양되었다(1928년 6월, 朝日新聞社).

주기 위한 조치로서 지난날의 즈리 성은 허베이(河北) 성으로 베이징은 베이핑(北平)으로 각각 개칭했다. 1927년에 한때 망명까지 고려하던 량치차오는 베이핑의 구정부기관이 차례로 접수되어 가는 모습을 "새로운 군벌이 저마다 세력 확장에 목숨을 걸고 있다"며 냉소적으로 바라보았지만, 자신의 형편(톈진의 이탈리아 조계에 거주)에 대해서는 "이번에 베이징과 톈진은 예상 밖으로 평온한데, 어쨌든 그런대로 다행이다. …… 조계는 지내기에 괜찮다"라고 자식들에게 편지를 썼다. 그가 두려워한 박해와 조계에 대한 실력 회수는 결국 일어나지 않았고, 1년도 안 돼서 그런 우려는 먼 과거의 악몽이 되어 갔다.

베이징정부 붕괴는 그때까지 직간접적으로 월급을 받고 있던 관료와 관원들의 실직을 의미했다. 본디 중앙과 지방의 정부 관련 기관 고위층은 차치하고 현실적으로 크고 작은 부서를 국민당계 관료가 전부 다 차지할 수는 없었다. 또한 경제와 외교 같은 실무를 담당하는 자리도 어느 정도 지속성과 전문성이 필요했던 탓에 과거의 인재가 옆으로 자리를 바꾸는 사례도 드물지 않았다. 특히 외교관, 예컨대 국제연맹의 중국 대표로 활약한 구웨이쥔(顧維鈞) 같은 인물이 전형적이었다. 베이징정부가 달성하지 못한 여러 외교 문제, 이를테면 불평등조약 개정 문제 등은 그 임무를 담당한 외교관과 함께 수약 외교(修約外交, 교섭을 통한 조약 개정)가 계속되는 형태로 국민정부에서도 이어졌다.


**지난사변**　제2차 북벌 한복판에서 장차 중국과 일본 사이의 불행한 역사를 미리 보여 줄 만한 두 가지 참혹한 사건이 발생했다. 지난사변(濟南事變)과 장쭤린 폭살 사건이다.

북벌이 재개되어 국민혁명군이 산둥 성으로 진입하자 다나카 기이치 내각은 '거류민 보호'를 명분으로 제2차 산둥 출병을 단행했고, 1928년 4월에는 제6사단을 파병하여 산둥 성의 성도 지난(濟南)으로 향했다. 지난해 6월 1차 파병 이후 이번이 두 번째였다. 제1차 산둥 출병은 그 무렵까지 중국에 대한 강경책을 펴고 있던 영국과 미국의 동조를 얻었고, 또한 북벌이 정지된 상황이었기 때문에 중국과 일본 양쪽 군의 충돌까지는 이르지 않았다(8월 말 철병 성명). 물론 출병이라는 폭거로 중국의 반일 여론이 끓어올랐지만, 두 번째 파병은 그런 움직임에 구애받지 않았고 더욱이 병력을 5천 명으로 증가시켜 강행했다.

출병의 구실은 전해와 마찬가지로 2천 명이 채 되지 않는 지난 거주 일본인의 보호였지만, 조약에 근거하지 않은 출병이라는 사실에 주목해야 한다. 결국 과거 영국이나 일본 등 열강의 중국 출병은 불평등조약이라고는 해도 조약의 근거를 어느 정도 주장할 수 있는 출병이었지만, 이번 산둥 출병은 단순히 일본인 거류민의 토지를 보호한다는 명분으로 이루어졌다.

4월 말 일본군 선발대가 지난에 도착하고 이어 북벌군도 입성했다. 5월 3일 작은 분쟁으로 시작한 양군의 군사 충돌에 대하여 일본은 현지 군의 확대 요청("남방을 응징할 둘도 없는 좋은 기회다")과 군 중앙의 강경 방침("중국과 정전하려면 일본군의 위신을 높이고 잘못된 원인이 근절될 수 있다는 조건이 전제되어야 한다")에 호응하는 형식으로 임한 결과, 8일에는 결국 일본 측이 본격적인 공격을 감행하여 포격을 통해 지난 시가의 중국 군인과 민간인 3천 명 이상이 사상당하는 대참사를 일으켰다. 중국군이 충돌을 피하기 위해 퇴각하여 북상함에 따라 일본이 지난을 점령했고, 이후 증파된 일본군이 산둥 철도의 연선 지역을 거의 1년 동안 점령하였다.

지난을 점령하고 성문 위에서 만세를 부르는 일본군 부대　일본군의 포격으로 성루가 무참히 파괴되었다(1928년 5월 11일, 每日新聞社).

　지난사변은 중일 관계는 물론 동아시아를 둘러싼 국제정치에도 커다란 전환점이 되었다. 첫째, 그때까지 영국을 주요 적으로 여겨 온 중국의 반제 운동이 명확하게 일본을 표적으로 삼게 만들었다. 둘째, 장제스 등의 대일 감정을 악화시키는 결정적인 사건이었다. 셋째, 제1차 산동 출병에 동조를 보인 영국과 미국 두 나라가 국민정부에 접근하는 입장에서서 일본을 비판하게 되었다. 또 지난사변은 파견된 기관(현지 군)이 사건을 확대하고 격화시켰다. 거기에 군 중앙과 정부가 추종하여 군 증파를 단행하고, 여기에 다시 '폭지응징'(暴支應徵, 난폭한 중국에 대해 징벌을 가한다)이라는 여론을 배경으로 호응하는 모양새를 띠었다. 그 뒤로 나타나는 일본의 중국 침략 행동의 패턴을 모두 보여 주고 있다. 1931년에 발발한 만주사변에서 일본이 패전하기까지를 중일 15년전쟁이라 하는데, 국민혁명과 국가 통일에 대한 무력간섭이라는 전쟁의 주된 목적과 그 발생 형태를 살펴보면, 지난사변은 훗날 벌어지게 될 전쟁의 예행연습이라고도 할 수 있다.

**장쭤린 폭살 사건** 지난사변 직후 일본은 베이징과 난징의 두 정부에 대하여 "전란이 징진(京津, 베이징과 톈진) 지방으로 전개되어 그 화란(禍亂)이 만주까지 미치게 될 경우 제국 정부로서는 만주 치안 유지를 위해 적당하고도 유효한 조치를 취할 수밖에 없다"고 통고했다. 남북 양군이 교전 상태로 동3성에 진입할 경우에는 양군의 무장해제를 요구함으로써 한층 더 간섭하겠다는 뜻을 나타냈다. 만주 권익 보호를 가장 중시하겠다는 방침이었다.

국민정부는 내정간섭이라고 비난하면서도, 장쭤린이 동3성으로 철수한다면 원칙적으로 그를 추격하지 않겠다는 뜻을 일본 쪽에 전했다. 장쭤린도 크게 무리하지 않고 펑톈(奉天, 오늘날의 선양瀋陽)으로 퇴각하겠다는 뜻을 일본 쪽에 전했고, 결국 6월 3일 특별 열차편으로 베이징을 떠났다. 그런데 다음 날인 4일 이른 아침, 그 열차가 펑톈에 도착하기 직전에 폭발하는 일이 발생했다. 장쭤린은 그 사고로 바로 사망했다. 폭살 사건은 관동군 고급 참모 고모토 다이사쿠(河本大作)가 꾸민 모략으로 밝혀졌다. 폭파 사건을 돌파구로 만주 문제를 둘러싼 국면을 타개하려던 관동군이 스스로 연출한 것이다. 사건의 진상을 천황에게 보고한 다나카 수상이 육군의 저항을 염려하여 진상 공표를 단념(그 결과 천황의 견책을 받고 사직하였다)했기 때문에, 일본에서는 '만주모중대사건'(滿洲某重大事件)이라는 비밀로 처리되었다. 한편 중국 신문에서는 이 사건을 일본의 모략으로 간주하는 보도와 논평이 이어졌다. 이 사건은 쓸모가 없어

**장쭤린 폭살 사건의 현장** 사건 직후 촬영된 이 사진에 폭약이 설치된 칸은 파괴되어 열차가 흔적
도 없이 사라졌다(每日新聞社).

진 군벌을 일본이 어떻게 처리했는지를 잘 보여 준다.

**장쉐량의 '역치'**  폭살 사건이 발생했을 때 아들 장쉐량(張學良, 당시 27
세)은 베이징에 머물고 있었다. 그는 아버지의 사망 소
식을 듣고 일본 쪽에서 정체를 알지 못하도록 변장한 채 펑톈으로 돌아
와 신속하게 후계 체제를 정비했다. 그 10여 일 동안 장쭤린 사망 사실은
숨겨졌고 6월 21일이 되어서야 '오늘 서거했다'고 발표되었다.

장쉐량도 아버지의 폭살이 관동군이 저지른 일이라고 확신했지만, 우
선은 일본을 자극하지 않으려 주의하면서 국민당과 손잡는 길을 택했다.
진작부터 중국의 국가 통일과 민족 독립을 강하게 의식하고 있던 '영 차
이나'(Young China)로서는 당연한 선택이었을 것이다. 장쉐량은 동3성
보안총사령관에 취임한 7월 초 국민당 쪽에 "통일을 가로막을 의도는

전혀 없다"고 타전하고 부하를 장제스에게 파견하여 합류 조건을 교섭하였다.

일본 측은 장쉐량과 국민당의 접촉에 신경이 쓰여 강경책과 온건책을 번갈아 구사하면서 압력을 가했지만, 장쉐량은 그에 굴하지 않고 1928년 12월 29일 '역치'(易幟)를 단행했다. '역치'란 깃발을 교체하는 것을 말한다. 곧 동3성에서도 '청천백일기'가 일제히 펄럭이게 되었다. '역치'는 국민정부를 중국의 정통 정부로 인정한다는 것을 의미한다. 국민정부는 이런 움직임에 호응하여 장쉐량을 동북변방군 사령관에 임명하고 동북 지역에서 국민당의 활동을 제한하였으며, 동북 정권의 내정에는 간섭하지 않는다는 조건을 승인했다. 나아가 동3성과 관련한 외교권은 국민정부가 장악하게 되었다. 이리하여 상조권(商租權)과 철도 문제 등 이른바 '만주의 온갖 현안들'(滿洲諸懸案)을 오직 동북 정권과 교섭하여 해결한다는 그동안의 일본 외교 방침이 이제 막다른 길에 다다랐음이 분명해졌다. 이 난관을 타파하는 방식을 우리는 1931년에 보게 된다.

# 2. 통일과 국가 건설

동3성의 '역치'에 따라 국민정부는 중국을 통일했지만, 난 징 국민정부가 안정적인 정권이 되기 위해서는 여러 외국 의 승인을 얻을 필요가 있었다. 난징 사건과 지난사변을 비롯하여 북벌 과정에서 벌어진 외교 안건은 충분히 해결되지 못한 것 들이 많았고, 국민정부로서는 그런 과제를 '제국주의 척결과 불평등조 약 철폐'라는 국민혁명의 이념에 바탕을 두고 처리해야 했다.

베이징 점령으로 북벌이 기본적으로 완수되었을 때도 국민정부는 '혁 명 외교'의 깃발을 내리지 않았다. 중국 외교의 맨 앞자리에는 지난사변 직후인 1928년 6월에 새로운 외교부장에 취임한 왕정팅(王正廷)이 나섰 다. 그는 7월 7일에 적극적으로 불평등조약 철폐를 추진하겠다는 성명 을 발표했다. "구조약이 만기가 되었는데도 새 조약을 체결하지 않는 경 우, 별도로 정한 임시 방법으로 처리한다"고 하여, 국민정부가 볼 때 효 력이 소멸한 조약 대신에 중국이 정한 원칙을 적용하겠다고 선언했다. 일본에 대해서는 1896년에 체결된 청일통상항해조약 등이 이미 만기를 넘겼다고 주장하면서 조약의 파기를 통고했다. 일본 쪽에서는 이런 '혁명 외교'에 강경하게 반발했다.

그러나 이 무렵 국민정부의 대외 정책은 말로는 강경했지만, 과거의 한커우와 주장 조계를 회수할 때 보여 준 것 같은 '혁명 외교'와는 달리 유연하게 대응하는 경향도 있었다. 미국은 그 점을 재빨리 알아차리고 반응을 보였다. 국민정부, 그중에서도 특히 장제스 정권에 의한 통일과 안정이 자국의 이익에 합치한다고 판단한 미국은, 7월 25일 새로운 미중 관세조약을 조인하여 중국의 관세 자주권을 인정했다(11월에는 국민정부를 정식 승인했다). 윌슨 대통령의 '14개조 평화 원칙'이 발표된 이래 중국의 대미 감정은 대체로 좋았지만 이번 조치로 미국의 인기는 더욱 올라갔다. 영국과 프랑스를 비롯한 주요 각국도 그 후 1929년 말까지 차례로 관세 조약의 개정에 응했고, 국민정부는 국제적으로도 중국을 대표하는 정부로서 인정받았다.

관세 자주권의 회복이 순조롭게 진행된 요인에는 주요 국가로부터 호의적인 대응을 이끌어 낸 국민정부 쪽의 유연한 외교 교섭이 있었다는 사실도 지적되어야 한다. 협정을 조기에 체결하는 데 집중한 국민정부는 보호관세의 대상 품목이나 세율 설정 같은 구체적인 부분에서 실제로는 상당한 양보를 약속했다. 어쨌든 관세 자주권의 회복은 외교상 커다란 성공이었을 뿐 아니라 새로운 관세율을 실시함에 따라 국민정부에 안정된 재정 기반을 가져다주었다.

**대일 관계** 그런가 하면 일본과의 조약 교섭은 상당히 지연되었다. 여기에는 지난사변의 사후 처리를 둘러싼 분쟁이 큰 영향을 끼쳤다. 지난을 초토화시킨 일본 쪽이 배상을 요구하는 태도를 바꾸지 않는 한 교섭은 장기전에 돌입할 수밖에 없었다. 또 관세 자주권을 회복한 뒤에 중국 쪽에서 보호관세를 설정하고자 한 품목이 면포와 잡화 같은 일본의 주요 수출 품목과 겹치는 것도 일본이 소극적으로 대응한 요인이었다. 그런데 이를 뒤에서 압박한 것이 중국 내셔널리즘에 대한 일본의 몰이해와 '폭지응징'(暴支應懲) 여론으로 표현할 수 있는 중국에 대한 모멸 의식이었다.

국민정부를 일본이 승인한 것은 지난사변 해결 문서가 조인되어(1929년 3월) 산둥에서 일본군이 철수한 후인 1929년 6월의 일이다. 중국의 관세 자주권을 인정한 새로운 관세협정의 정식 체결은 또다시 1930년 5월이 되도록 1년 가까이 지연되었다. 그 사이에 이른바 최혜국대우 규정에 따라 중국이 다른 여러 나라와 체결한 새 관세협정은 사실상 실시되지 않았다. 별다른 이유 없이 단지 일본 사정 때문에 협정이 실시될 수 없었던 것이다.

중일신관세협정이 체결되고 얼마 지나지 않아 일본의 외교문서에 사소한, 어쩌면 견해에 따라서는 상당히 큰 변화가 생겨났다. 협정 문서의 일본문에서 일본은 중국을 종래대로 '지나공화국,' '지나국'으로 표기하고 있었지만, 이런 호칭에 반발하는 중국 측의 감정을 배려하여 '중화민국'이라는 정식 호칭으로 대체하였다. 일본의 외무성은 1930년 6월에 공문서에서 사용하고 있던 '지나'라는 호칭에 관해 조서를 작성했고, 그 뒤로 중·일 사이뿐 아니라 일본과 제3국 또는 일본 국내 공문에서도 '중화민국'을 사용한다는 방침을 정했다. 이 방침은 10월 말 하마구치 오사치(濱口雄幸) 내각(시데하라 외상)의 내각회의 결정에 따라 확정되었다. 중화민국이 성립한 지 19년이 되는 해의 일이었다.

그럼에도 이 결정이 정부 공문서에서 '지나'를 전혀 사용하지 않았다는 뜻은 아니다. 뒤에 일어난 전쟁에 '지나사변'이라는 정식 명칭을 부여한 사례가 단적으로 보여 준다. 일본 민간 사회에서 '지나'라는 호칭은 중국에 대한 모멸 의식과 함께 계속 그대로 남아 바뀌지 않았음은 말할 것도 없다.

**대소 관계**    국민정부에게 일본만큼 버거운 상대는 똑같이 동북(특히 헤이룽장 성)에서 이권을 갖고 있던 소련이었다. 국공합작 시대에 우방 소련은 제정 러시아 때부터 갖고 있던 권익, 특히 중동철도(中東鐵道, 시베리아 철도가 중국 영토를 통과하는 부분)의 경영권을 장악하고 있었다. 국민혁명 이전에 주로 장쭤린과 교섭하여 중국과 중동철도를 공동 관리했지만, 국민정부와 소련의 관계는 1927년 무렵 악화되었다(그해 말 공산당이 광저우에서 일으킨 봉기에 소련 영사관이 관련되어 있었기 때문에 국민정부는 국교 단절을 선언했다). 더욱이 장쉐량의 '역치'로 동3성이 국민정부의 지배 아래 놓이게 되었기 때문에 '혁명 외교'는 '붉은 제국' 소련의 권익을 회수하는 문제와 관련이 있었다.

1929년 5월 국권 회복을 내세운 장쉐량은 하얼빈 등의 소련 영사관과 중동철도 기관이 공산주의를 선전한다는 이유로 일제히 강제로 수색했다. 나아가 7월에는 철도를 실력으로 회수했다. 장제스, 왕정팅을 비롯한 난징 국민정부 수뇌의 동의를 얻고 감행한 행동이었다. 그러나 소련 측의 저항은 장쉐량과 장제스의 예측을 뛰어넘을 만큼 강경했고, 양자의 대립은 8월 국경에서 무력 충돌을 일으켜 9~11월에 이르러 소련군의 동북 침공과 군사 충돌(봉소전쟁奉蘇戰爭)로 발전하였다. 과거 북벌군의 고문을 맡았던 블류헤르(Василий Блюхер)가 이끄는 소련군 앞에

**소련 적군의 포격**  장쉐량의 동북군에 맞서 국경 요지인 만저우리(滿洲里)로 진격했다(1929년 10월, 每日新聞社).

장쉐량 군은 연거푸 대패한 끝에 12월에는 하바롭스크 휴전협정을 맺고 중국 측이 굴복하는 형태로 전쟁은 마무리되었다. 중동철도는 다시 소련의 지배 아래에 놓이게 됨으로써 장쉐량과 국민정부의 국권 회복 의도는 좌절되었다.

전 세계의 이목이 쏠린 이 중동철도 사건은 장차 동북 지역의 정세와 중소 관계에 큰 영향을 주었다. 이 사건으로 두 나라의 국교 회복이 상당히 지체된 사실은, 봉소전쟁에서 "동북군은 약병이고 소련군은 예상 외로 강병이다"라는 일본 측의 인상과 함께 '만주사변'의 시대 배경 가운데 하나로 작용했다. 덧붙여서 말하면 하바롭스크 휴전협정 후에 소련군은 중국 국경 안에서 철수했지만 중소 국경인 헤이룽 강(우수리 강)의 몇몇 섬은 여전히 소련군이 점령하고 있었다. 봉소전쟁에서 패배한 대가라고도 할 수 있는 이 섬들(예컨대 헤이샤쯔黑瞎子 섬)의 귀속 문제에 관해 최종적으로 해결을 본 것은 2008년의 일이었다.

**군정에서 훈정으로**　　북벌의 완성과 동3성의 '역치'에 의해 난징 국민정부는 쑨원의 염원이었던 전국 통일을 이루어 냈다. 다음 내정 과제는 이 통일 국가의 운영 체제를 쑨원이 생전에 〈건국대강〉(建國大綱)에서 정한 순서에 따라 '훈정'(訓政)으로, 나아가 '헌정'(憲政)으로 변화시키는 것이었다. '훈정'은 북벌로 대표되는 전시 체제(군정)에서 헌정으로 넘어가는 과도기로 상정된 것으로, 국민에게 헌정(민주정치)을 훈련하는 시기이다. "당을 통해서 국가를 통치한다"는 방침, 결국 선지자이며 선각자인 국민당이 국민정부를 통해 국정을 대행하는 것이 예정되었다. 당연히 국민투표를 통한 국회는 개설되지 않고 국민의 민주적 권리는 제한되었다. 당이 정부를 대행하거나 당과 정부가 일체화된 국가 체제는 일반적으로 '정당 국가' 체제, 중국어로는 '당국'(黨國) 체제라고 한다.

국민당의 '당국' 체제 구상은 공산주의 혁명의 과도기에 '프롤레타리아독재'(실제로는 공산당 독재)를 주창한 소련공산당식 체제 구상에 가깝지만, 국민당의 경우에는 혁명의 성인인 쑨원이 유교(遺敎)와 큰 덕망을 자기 당의 권력 정통성을 입증하는 증거로 삼는다는 논리가 더해졌다. 1928년 이래 쑨원이 국민당원에게 남긴 〈유촉〉을 암송하는 것을 당 바깥 사람들에게도 강제했고, 새로운 '국가'(國歌)를 대신해 국민당의 '당가'(黨歌, 국민당원에 대한 쑨원의 훈사訓辭가 담긴 내용)가 사용되었다. 이런 모습은 훈정 지배가 쑨원의 사상을 통한 이데올로기적 통제와 표리를 이루고 있음을 보여 주는 예이다.

쑨원이 남긴 유교(遺敎)에서 명분을 차용한 훈정 원리에 대해 지식인들 사이에 불만이 나온 것은 당연한 일이었다. "상제(신)를 부정할 수는 있지만 쑨원에 대한 비판은 허용되지 않는다. 예배라면 안 해도 그만이

국민정부의 통치에 들어간 톈안먼에 걸려 있는 쑨원의 초상(1928년)  뒷날 이 자리에는 차례로 장제스, 마오쩌둥의 초상이 걸리게 된다(朝日新聞社).

지만 총리 유촉은 제창하지 않으면 안 된다." 이것은 '훈정'이 아니고 '헌정' 아래에서 정치 훈련을 하는 게 중요하다고 생각한 민주파의 대표적인 논객 후스(胡適, 1891~1962)가 1929년 당시에 한 발언이다. 국민당의 간부 중에는 쑨원에 대한 '비방'을 멈추지 않는 후스를 검거하고 공민권을 박탈해야 한다고 열을 올리는 이도 있었고, 후스의 글을 실은 잡지 《신월》(新月)은 실제로 발행금지 처분을 받기도 했다. 당시 사상 통제가 얼마나 엄격했는지를 엿볼 수 있다.

훈정 시기의 약법      훈정 체제는 1928년 10월에 국민당이 '훈정강령'을 발표하고 이듬해 봄 국민당 제3차대회에서 정식 승인

됨으로써 시작되었다. 훈정 기간은 6년이었다. 훈정이라 해도 국민의 정치 참여 육성을 강조하는 훈정의 이념에서 본다면, 국정에 민의를 반영시키는 장을 설치하여 체제를 법적으로 보장하는 틀을 만드는 것은 당연했다. 그 때문에 설치된 것이 전국의 직능 단체와 국민당이 직접 지명한 대표로 구성된 '국민회의'였고, 또 훈정 시기의 기본법인 '훈정 시기 약법(約法)'이었다. 장제스가 주도하여 1931년 5월에 소집된 국민회의는 곧 취임하게 될 국민정부 주석·행정원장에게 커다란 권한을 부여한 '훈정 시기 약법'을 채택하였다. 이렇게 해서 훈정 체제의 골격이 공식적으로 확정되었다.

훈정 시기 약법은 표면적으로 보면 당의 우위성을 전면에 드러낸 '훈정강령'에 비해 정부의 역할을 상대적으로 높였으며, 국민의 권리에 관한 조항을 설치하는 등 장래의 '헌법'을 지향하는 내용을 담았다. 그러나 핵심인 국민당의 당내 사정은 단순하지 않아, 당을 통한 지배 체제가 일단 보장된다고는 해도 모두가 그것을 납득할 수 없었다. 오히려 '당권'이 강했기 때문에 그 권력을 둘러싼 투쟁은 '훈정' 이념과 쑨원 사상 이해를 둘러싸고 정통성 투쟁의 양상을 띠며 격화되었다.

특히 국민당을 견제하는 기관이 전혀 없었던 훈정기의 특징 탓에, 국민당 중앙에서 배제된 당내 반대파는 민주적 절차에 따라 이의를 제출하기 힘들었고 때때로 그들은 난징 이외에 별도의 국민정부를 수립하여 항쟁을 벌이는 사태가 생겨났다. 사실 앞서 '국민회의'와 '훈정 시기 약법'의 경우도 그것들이 만들어질 때까지 또는 만들어진 이후에도 장제스의 독재 지도 체제 확립을 둘러싸고 심각한 당내 균열을 거쳤다.

**국민당의 내분** 1928년부터 1930년대 초까지 당내 대립은 '훈정' 체제의 구체적 방법을 둘러싸고 장제스와 대립하는 왕징웨이, 쑨커, 후한민을 비롯한 문민 정치가들의 '이론 투쟁'이 군사 문제에서 장제스와 이해관계를 달리하는 군사 지도자(리쭝런, 펑위샹, 옌시산·리지선李濟深 등) 각파와 복잡하게 연결되어 있었다. 그 결과 혁명 이념의 차이에 기초한 이론 대립이 군사 충돌로까지 발전하는 경우가 많았다. 국민혁명군 각군은 북벌 과정에서 구군벌군을 개편하고 흡수한 결과 200만 명 이상으로 팽창해 있었다. 그 규모를 줄이는 문제는 위기 속의 중앙 재정이 제자리를 잡기 위해 절박한 과제였을 뿐 아니라, 군의 일원화를 통한 통일 국가 실현이라는 측면에서도 피할 수 없는 문제였다. 물론 지방군의 삭감과 군권의 통일은 지방의 군사 지도자에게 사활이 걸린 문제였다. 따라서 일은 순조롭게 해결되지 않고 군사 지도자들은 다른 지방군이나 장제스 이외의 국민당 파벌과 합종연횡하면서 중앙정부에 강하게 저항했다.

1929년부터 1931년에 걸쳐 이어진 장제스와 반장제스 각파의 항쟁은 '국민당의 신군벌 혼전'이라고도 하는데, 1930년과 1931년에 일어난 반장제스 운동은 정부가 분립되는 사태로까지 발전하였다. 1930년의 항쟁은 그때까지 장제스에 복종하던 펑위샹, 옌시산, 리쭝런이 왕징웨이가 이끄는 '개조파'와 결합하여 일으킨 대규모 반장제스연합 운동이었다. 왕징웨이와 천궁보(陳公博)를 중심으로 민중운동의 추진 등의 방침을 계승한다고 주장한 '개조파'는《혁명평론》을 발행하여 청년 당원의 지지를 얻었다. 이 반장제스 운동은 화북에서 5월부터 약 반년에 걸쳐 대규모 내전(중원대전中原大戰)으로 발전하였다. 내전이 한창이던 9월에는 옌시산을 주석으로, 왕징웨이·펑위샹·리쭝런 등을 정부위원으로 하

국민당의 문치파(文治派) 세 지도자
왼쪽부터 쑨커, 후한민, 왕징웨이
(1931년 10월 상하이,《中國近代
珍藏圖片庫 蔣介石與國民政府》).

는 '국민정부'가 베이핑에 수립되었다. 그들은 또한 "훈정의 명분을 빌려 전제를 행하는" 장제스에 대항하기 위해 국민회의 개최와 약법(제정된 곳 이름을 따 '타이위안太原 약법'이라고 한다) 제정을 꾀했다.

이 중원대전은 양쪽 합계 100만 명의 군을 동원하여 사상자 30만 명을 낼 정도로 격전을 벌였다. 그 과정에서 장제스 측이 궁지에 몰린 경우도 있었지만, 전쟁 국면을 장악한 것으로 보인 장쉐량이 장제스 지지 성명(9월)을 발표하고 이어서 동북군이 관내(關內)로 진입함에 따라 급물살을 타면서 장제스파의 승리로 끝을 맺었다.

내전이 끝나고 펑위샹 등의 군은 장제스와 장쉐량 군으로 흡수되었다. 이제 장제스의 실질적인 지배 영역은 허난, 후베이, 후난을 비롯한 여러 성으로 확대되었으며 난징정부의 위세도 크게 강화되었다. 또 장쉐량도 베이핑과 톈진을 지배 아래에 두고 10월에는 국민혁명군 육해공군

부사령관에 취임하여 군사 면에서 장제스 뒤를 잇는 2인자 지위를 획득했다. 한편 장제스는 중원대전에서 승리하고 앞에서 서술한 국민회의 개최와 훈정 약법의 제정을 제안하기에 이르렀다. 군사적으로 승리했다고 해서 반장제스파가 내민 정치 요구를 무시할 수 없었다는 사실을 보여주는 것이다.

**광둥파의 저항** 장제스의 주도 아래 이루어진 국민회의 개최와 훈정 약법 제정에 대해서는 당내에서도 즉각적인 반대의 목소리가 나왔다. 반대자는 당의 원로격인 입법원장 후한민이었다. 그는 '훈정' 자체에 대해서는 적극적으로 옹호하였지만, 그것이 장제스의 개인 독재로 연결되는 '약법'이라는 형태를 띠는 것에 강하게 반발하였다(반대 이유는 만년의 쑨원이 훈정기의 약법 제정을 주장하지 않았다는 사실이었다). 이에 대하여 약법 제정을 급히 서두르고 있던 장제스는 1931년 2월에 후한민을 연금하여 난징 탕산(湯山)에 유폐시키고 입법원장 직위를 박탈해 버렸다. 그해 5월의 훈정 약법은 이렇게 폭력으로 반대파를 억압한 뒤 국민회의에서 겨우 사흘 만에 심의를 거쳐 가결되었다.

후한민 유폐 사건으로 국민당의 내분은 또다시 격렬해졌다. 4월 이후 반장제스파인 왕징웨이, 쑨커, 리쭝런 등이 후한민파의 아성인 광둥에 집결하여, 5월에 광저우에서 새로운 '국민정부'의 수립을 선언했다. 그 전해에 베이핑 '국민정부'를 수립했다가 장제스한테 패배한 이들과 쑨커·후한민파의 대연합이었다.

후한민 석방과 장제스 하야를 요구하는 광둥파는 그 후 9월에 군을 북상시켜 난징 쪽과 전면 충돌도 불사한다는 강경 자세를 보였다. 그런데

국민정부의 거물들　왼쪽부터 왕징웨이,
장쉐량, 쑹쯔원(1932년 6월 베이핑에서,
《宋子文與他的時代》).

때마침 이 무렵 만주사변이 발생했다. 일본의 동북 침략을 앞에 두고 같
은 편끼리 싸워 분열해서는 안 된다는 여론에 자극을 받아 양쪽 파 사이
에 조정이 이루어졌다. 그리하여 장제스 하야를 조건으로 광둥파가 난징
'국민정부'로 합류하게 되었다. 1932년 1월에는 쑨커를 수반(행정원장)
으로 하는 새로운 체제가 출발했다.

장왕 합작 체제　　쑨원의 맏아들인 쑨커가 담당한 정권은 쑨원의 '유교'
(遺敎) 실현을 내건 훈정 체제에 기반을 두고 있었기 때
문에 그 나름의 정통성을 갖고 있었지만 당내 기반은 매우 취약했다. 내
정 면에서는 왕징웨이파와 장제스파의 협력을 얻지 못했고, 일본에 대한
정책에서도 효과적인 대책을 낼 수 없었다. 기세 좋게 등장한 쑨커 정권
은 겨우 한 달도 못 되어 물러날 수밖에 없었다. 이어서 왕징웨이가 행정

원장에 취임하고 3월에는 장제스가 군사위원회 위원장이 되어 정치군사 부문에 복귀했다. 이른바 '장왕(蔣汪) 합작' 체제의 발족이었다.

왕징웨이 저격 사건이 발생하는 1935년까지, 군·정을 장제스와 왕징웨이라는 양 거두가 맡는 '장왕 합작' 체제는 서로 협력과 마찰을 동반하면서도 기본적으로 계승되어 갔다. 그 사이에 푸젠사변(福建事變, 1933)과 양광사변(兩廣事變, 1936) 등 지방군과 국민당 일부 세력이 결합하여 중앙에 대항하는 국면이 몇 차례 있었지만 모두 난징정부 측에 의해 단기간에 수습되었다. 요컨대 난징 국민정부가 외교·재정·경제·군사 여러 방면에서 상당한 성과를 올리고 있는 상황에서, 상황은 점차 장제스의 지위가 확고부동해지는 쪽으로 나아가고 있었다.

조금 덧붙인다면, 1931년에 발발한 만주사변은 이듬해 1932년 1월 제1차 상하이사변(1·28사변)으로 불똥이 번졌고, 이런 급박한 사태에 영향을 받아 국민정부는 1년 정도 뤄양(洛陽)으로 천도했다(그해 12월 난징으로 돌아왔다). 장제스가 3월에 군사 지도자로 중앙에 복귀할 수 있었던 데에는 이러한 국난을 수습할 수 있는 실력자가 장제스 말고는 없다는 폭넓은 지지가 있었다고 볼 수 있다. 그런가 하면 만주사변을 계기로 국민이 일치단결하여 국난에 대처하자는 호소가 커졌고, 그러기 위해서는 훈정 체제를 수정해야 한다는 의견(헌정으로 조기 이행, 민의를 대표하는 기관 설립)이 더욱더 강화되었다. 이러한 목소리는 이후 국민당 각파의 정치적 고려와도 맞물리면서 널리 퍼져 나갔다.

**국민당의 약점**　　훈정을 주도하고 있던 장제스는 국민당을 향한 사회 각층의 동화, 즉 사회의 '당화'(黨化)를 지향했다. 하지만 당내의 주도권 투쟁과 내전에서 거둔 화려한 성과와는 정반대로, 조직으로서 국민당이 지닌 힘은 좀처럼 사회로 침투하지 못했다. 동북의 '역치'에 의해 전국 통일을 이룬 1928년 말 시점에서 국민당원 수는 전국에 걸쳐 겨우 13만~18만 명(그 밖에 군대에 7만 명)에 불과했다. 국민당원 수는 국공합작기에 한때 30만을 웃돌 만큼 팽창했지만 그 후 '분공'을 거치며 크게 줄어든 모양새였다.

일반 당원 수는 그 후에 증가세로 돌아섰지만 난징정부 시기 동안에도 50만을 넘지는 않았다. 더욱이 당원의 다수가 관료층에 편중되어 있었고 지역적으로도 광둥과 난징, 상하이 등에 쏠려 있었다. 전체 인구 대비 0.1퍼센트밖에 안 되는 당 조직(같은 시기 소련의 당원 비율은 1.5퍼센트 남짓이었다)이 국정을 대행하는 셈이었기에 권력의 기층 조직, 특히 지방 농촌 지역에 대한 침투 정도를 비롯한 온갖 어려움을 피할 수 없었을 것이다.

그런가 하면 당의 선전 역량이라는 측면에서도 보잘것없었다. 예컨대 기관지《중앙일보》(中央日報, 1928년 창간)의 발행 부수는 1935년 시점에도 3만 부 정도로, 상하이의 지역 일간지인《신보》(申報)나《신문보》(新聞報)의 14만~15만 부에 크게 못 미쳤다. 일당독재를 가능케 하는 조건은 무엇보다 국민당 자체의 조직력에서도 크게 제약을 받았다.

더욱이 간부 중심형 정당인 국민당은 상층부가 복잡한 파벌로 나뉘고 저마다 정통성을 주장하는 '이론 투쟁'에 능했기 때문에, 다수파였던 장제스도 정규의 당 조직에 의존하는 한 안정된 지배 체제를 구축하기 힘들었다. 자신의 심복 천커푸(陳果夫)·천리푸(陳立夫) 형제가 조직한 비밀 당내 조직 CC단(Central Club의 약칭, 두 사람의 영문 성 'Chen'의 이니셜이라고도 한다)과 중화민족부흥사(中華民族復興社, 장제스에게 충성을 맹세한 군인이 중심이 된 반공 국가주의 그룹. 역행사力行社, 남의사藍衣社라고도 한다)라는 개인 직속 첩보 비밀결사를 확대한 것은 그 때문이었다. 반대파와 투쟁할 때 어두운 부분을 맡은 이 비정규 조직들은 황푸군관학교 졸업생이 이끌고 있던 군과 함께 장제스 독재 체제의 기반을 형성했다.

**난징정부의 경제 건설** 북벌이 완료된 후에도 계속된 국내의 정국 혼란과 내전에도 불구하고 국민정부의 경제 운영은 1930년대 전반까지 착실한 성과를 거두었다. 물론 국민정부가 무에서 유를 창조했을 정도로 중국 경제가 다시 살아났다는 의미는 아니다.

중국 경제는 제1차 세계대전 후의 '민족공업 황금기'를 포함하여, 1914년부터 1925년까지 공업 생산이 평균 10퍼센트를 넘는 고도성장을 이루었다. 그 후 북벌기의 전란 탓에 한때 정체되었지만 1920년대 후반까지 경공업 등 수입 대체 공업을 중심으로 대체로 순조로운 발전을 거두었다. 경공업을 대표하는 방적업의 경우, 난징 국민정부가 성립된 1927년에 국산 기계제 면사의 수출이 수입을 웃돌았고 자급률도 100퍼센트를 넘었다. 물론 재화방(在華紡)으로 대표되는 외국 자본의 압박과 불균형한 국내 시장 상황을 개선해야 할 과제를 남겼지만, 난징 국민정부는 확대되고 있던 경제 상황과 국민경제가 형성되고 있는 가운데 등장했다.

국가 재정의 측면에서 보면, 내셔널리즘에 압박을 받아 열강과 조약 개정을 교섭한 결과 관세 자주권이 회복되었다는 의의는 컸다. 재정부장 쑹쯔원이 추진한 관세율 인상은 국내 산업의 보호 육성에 기여했을

공업 생산 지수의 추이(1912~1948년, 1933년=100)

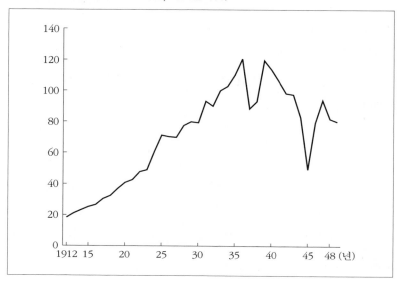

출전:《現代中國の歷史》, 66쪽

공업 제품 자급률의 추이(1920~1936년)

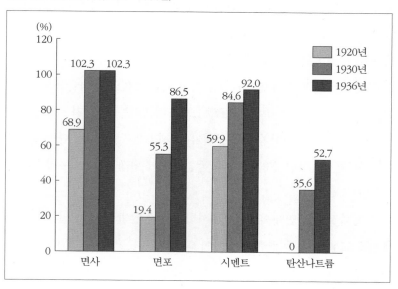

출전: 위의 책

뿐 아니라 중앙정부의 세입 가운데 50퍼센트 가까이 차지하는 주요 재원이 되었다. 동시에 진행된 염세(鹽稅) 개정과 신설한 '통세'(統稅, 통일화물세) 덕분에 국민정부는 1930년대에 유통 간접세만으로 국고 수입의 80~90퍼센트를 조달할 수 있게 되었다. 정책을 실행하는 것도 그 배후에 활발한 상품 경제가 없었다면 불가능했을 것이다. 국산 제품의 내지 통과를 가로막는 국내 통과세인 이금(釐金)도 1930년에 모두 폐지되었다. 이금을 비롯한 통과세는 본디 지방정부의 재원이었지만, 이것을 폐지하고 대신에 중앙정부가 통제하기 수월한 시점인 공장에서 출하할 때 '통세'를 징수하도록 했다. 이는 중앙정부의 재정권을 강화하는 데 목적이 있었다.

그런가 하면 세출에서는 내전과 공산당군을 토벌하는 데 과대한 군사비 부담을 계속 받았다. 게다가 과거 채무인 배상과 외채 지불도 해야 했기에 국민정부는 늘 세입 부족에 시달릴 수밖에 없었다. 당연히 자금을 대출할 수밖에 없었는데, 그 방법은 전면적으로 외채에 의지하던 과거 정부와는 크게 달랐다. 내국채(內國債)의 안정적 발행이 그러했다. 1927년부터 10년 동안 발행한 내국채의 총액이 26억 위안에 달했다. 1930년 국민정부의 공식 세입이 8억 위안 정도였다는 점을 생각하면 그 액수의 크기를 짐작할 수 있을 것이다. 대출이지만 공채 발행은 정부의 신용보증을 받았고(즉 상환 기금이 되는 안정적인 세수), 그것을 떠맡은 은행업이 성장하여 정부와 은행의 협조 없이는 이루어질 수 없기 때문에 이만큼의 공채를 모을 수 있었다는 사실 자체는 평가받아 마땅하다.

또 난징정부는 안정된 국민경제를 발전시키기 위해 반드시 필요한 중앙은행 설립(1928년 11월)과 관련한 법규를 정비했다. 이를테면 상법, 회사법, 공장법, 은행법을 비롯한 갖가지 법 제정을 추진했다. 이런 일련의 조치는 1928년에 각계 기업을 모아 국민정부가 주최한 전국경제회의와 전국재정회의에서 결정된 바를 실시한 것이었다. 특히 상하이의 기업가들을 중심으로 한 장쑤와 저장 지역 기업가 집단의 목소리를 반영하고 있었다. 경제인의 참여를 이끌어 내는 이러한 정책 입안 방식은 1931년의 전국경제위원회에서도 나타났다. 더구나 이런 경제 입법을 결정하고 정책을 실시하는 과정에는 통일 국가 건설에 스스로 사명감을 보이는 유능하고 젊은 전문가를 적극적으로 등용했다.

**세계 대공황**   1929년 10월에 시작된 세계공황은 1931년 가을 무렵부터 중국에도 영향을 미쳤다. 영향이 지체된 이유는 당시 중국이 은 통화권에 속했기에 공황에 따른 세계적인 은 가격 하락이 중국 화폐의 평가절하를 가져와(즉 수출 촉진 작용) 한동안 긍정적으로 작용했기 때문이다. 그러나 1931년 영국의 금본위제 이탈 이후 이런 이점은 사라졌고, 거꾸로 국제 은 가격 상승이 중국 경제에 심각한 충격을 주었다. 농산물을 비롯한 갖가지 제품의 가격이 하락하고 공장이 도산하고 상점이 문을 닫는 상황이 차례로 발생했다. 이제 은을 본위로 하는 복잡한 통화 체제의 한계는 분명해졌다.

중국 경제에서 오랫동안 현안이 되어 온 이 문제를 해결하기 위해 국민정부는 1933년 3월, 그때까지 사용되던 은의 화폐 단위 '량'(兩)을 '위안'(元)으로 일원화시키고(폐량개원廢兩改元) 나아가 관리통화 체제로 이행을 꾀했다. 1935년 11월의 화폐제도 개혁이다. 국내에 유통되는 은을 국유화하고, 그 대신에 정부계 은행이 발행하는 지폐인 '법폐'(法幣)를 통일 화폐로 정하는 획기적인 조치였다.

당연히 법폐가 안정적인 통화로 기능하기 위해서는 외환의 측면에서 신용보증(즉 국제통화로서 달러나 파운드 환율에 대한 유지 보증)이 반드시 필요했다. 이러한 면에서 국민정부가 법폐와 교환하여 모은 은을 미국 정부가 달러로 구입하는 등 영국과 미국 두 나라는 폐제 개혁을 적극적으로 지원하였다. 이리하여 중국 역사상 최초의 관리통화 체제 이행이 단기간에 성공했다. 화북의 일본계 은행은 은을 인도하는 데 저항했지만 그것도 1937년 봄에는 해결됨으로써 '법폐'는 중화민국의 단일 통화가 되었다. 난징정부가 지배하는 지역에서는 '법폐'가 사용되었고, 대외적으로 안정된 '위안'을 기초로 1936년에는 농작물이 풍작을 거둠으로써 중국 경제는 눈에 띄게 회복되었다.

폐제 개혁이 성공함에 따라 중앙정부의 통치력은 전에 없을 만큼 강력해졌다. 국민정부는 군사적 통일과 정치적 통일에 더하여 금융·통화의 통일에도 성공을 거두었다. 그러나 이 무렵 국내에는 '법폐'가 통용되지 않는 곳이 있었다. 이미 '만주국'이라는 이름으로 바뀌어 버린 동북 지역이 그랬다. 이 '국'(國)에서는 '일만지(日滿支) 경제블록'이라는 구호 아래 국민정부의 폐제 개혁과 때를 맞춰 '국폐'(國幣)라는 통화로 '폐제 개혁'이 이루어져 일본 엔과의 등가(等價)를 선언했다.

# 3. 만주사변

**사변의 발발** 일본에서 세계공황의 영향은 중국보다 일찍 나타났다. 일본 경제는 1930년 봄부터 불황의 늪에 빠졌다. 그런가 하면 지난사변 이후 중국에서 배일(排日) 경향이 두드러지고, 남만주철도(만철)의 경영이 악화되었으며, 장쉐량 체제 아래에서 벌어진 만주 이권 교섭이 난항을 거듭하면서 1930년 가을 시점에 일본의 중국 정책은 커다란 차질을 빚게 되었다. 이러한 사태를 타개하기 위하여 "만몽(滿蒙) 문제의 해결은 일본이 그 지방을 영유함으로써 비로소 완전히 달성될 수 있다"는 생각을 품고 있던 관동군 참모 이시하라 간지(石原莞爾)가 이타가키 세이시로(板垣征四郎)를 비롯한 동료들과 함께 계획한 것이 바로 모략을 통한 만주 군사점령이었다.

1931년 9월 18일 밤, 관동군은 펑톈(奉天) 북쪽 교외의 류탸오후(柳條湖)에서 만철 노선을 폭파시키고, 장쉐량 군이 주둔하고 있던 베이다잉(北大營)과 펑톈에 포격을 가했다(류탸오후 사건). 관동군의 자작극인 철도 폭파는 규모가 작았지만, 이때 현지의 관동군 부대는 뤼순(旅順)의 관동군 사령부로 "중국군이 철도를 파괴하고 수비병을 습격함에 따라 구

**전투태세에 돌입한 관동군 부대**  류탸오후 사건 직후 펑톈을 공격하기 위해 성벽에 배치되어 있다(1931년 9월 19일, 每日新聞社).

원에 나선 우리 군과 충돌했다"고 보고했다. 면밀하게 계획된 이 모략 사건으로 남만주의 요충인 펑톈, 잉커우(營口), 창춘(長春)을 비롯한 18개 도시가 하루 만에 관동군에게 점령되었다. 일본에서는 '만주사변,' 중국에서는 '9·18사변'이라 일컫는 사건의 시작이었다.

　사건의 첫 소식이 뤼순의 관동군 사령부에 전달되자 관동군 사령관 혼조 시게루(本庄繁)는 당초에 무장해제 정도의 조치가 적당하다고 생각했지만, 이시하라 간지의 '만몽영유론'(滿蒙領有論)에 물들어 있던 참모들이 거기에 만족할 리 없었다. 이시하라, 이타가키 등 참모들은 관동군의 전면 출동과 조선군에 증원을 의뢰하는 안까지 승인하게 했다. 9월 19일 아침 도쿄에서 열린 육군 수뇌회의는 "관동군의 이번 행동은 모두 지당한 일"이라면서 그 행동을 전면 지지하고 나섰다. 하지만 이어진 각료회의(와카츠키 레이지로若槻禮次郎 내각)에서 시데하라 외상이 관동군의 계획적인 행동임을 엿볼 수 있게 하는 정보를 제시하고, 육군대신 미나미 지로(南次郞)는 조선군 증원을 주저함에 따라 사건을 확대하지 않는다는 방침이 결정되었다.

하지만 21일이 되자 사태는 순식간에 변했다. 관동군으로부터 증원을 의뢰받은 조선군이 독단적으로 국경선을 넘어 펑톈으로 향했다. 국경 밖으로 조선군이 출동하려면 군령의 측면에서 봉칙명령(奉勅命令, 통수권자인 천황이 내리는 정식 명령)의 전달뿐 아니라 군정(軍政) 면에서는 각료회의의 경비 지출 승인이 필요했지만, 하야시 센주로(林銑十郞) 조선군 사령관은 이 모든 것을 무시하고 무리하게 국경을 넘었다. 이 때문에 '월경 장군'이라 불리게 된 하야시의 군규 위반 행동은 육군 중앙의 강경 자세와 맞물려 정부를 크게 동요시켰다. 육군 중앙은 출병 태세를 유지한 채로 만몽 문제의 해결을 내각에 요구하고, 만약 받아들여지지 않으면 육군대신의 사임을 통해 내각을 무너뜨리는 것도 불사하겠다는 태도를 보였다. 결국 22일에 열린 각료회의는 조선군 출동을 사실상 추인(경비 지출 승인)함과 동시에 이번 사건을 '사변'으로 취급한다고 결정하였다. 결국 선전포고 없는 전쟁 상태가 시작된 것이다.

**사변 직후 중국의 대응** '9·18사변'이 발생할 당시 동북의 '주인' 장쉐량은 요양 중이던 베이핑에서 사건 소식을 들었다. 그는 곧바로 펑톈으로 부하를 파견하여 일본군이 아무리 도발하려 해도 은인자중하며 분쟁을 일으키지 말라고 명령했다. 관동군이 펑톈을 눈 깜짝할 사이에 제압할 수 있었던 것은 동북군이 장쉐량의 지시대로 저항하지 않았기 때문이다.

저항하지 말라는 장쉐량의 명령에는 복선이 깔려 있었다. '9·18사변'

이 발발하기 두 달 전인 7월에 창춘 교외 이주를 둘러싸고 조선인과 토착 중국인 농민 사이에 커다란 충돌이 발생하자(완바오산 사건萬寶山事件) 일본 지배하의 조선에서 대규모 배화폭동(排華暴動)이 발생했다. 더욱이 8월에는 다싱안링(大興安嶺)에서 정보 수집 활동을 벌이던 일본 군인이 스파이 혐의로 살해된 사건(나카무라 대위 사건, 6월)의 처리를 둘러싸고 일본과 외교 문제로 비화되는 등 동북 지역은 긴장 상태에 빠져들었다. 장제스는 8월에 장쉐량에게 "일본군이 동북에서 사건을 일으켜도 우리는 저항하지 말고 충돌을 회피해야 한다"고 명령했고, 그것을 받아들인 장쉐량도 동북의 부하들에게 사변 직전까지 "일본이 어떠한 도발을 하더라도 우리는 어디까지나 참아야 하며 절대로 분규를 일으켜서는 안 된다"라고 거듭 강조했다. 그 때문에 '9·18사변'이 발생했을 때에도 장쉐량은 일본 측의 도발이라고 판단하고 저항하지 않는다는 방침을 관철시켰다.

하지만 그것은 도발 정도가 아니라 만주 전체를 노린 침략이었다는 점에서 장쉐량의 판단은 오산이었다. 뒷날 만년에 이른 장쉐량은 "그때 일본군이 그렇게까지 진격하리라고는 예상하지 못했다. 절대로 그렇게 될 수 없을 것으로 생각했다. …… 만약 일본이 진정으로 전쟁을 일으키려 한다는 의도를 알았더라면 나는 목숨을 걸고 전쟁에 임했을 것이다"라고 회고했다.

그 무렵 난징정부를 이끌던 장제스는 한편으로 공산당군 토벌에 나서면서, 동시에 광저우에서 기치를 올리고 있는 국민당 반대파의 군사행동에 대처하는 데 골몰하고 있었다. 장제스도 당초에는 그 사건을 일종의 도발이라고 파악하고 있었다. 첫 소식을 전해들은 날(9월 19일) 일기에 이렇게 썼다. "내란은 중지되지 않고, 반란을 일으킨 무리는 손톱만큼도 반성하는 기색이 없다. 국민들도 나라를 사랑하는 마음이 없다. 사회는 조직되어 있지 않고 정부는 거의 병자나 다름없다. 이치에 따른다면 이러한 민족이 오늘날 세계에서 존재할 수 있는 길이란 결코 없다." 당시 수습될 전망이 없어 보이는 국내 분쟁이야말로 장제스에게 최대의 현안이었음을 알 수 있다. 국내조차 통합되지 않은 상태에서 일본과 전쟁을 벌인다는 것은 애초부터 생각할 수도 없는 사안이었다. 다만 이날 이후 장제스는 일기 첫머리에 하루도 빠지지 않고 '설치'(雪恥, 수치를 갚는다)라는 두 글자를 써넣었다. 한시도 그 치욕을 잊지 않겠다는 굳은 의지의 표현이었다.

**국제연맹의 대응**　　그런데 야간 기습공격이라고 할 수 있는 일본의 이 폭거에 어떻게 대응하면 좋을까? 사변 직후 국민당에는 현실적인 대응으로서 일본 측과 하루빨리 직접 교섭하여 무엇보다 전선이 확대되는 것을 막아 원상회복을 노려야 한다고 주장하는 움직임이 일부 나타났다. 똑같이 사태가 확대되는 것을 우려한 일본 외무성도 잠시 이에 호응하는 태도를 보였다. 그러나 장제스가 취한 방침은 직접 교섭이 아니었다. 군에 대한 일본 정부의 통제력에 의문이 남았고 직접 교섭하게 되면 중국 쪽에서 양보할 수밖에 없게 된다는 이유였다. 직접 교섭하는 대신 장제스가 선호한 것은 국제적인 "공리(公理)의 결정을 기다리는 것," 구체적으로 말하면 국제연맹의 개입을 통한 해결이었다. 마침 사변이 일어나기 직전 국제연맹 비상임이사국으로 복귀한 중국은 9월 21일 이 사건을 정식으로 국제연맹에 제소했다.

러일전쟁 이래 일본은 만주를 '10만 영혼과 20억의 국폐(國幣)'(러일전쟁에 들어간 희생과 전쟁 비용을 일본에서는 이렇게 부른다)의 대가로 얻은 '특수 지역'으로 여기고, 그 '특수 권익'을 중국과 열강에게 승인받으려고 온 힘을 기울여 왔다. 그 특별한 장소에서 발생하였고 그것도 중국 측에 책임이 있는 사건을 국제연맹의 장에 들고 나간다는 것은 용납할 수 없었다. 이것이 당시 일본 여론의 대세였다. 22일 만주 문제가 국제연맹 이사회 의제로서 다뤄지자 일본 정부는 이틀 뒤에 일본군의 행동이 자위를 위한 것이라고 성명을 발표하고, 연맹이 그 사건에 개입하는 것을 반대함과 동시에 중·일 간에 직접 교섭으로 문제를 해결해야 한다고 주장했다.

국제연맹 이사회는 사태가 확대되는 것을 걱정하면서도 당초부터 일본에는 유화적이었고 중국에는 냉담했다. 만주의 특수성에 집착하고 있는 일본을 비난하게 되면 오히려 태도가 경직되어 사태 해결을 어렵게 만든다고 생각했기 때문이다. 실제로 9월 30일 이사회가 채택한 사건 불확대 결의는 일본군의 철수에 관해서 어떤 기한도 정하지 않았다. 국제여론의 풍향이 변화한 것은 10월 들어 관동군이 일본 정부가 중국과 교섭하는 것을 좌절시키려고 사태를 확대시킨 이후부터였다. 관동군은 사변 직후부터 주요 도시에 친일 정권을 수립하는 움직임을 보였고, 10월 초순에 이르러 장쉐량 정권을 부정하는 성명을 내고 이어 8일에는 평톈에서 철수한 뒤에 장쉐량 군이 사령부를 설치한 진저우(錦州)를 아무런 경고도 없이 폭격했다. 시데하라 외상은 폭격이 일본 정부의 의도가 아니라 현지 군대의 개별적 군사 행위라고 해명했지만, 이제 일본 정부가 내세운 '불확대 방침'이 파탄났음은 확실했다.

**국제연맹을 탈퇴한 일본**

이런 상황에 이르자 국제연맹은 일본에 대하여 기한부 철병을 요구하는 결의안을 제출했다(10월 24일). 이 결의안은 일본의 반대로 부결되었고 그 후에도 관동군의 군사행동은 그칠 줄 몰랐다. 이듬해 일본군은 1월에 진저우(錦州), 2월에는 하얼빈을 점령했다. 이렇게 해서 1931년 사변 발발 이후 약 4개월 반 만에 일본군은 동3성의 주요 도시와 철도 연선을 거의 모두 지배 아래 두게 되었다. 그리고 중국의 세력이 일소된 뒤에 '마지막 황제' 푸이(溥儀)를 집정(執政)으로 하는 일본의 괴뢰국가 '만주국'이 설립되었다(1932년 3월 1일 건국선언).

잘 알려져 있다시피 국제연맹은 1932년 일본·중국·'만주국'에 대한 현지 조사를 위해 이른바 리턴 조사단을 파견했고, 1933년 2월에 열린 총회에서 조사단의 보고와 토의에 기초하여 조사 보고서를 채택하고 '만주국'의 불승인을 내용으로 하는 제안을 채택했다. 리턴 조사단의 보고는 일본이 저지른 일련의 행동을 부인하면서도, 일본이 중국의 "무법 상태로 다른 어떤 나라보다도 훨씬 더 괴로움을 당했다"는 사실 때문에 분쟁이 발생하였다고 인정했다. 이런 인식에 따라 동3성을 일본을 중심으로 하는 열강의 공동 관리 아래 두어야 한다는 구상을 내비침으로써 일본에 대해 상당히 유화적인 태도를 보였다. 중국은 이 제안을 수용하는 자세를 보였지만, 리턴 조사단의 보고 공표를 앞두고 '만주국'을 승인하고 있던 일본은 반발하여 3월에 국제연맹 탈퇴를 선언했다.

이러한 강경 자세에 부합하듯 일본군은 1932년 1월에 상하이에서도 중국과 군사 충돌을 일으켰다. 이 또한 일본 측의 모략이 발단이 되어 일어난 충돌인데, 사건 발생 시점을 따서 중국은 '1·28사변'이라 부른다. 일본군은 두 차례에 걸쳐 증원하면서, 저항하는 중국군과 격심한 시가전

중국을 방문한 리턴(Victor Bulwer-Lytton)과 구웨이쥔(1932년 4월)  구웨이쥔(顧維鈞)은 베이징정부 시대부터 활약한 베테랑 외교관이었다(每日新聞社).

을 벌였다(제1차 상하이사변, 5월에 쑹후淞滬 정전협정이 체결되었다). 또 연맹에서 리턴 조사 보고에 대한 심의가 크게 차질을 빚고 있던 1933년 2월, 일본군은 만주국 남쪽에 인접한 러허 성(熱河省)을 침공하여 만주국의 영역으로 편입시켰다. 이렇게 해서 만리장성 이북이 중국 영토에서 무력으로 분리되어 버렸다.

'안내양외'와
국방 건설

만주사변이 발생하자 일본의 무력 침략과 국민정부의 부저항 방침에 대해 격렬한 항의의 목소리가 나온 것은 당연했고, 결국 지금껏 없었던 대규모 항일운동이 전개되었다. 일본 상품 불매운동이 전국 각지에서 거세게 일어나, 9월 이후 만주를 제외하고 전국에서 일본 상품 수입은 전년 대비 약 3분의 1로 격감하였으며 12월에는 5분의 1까지 떨어졌다.

만주사변을 맞아 중국이 채택한 부저항 방침과 국제연맹 제소 외교는 눈앞에 닥친 일본군의 침공을 거의 억제하지 못했다. 그러나 이 방침은 한편으로 일본의 국제적 고립을 가져왔고, 다른 한편으로 북벌기의 '혁명 외교' 이래 중국이 내셔널리즘에 사로잡혀 있다는 열강의 불신감을 불식시켰다. 따라서 오히려 중국의 도덕적 지위를 높이는 데에 기여했다는 점에서 본다면 굳이 부정적인 측면만을 강조할 수는 없다.

그럼에도 '만주사변'이 우발적 사건이 아니라 명백하게 계획된 침략이었다는 사실을 인식했을 때, 국민정부가 국제적인 '공리의 결정'이라는 가망 없는 도덕성이 아니라 스스로의 실력을 키워 하루빨리 국방 건설에 착수해야 한다는 사실은 분명했다. 결국 내전을 위한 군대를 국방을 위한 군대로 재편해야 했다. 그리고 국방을 위한 군대를 정비하려면 이른바 '국민국가'의 기초를 닦는 일을 나란히 진행시켜야 했다.

장제스는 일본에 대한 일치 항전을 주장하는 여론에 대해 내부의 통일 달성과 '국민국가' 건설이 선결 과제라는 주장을 포기하지 않았다. 이른바 '안내양외'(安內攘外, 안으로 안정을 확보한 뒤에 외적을 물리친다) 책략이었다. "안으로 안정을 확보한다"는 것은 공산당을 비롯한 국내 분열 세력을 토벌하여 중국을 진정으로 통일한다는 것이고, 그것이 달성되어야 비로소 "외적을 물리친다," 즉 일본이라는 외적의 침략을 몰아낼 수 있다는 논리였다.

'안내' 가운데 공산당 토벌에 대해서는 뒤에서 다시 살펴보기로 하고, 대일 항전을 염두에 둔 국민정부의 국방 계획과 관련하여 1932년 11월 참모본부 직속기관으로 설치된 '국방설계위원회'를 주목할 필요가 있다. 만주사변 후에 설립된 이 위원회는 넓은 의미에서 국방 체제를 확립하기 위해 군사·국제관계·재정경제·원료자원·운수·식량 등 여러 분야 관련 전문가를 규합하여 설립한 총력전 준비 기관이었다. 이 조직은 1935년에 국방에 없어서는 안 될 자원 개발과 중공업 건설을 담당하는 자원위원회로 개조되었다. 위원회는 중국 내륙부의 국방 건설을 중심으로 하는 '중공업 건설 5개년계획'을 책정하여, 1936년 7월부터 청말 양무운동 이후 최대 규모의 중공업 건설을 시작했다.

# 4. 국민 의식과 이데올로기

**민주인가, 독재인가**　　만주사변에서 시작하여 '만주국'의 건국, 1933년 러허(熱河) 침공이라는 일본의 무차별적 침략 확대는 중국에 커다란 충격을 안겼다. 물론 항일 구망(救亡)을 호소하는 여론이 비등했지만 어떠한 국가 체제로 항일을 실현할 것인가 하는 문제를 두고는 현격한 차이가 나타났다. 무엇보다 흥미로운 것은 항일을 실현하려면 중국의 진정한 통일이 대전제가 되어야 하고, 그렇게 하려면 국민당(장제스)의 독재가 중지되어야 한다는 목소리가 높았다.

'민주와 독재'를 둘러싼 논쟁은 1933년 말 이후 주로 잡지《독립평론》(獨立評論)을 무대로 후스(胡適), 장팅푸(蔣廷黻), 딩원장(丁文江), 우징차오(吳景超) 같은 당대의 일류 지식인들 사이에서 전개되었다. 서구 대학에서 박사학위를 취득한 장팅푸, 딩원장, 우징차오는 분열된 후진 사회를 통일된 국민국가로 변화시켜 가는 과도기 또는 국가 존망의 위기 상황에서 오히려 강력한 전제 체제가 필요하다고 주장했다. 이들은 독일과 이탈리아에서 대두한 '새로운 전제' 곧 파시즘 체제를 염두에 두고 있었다. 이 주장에 대해 후스는, 강권적인 중앙정부가 위로부터 국민을 지

**후스(1934년)** 신문화운동 이래 중국을 대표하는 지식인으로 교육계·언론계·정계에서 활약했다(《上海圖書館藏歷史原照》).

배한다 해도 국민적 동의가 없다면 결국 약화될 수밖에 없으니, 멀리 돌아가더라도 정권을 폭넓게 개방하고 민중의 정치 참여를 적극 추진하는 것이 곧 강고한 국가 통합으로 연결된다고 주장했다. 이 주장은 당연히 조속한 헌법 제정과 의회 정치의 실현으로 귀결될 수밖에 없었다.

'민주와 독재'를 둘러싼 논쟁은 결론을 보지 못한 채로 항일전쟁 발발 때까지 이어졌다. 논쟁은 이런 문제와 관련한 동시대의 여러 움직임과 인과관계를 맺고 있었다. 결국 논쟁이 확대된 이 시기에 정치범 석방, 불법 구금 폐지, 언론 자유 등을 요구하는 쑹칭링, 루쉰, 차이위안페이 등이 발기하여 중국민권보장동맹이 결성되었고(1932년 12월) 또 그에 대한 탄압이 이루어졌다. 장제스의 사병이라 할 수 있는 역행사(力行社)는 1933년 6월 동맹의 중심인물이었던 양싱푸(楊杏佛)를 암살하여 동맹을 활동 정지의 상태로 몰아갔다. 이듬해에 국민정부는 상하이 같은 대도시에서 잡지와 서적에 대한 검열제도를 더욱 강화시켰다.

한편 국민당의 쑨커(입법원장), 장즈번(張知本), 우징슝(吳經熊) 등이 훈정(訓正)에서 헌정으로 이행을 준비하면서 민간의 의견도 수렴하여 신헌법 초안을 작성된 것도 1930년대 전반의 일이다. 선거로 뽑은 대표로 이루어진 헌법 제정 기관인 '국민대회'를 1935년에 개최하여 헌법 제정과 그 공포 시기를 결정한다고 국민당이 1932년 12월에 결의한 것이 배경이 되었다. 실제로 국민대회는 전후(戰後)까지 소집되지 않았지만, 헌정을 미룰 수 없다고 판단한 《독립평론》과 《대공보》(大公報), 《동방잡지》(東方雜誌) 등 전국의 신문·잡지가 헌법 초안을 둘러싸고 활발한 논의를 전개한 것의 의의는 결코 작지 않다. 1936년 5월 5일에 공포된 헌법 초안(공포된 날을 따라 '5·5헌초'五五憲草라 한다)은 삼민주의와 국민당의 우위성을 상대적으로 강조했지만, 한층 더 전진된 민주화를 요구하는 개정의 목소리는 항일전쟁 시기의 헌정 운동으로 면면히 이어졌다.

'민주와 독재'를 둘러싼 논쟁에서 독재의 용인을 주장한 논자들도 물론 전부를 국민당에 맡겨도 좋다고 생각하지는 않았다. 일본의 침략에 대항하려면 중국이 통일적인 국방 체제를 정비하는 것이 선결 과제라고 생각한 딩원장, 우징차오, 웡원하오(翁文灝) 등 《독립평론》 동인들은 저마다 전문 지식(딩원장과 웡원하오는 지질학, 우징차오는 사회학)을 활용하여 난징정부의 정책 입안(국방설계위원회와 자원위원회)에 적극적으로 참여하며 장제스 정권의 브레인 역할을 했다. 과거에 대학이나 연구 기관에서 활동하던 지식인들이 테크노크라트로 참여했다는 점도 만주사변 후에 나타난 사회 동향의 특징 가운데 하나였다.

**'신생활운동'**　　근대 이후 중국 민중은 '흩어진 모래알'(규율 없는 오합지졸)이라는 평가를 받았다. 쑨원도 생전에 강연하면서 이 문구를 자주 사용했다. 그 때문에 선지자 · 선각자를 자부하는 국민당의 입장에서 보면 민중이란 교화와 훈도의 대상에 지나지 않았다. 앞서 살펴본 것처럼, 장제스는 만주사변 소식을 듣고 쓴 일기에 국민에게는 나라를 사랑하는 마음이 없고 사회에는 조직이 없다고 한탄했다. 그의 판단에 근거한다면 일본의 침략에 맞서야 할 중국에는 무엇보다도 애국심과 조직이 없었다. 따라서 그러한 민을 '국민국가'를 담당할 '국민'으로 양성해야 한다고 생각하는 것은 자연스런 결과였다.

　장제스는 이러한 측면에서 민중의 '식의주행'(食衣住行)을 '예의염치'(禮義廉恥)의 관념을 통해 교정하고자 '신생활운동'이라는 사회교육 운동을 제창하였다. 1934년 시작된 이 관제(官製) 운동은 단기간에 부흥을 이룩한 독일 · 이탈리아의 파시즘을 염두에 두고, 거기에 중국의 유교적 덕목을 결합시켜 국민정신을 쇄신하려고 했다.

　장제스가 일본 유학 경험과 일본을 보는 눈에 기초를 두고 메이지유신 이후 일본을 부유하고 강한 나라로 이끌었다고 판단한 '무사도' 정신과 규율 있는 생활 태도 역시 이 운동에서 높은 평가를 받았다. 이렇듯 일본의 국력에 대한 높은 평가는, 한편으로 항일에 대해 신중한 태도를 보이게 만든 원인이기도 했다. 전반적으로 장제스는 메이지 일본의 정신을 중국에도 실현시켜야 한다는 강력한 소망을 일관되게 품고 있었다. 그러나 국토가 광대하고 국민 통합의 정도가 일본과 차이를 보이는 중국에서 그러한 희망은 간단하게 실현될 수 없었다. 결국 '신생활운동'은 항일전쟁 이후까지도 이어졌지만 그 폭이 중앙정권의 둘레를 넘어서기 힘들었다.

이 '신생활운동'에서는 선전 수단으로서 라디오 방송이 활용되었다. 국민당이 난징에 설립하여 1928년 8월에 방송을 시작한 중앙방송국은 1930년대에는 출력을 증가시키는 한편 베이징 말로 방송하는 데에도 힘을 기울였다. 라디오 방송이 점차 정치 선전과 동원의 수단이 되는 시대에 접어들고 있었던 것이다. 그러나 1934년의 시점에서 라디오 방송 청취자(전국 추계 약 9만 명)의 분포를 보면, 상하이와 난징이 위치한 장쑤 성의 청취자가 전체의 80퍼센트 가까이를 차지하여 심한 지역 편차를 보였다.

**지역사회** 커다란 지역 편차를 지닌 중국이라는 나라를 살펴보려고 할 때 통계 데이터는 매우 중요하다. 앞서 라디오 청취자의 분포 데이터를 제시했는데, 사실 이런 통계가 사회 각 분야에서 정리된 것은 난징 국민정부 시기부터이다. 교육의 보급을 보여 주는 초등학교 학생 수 하나를 예로 들면, 1920년대 내내 전반적인 수치조차 파악되지 않는 데에 비해 국민정부의 통치가 궤도에 오른 1930년대가 되면 해마다 데이터가 남아 있다.

이런 통계 수치가 과연 얼마만큼 정확한지는 차치하고 통계 수치가 이런저런 문제를 내포하고 있음은 틀림없다. 다만 통계 작성은 국민을 파악하는 것을 전제로 하는 근대국가에서 필수 요건이고, 통계 작성 자체가 중앙 통치의 침투 정도를 측정할 수 있는 하나의 기준이 된다. 국민 정부는 1931년에 통계 업무를 주관하는 주계처(主計處, 통계국)를 설치한 데 이어 1936년에는 전국 규모의 호구조사를 실시했다. 이것은 민을 '국민'으로 전환시키는 정책을 펼치기 위한 전제로서 지극히 중요하다.

이때의 조사에 따르면 중국의 전체 인구는 4억7천만 명 정도였다.

1920년대에 글을 읽을 수 있는 사람은, 기준을 어떻게 잡느냐에 따라 다르지만 대체로 20~25퍼센트 정도로 추정된다. 그 배경에는 1929년 시점에 17퍼센트에 그친 낮은 초등학교 취학률이 있다. 교육을 국가 건설의 최우선 과제로 한 국민정부는 1929년부터 교육기관과 교육 예산 확충에 노력했다. 그 결과 이후 5~6년 사이에 초등학교 취학 어린이 수는 곱절로 증가했고, 취학률도 30퍼센트 정도에 이르렀다. 또한 이때(1935년) 교육부는 문맹률을 낮추기 위해 한자의 간체자(簡體字, 약자)를 제정·시행하였다. 이 밖에 1920년대 후반 이후 타오싱즈(陶行知), 안양추(晏陽初), 량수밍(梁漱溟)을 비롯한 지식인들은 민중을 대상으로 실천적 교육을 보급하고 농사 개량을 목적으로 하는 향촌건설 운동을 제창했다. 이런 움직임은 협동조합(합작사) 운동과도 밀접한 관련을 맺으면서 허베이 성 딩 현(定縣) 같은 곳에서 실질적인 성과를 축적해 갔다.

난징 국민정부 시기의 사회개량 사업은 1920년대부터 본격화한 국제 원조의 일환으로서 추진되었다는 특징이 있다. 예컨대 공중위생 사업으로서 방역 시스템 정비는 국제연맹 보건 기관의 원조를 받았고, 딩 현의 농촌 모델 사업도 미국 민간 재단의 원조를 받았다. 또 중국의 오랜 걱정거리인 아편과 마약의 단속에 대해서는 국제연맹이 적극적으로 나섰기 때문에, 국민정부는 1930년대 중반부터 본격적으로 규제에 들어갔다. 중국이 진행한 아편 근절 정책은 중앙 권력이 미치지 않는 지역에서는 좀처럼 시행되지 못했다. 그럼에도 국제연맹을 탈퇴한 뒤 만주국 지배 지역에서 더 활발하게 아편·마약을 비밀리에 제조하고 유통한 일본의 경우와 좋은 대조를 이루면서 국제사회에서 중국 지위 향상에 이바지했다.

한편, 지방 사회에 대한 국민정부 권력의 침투와 관련하여 1931년에 농촌 관리 제도로 도입한 보갑제도(保甲制度)에 주목할 필요가 있다. '호'(戶)를 단위로 하여 10호를 1갑, 10갑을 1보로 하는 상호 연대 조직인 보갑제는 당초 공산당 지배 지역을 토벌한 이후 장시 성에 부분적으로 도입된 바 있다. 이후 보갑제는 장시 성 전역에서 주변의 다른 성으로, 그리고 1934년에는 전국으로 확대되었다. 본디 보갑제는 역대 왕조가 농촌을 통치하는 수단으로서 자주 채용한 제도였다. 그런데 이 시기의 보갑제가 지닌 의의는 국가가 승인한 '관'의 조직이 '현' 수준보다 아래에까지 침투했다는 사실이다. 말하자면 청조 이래 국가가 파견한 '관'은 현의 지사까지였고, 지방 사회는 '향신'(鄕紳)이라는 명망가층에 의한 느슨한 자치에 맡겨졌다. 이런 가운데 보갑제 도입에 따라 공식 정치적 전달 경로가 농촌 촌락에까지 파급되었다.

이렇게 해서 학문을 닦은 사대부인 향신의 지도력은 상대적으로 줄어들게 되고 군인, 상인, 농민 등 다양한 출신의 실력자가 말단 권력과 책임을 담당하게 되는 지방 사회의 재편이 서서히 진행되었다. 이런 변화는 뒤에서 다시 살펴보겠지만 농촌에서 펼쳐진 공산당 혁명 활동의 중요한 배경이 되었다.


**1936년 5월
시골 교사의 하루**

국민정부의 통치가 점차 강화되고 있던 1936년 9월, 상하이에서 《중국의 하루》라는 책이 출판되었다. 이 책은 그해 5월 21일 중국 각 지방에서 일어난 일상사에 대해 여러 사람이 쓴 것을 한 권으로 편집한 문집이다. 글 한 편 한 편마다 필력에 차이는 있지만, 그것을 모아 놓은 전체는 평범한 어느 하루를 뽑아낸 중국 사회의 대만다라(大曼茶羅)라고 할 만하다. 글 한 편 한편

이 묘사한 다양한 중국 사회의 모습을 무시하고 단편적인 부분만을 무리하게 뽑은 것인지는 모르겠지만 그래도 한 편만 소개해 보자. 글은 안양추 등이 펼친 향촌건설 운동의 흐름을 타고 장쑤 성 북부 시골 마을에서 학교 교사(교장)를 맡은 것으로 추정되는 인물의 투고이다.

식자운동(識字運動, 글을 가르쳐 문맹에서 벗어나게 하는 운동)을 위해 교실의 설비를 새로 갖추자마자 바로 그날로 도둑이 들어 책상과 의자는 물론 문짝까지 모두 사라졌다. "차를 타고 도난 현장에 가서 대강 조사했다. 문에는 자물쇠가 채워져 있었다. 칠판은 한 사람의 힘으로는 운반할 수 없을 테니 도둑의 수는 틀림없이 여럿이었을 것이다. 밤에 개도 짖지 않았다고 하니 도둑은 아마도 다른 동네 사람이 아니었을 것이다." 이리하여 교사는 마을의 갑장(甲長)을 불러 사정을 물어보았지만 결말이 나지 않았다. 그러던 중에 점심을 먹고 있는데 이번에는 가까운 상점에서 불이 났다. 그런데 "주민 대부분은 그저 방관만 하거나 소란을 떨 뿐이고 불을 끄는 사람이라고는 가까운 친척이나 자기 집에 불이 옮겨 붙을 것을 걱정하는 이들뿐이었다." 이 시골 마을에는 소방 조직이 없었다. 하지만 그 교사는 사명을 포기하지 않고 이렇게 다짐하고 있다. "상호부조의 정신이나 동정심이 없는 이 민중을 어떻게 훈련시키고 교육시켜 바꿀 것인가? 하지만 이 일은 사실상 향촌의 교육을 맡은 사람이 떠맡아야 할 사명이다." 이윽고 그는 가까운 마을로 가 초등학교 설치를 위한 '보갑장 간담회'에 출석했다. "참석자는 보장 3명, 갑장 17명, 그 가운데 글을 읽을 수 있는 사람은 6명이었다. 나는 될 수 있으면 온 힘을 기울여 [학교를 건립하자고] 북돋았지만 결국 한결같이 그 누구도 책임을 맡겠다고 하지 않았다." 마을의 사당을 학교로 사용하자는 제안도 저항에 부딪쳤고, 결국 그날 아무것도 결론에 이르지 못했다.

이 교사가 묘사하는 상황은 그 무렵 중국 향촌의 어디에서나 볼 수 있는 일이었을 것이다. 현장에는 '보장'과 '갑장'이라고 하여 '관'의 말단에 연결되어 있는 담당자가 분명히 있었다. 하지만 그때까지 그들은 '회의'를 열어 뜻을 한 곳으로 모으려 하지 않았다. 다만 나름대로 교사를 존경했음에도 위로부터의 근대화에 대하여 자신들의 식자 교육은 물론이고 자녀에 대한 교육조차 한층 더 부담이 된다고 여겨 귀찮아했다. 공동체는 소방 조직에 결합되지 않았다. 이런 대목이 바로 그 교사, 아니 국민의 고뇌가 존재하는 곳이었다.

**상하이 '모던'의 빛과 그림자**

《중국의 하루》를 편집하고 출판한 이는 저명한 문학가인 마오둔(茅盾, 선옌빙沈雁冰)이다. 공산당 결성에 참가하기도 했던 마오둔은 1921년에 루쉰의 동생 저우쭤런(周作人)과 '인간본위주의' 문학을 내건 '문학연구회'를 조직하고, 그 뒤 장편소설 《자야》(子夜, 1933)로 문단의 영웅이 되었다.

소설 《자야》가 묘사하는 1930년대 초 상하이는 330만(그 속에 서양인이 약 3만 명, 일본인은 약 2만 명)의 인구를 보유한 동아시아 최대의 국제 도시였다. 그 무렵 도쿄나 오사카의 인구가 상하이의 3분의 2에 불과했다는 사실을 생각하면 그 규모를 짐작할 수 있다. 오늘날까지도 남아 있는 항구 해안도로의 고층 빌딩들을 중심으로 하는 도시 경관은, 1920년대 후반부터 1930년대에 걸친 건축 붐으로 형성되었다. 상하이의 번영은 그 무렵 소비 전력에서도 엿볼 수 있다. 1935년 25만 킬로와트나 되는 상하이의 발전 용량은 동북 지역을 제외한 중국 전체 발전 용량의 40퍼센트를 넘는 수치였다. 같은 시기 도쿄를 능가하는 규모였다. 이러한

**1930년대 상하이** 이 무렵 상하이는 인구 330만을 헤아리는 동아시아 최대의 국제도시였다.

전력 수요를 발생시킨 것은 방적 산업을 중심으로 하는 공장과 번화가, 가로등으로 변모한 불야성 상하이의 모습이었다. 방적 공장 경영자를 주인공으로 하는 소설 《자야》에도 "온갖 것들이 밝게 빛나는" 거리 모습과 전력 회사의 "어처구니없는 네온 광고," 전력을 사용하는 공장의 정경이 묘사되어 있다.

《자야》에서 상하이로 온 시골 노인을 놀라게 한 것은 "하늘까지 치솟은 마천루"가 이어지는 시가지의 모습만은 아니었다. "노출이 심한 여성"들의 패션, 끊임없이 밀리는 인파, 자동차 소음 그리고 휘발유 냄새가 "악마 같은 도회의 정령"이 되어 노인을 압도했다. 노출이 심한 여성의 패션이라는 것은 신식 치파오(旗袍, 이른바 차이나 드레스)를 말한다. 1920년대 말부터 등장한 몸에 딱 달라붙는 원피스는 헤어스타일이나 구두, 가죽 장식과 함께 이른바 '모던'의 상징으로 1930년대 이후 일반 여성들한테까지 널리 퍼져 나갔다.

**치파오를 입은 여성**  담배 광고 포스터(1930
년대,《中國早期海報—月份牌年畵》).

　조계를 통해 세계로 열린 창구를 확보하고 있던 상하이에는 온갖 모
던한 것이 넘쳐났다. 대형 오락 시설인 '대세계'(大世界), '선시공사'(先施
公司)로 대표되는 백화점, 루쉰도 다녔다는 '상하이 대희원(大戲院)' 같
은 영화관과 카페가 즐비했고,《좋은 벗》(良友)이나《상하이화보》(上海
畵報) 같은 클럽잡지부터 가십 기사로 가득한 '소보'(小報)에 이르기까지
다양한 활자 미디어는 모두 근대적 대중문화와 소비문화가 상하이에 꽃
피고 있었음을 보여 주는 단면이다.
　그런가 하면 상하이 모던의 그늘도 당연히 존재했다. 이를테면 '불야
성' 상하이에서 재화방을 비롯한 공장은 24시간 조업 시스템 아래 밤새
가동되었지만, 여공들이 살아가는 사택의 전등은 1930년대 이후에야 비
로소 설치되기 시작했고 그것도 여름철 이외에는 대개 일찍 소등되었다.
주야 2교대로 10시간 이상 노동하는 여공들에게 사택은 그저 잠만 자는 곳일 뿐이었다. 그나마 그러한 사택에 거주할 수 있는 노동자는 극히 일부였고, 타지에서 온 수많은 노동자는 거적으로 만든 열악한 작은 집에서 전등과 인연 없이 생활하고 있었다. 상하이에는 빛이 강렬한 만큼 그림자 또한 깊고 어두웠다.

문화의 용광로 상하이로 모여든 지식인과 문화예술인들은 한편으로 조계의 근대적 시민사회 공기와 번영을 향유하면서도, 다른 한편 상하이가 진정 중국인지 자문하면서 그 어두운 부분을 비판의 눈으로 바라보았다. 그것은 조계에서 생활하면서 느끼는 쾌적함과 조계의 존재에 대한 반발이라는 모순된 감정을 동반한 것이기도 했다.


**지식인과 주의**　　1910년대 중반 이후의 5·4 신문화운동에서 한목소리로 전통문화와 윤리에 이의를 제기한 중국의 새로운 지식인들은 1920년대 들어 분화되었다. 사상계는 결국 공산당 창당 시점을 기준으로 마르크스주의를 신봉하여 공산주의 운동으로 돌진한 부류와, 그것을 추종하지 않거나 반대하는 부류로 나뉘었다. 물론 민국 시기의 사상계에는 이렇듯 단순한 이분법으로 규정할 수 없는 독특한 지식인도 많았지만, 마르크스주의에 대한 찬반을 지표로 하는 분류법이 꼭 틀린 것은 아니다.

그래도 주로 공산당 쪽에서 이루어지는 이러한 해석에 대해서는 약간의 보충 설명이 필요할 것 같다. 말하자면 사상계 자체가 어떤 경향성이나 자율성을 갖고 그렇게 발전·분화되었다기보다도, 1920년대 후반 이후 강화된 정치적 당파성의 틀 속에서 그 당파성에 기초하여 과거 사상계의 상황이 재단되었다는 사실이다. 즉 사상계가 스스로 분화한 것이 아니라, 국민당이든 공산당이든 강고한 그들의 당파 관념이나 독선적인 역사관에 따라 마치 사상계가 분화된 것처럼 묘사했다.

이러한 경향은 국민혁명과 북벌이라는 정치운동에 수많은 지식인이 공산당원으로 또는 국민당원으로 실제로 투신하여 정치운동과 문화운동을 일체화시킨다고 생각하는 습성이 강했기에 더욱 분명해졌다. 예컨대 1920년대 말 국민혁명의 고양과 좌절을 묘사한 소설《식》(蝕) 3부작을 발표한 마오둔은 물론, 1920년대 말부터 1930년대에 걸쳐 왕성한 문예 집필 활동을 펼친 첸싱춘(錢杏邨, 아잉阿英)이나 궈모뤄(郭沫若) 같은 이도 모두 국민혁명 현장에 투신한 경험이 있다. 국공합작이 붕괴된 후에 공산당의 최고 지도자가 된 취추바이(瞿秋白)도 한편으로는 문예 이론 분야에서 저명한 지식인이었다는 사실은 잘 알려져 있다.

1920년대 말부터 눈에 띄게 정치화된 언론 활동의 특징 가운데 하나는, 서로 크고 작은 차이를 보이는 견해를 두고 '우리'와 '저들'로 구분하여 '저들'에 대하여는 'ㅇㅇ주의'라는 딱지를 붙이는 흐름이었다. 국민당 이외의 파들은 언제나 '독재주의' 반대를 내세우며 장제스를 비판했다. 또 1928년에 1920년대의 언론계 논쟁을 총괄한 공산당 문화계 인물인 펑캉(彭康)은 "우리들의 문화운동과 후스 등의 문화운동"을 엄격하게 구별하자고 주장하였다. "후스의 문화적 입장이 부르주아 자유주의라면 우리들은 마르크스주의 입장"이었기 때문이다. 비판을 받은 후스는 "불관용의 태도, 자신과 다른 자를 인정하지 않는 사상"이 5·4 신문화운동 시기와 1920년대 후반 사상계의 차이라고 설명하며, 국공 분열이래 "6~7년 사이 이러한 불관용 태도가 만든 전제(專制)라는 습관 또한 수많은 사람들의 신체를 오염시키고 있다"(1935년)고 비판했다.

이런 딱지는 '우리' 내부를 더욱 세분화시킬 때에도 사용되었다. 마오둔의 《식》이 발표되자 '혁명문학'을 제창한 첸싱춘 등의 그룹은 '프티부르주아적인 비관주의'라고 비판하고 나섰다. 주의(主義)를 갖고 피아(彼我)를 구분하는 언론계의 분위기 속에서 문학가들은 문학 창작 자체보다도 오히려 어떻게 하면 좋은 문학이 나올 수 있을까 하는 논쟁에 열중하게 되었다. 1928년 이후 상하이에서 이러한 좌파계 문학 논쟁에 말려든 루쉰도 창작 소설에 대한 지향을 모두 포기한 것은 아니지만 자신의 필력 대부분을 논쟁하기 위한 잡문을 쓰고 외국 문예물을 소개하는 데 썼다.

**좌의 시대**　　1920년대 후반부터 1930년 전반까지는 '좌'(左)의 시대였다. 그렇다고 공산주의 운동의 시대였다는 뜻은 아니다. 중국에서 '좌파,' '우파,' '좌경,' '우경'이라는 말이 광범하게 사용된 건 1920년대 중반의 일이다. 이런 용어는 주로 국공합작기의 공산당에서 즐겨 사용했는데, 그것이 국민당으로도 흘러 들어갔고 국민혁명을 통해 널리 언론계로 파급되었다. 중국을 대표하는 종합 잡지 《동방잡지》(東方雜誌)는 1925년에 이 유행어에 대하여 이렇게 해설했다. "어떤 사람의 사상 행동을 비평할 때 상대적으로 보수적인 사람을 우경이라 하고 상대적으로 급진적인 사람을 좌경이라 한다. 현대의 거의 모든 사상 대립과 정치 대립은 일종의 '좌우 투쟁'에 지나지 않는다."

흥미로운 것은 이 시기에 정착된 '좌우'의 사고방식에서 '우'는 단순히 보수적일 뿐 아니라 '비열' 또는 '부패'라는 말과 동일시되는 경우가 많았다는 점이다. 따라서 나중에 '우파'로 자리 잡은 국민당 그룹조차 국민혁명 시기 공산당의 비열함을 공격할 때 공산당을 거리낌없이 '우경'

이라고 불렀고, 국민당이 1927년 반공으로 돌아선 후에 국민당의 지방 실력자는 스스로 "우경이 아니다"라고 천명하는 경우가 많았다. 또한 왕징웨이 등과 함께 이른바 '개조파'를 이룬 천궁보(陳公博)도 1930년에 '개조파'라는 호칭에 위화감을 표시하며 오히려 '좌파'라는 호칭을 더 좋아했다. 이 역시 같은 사고방식에서 나온 것이었다.

난징정부 시기의 문학운동에서 진보적 문학가를 규합하여 1930년 3월 결성된 좌익작가연맹(좌련左聯)이라는 단체가 있다. 공산당의 영향 아래 문호 루쉰을 끌어들여서 만든 이 단체의 명칭에 '좌익'이란 두 글자가 포함된 데에는 루쉰의 의중이 결정적이었다. 물론 '좌익'을 넣으면 단체의 지향성이 분명해지지만, 일본어를 거쳐 정착된 이 말이 별다른 의견 없이 다수의 문학자들에게 수용됐다는 사실도 그 무렵 '좌'의 유행과 무관하지 않다.

5·4운동 이래 일본어 문헌을 통해 형성된 사회주의와 마르크스주의의 소개는 1920년대 말부터 1930년대 초에 걸쳐 절정에 이르렀다. 일본에서는 1920년대 말부터 프롤레타리아 예술운동이 성행하고 1930년대 전후에는 마르크스주의 관련 서적이 급격히 늘어났는데, 얼마간 이와 관련된 마르크스주의 유행이 중국의 출판계에도 나타났다. 당시 발행된 서적의 다수는 일본어의 번역이었다. 1930년을 사이에 두고 전후로 3~4년 사이에 새로 번역된 마르크스·엥겔스의 저작만도 40권 가까이 되었고, 여기에 마르크스주의 관련 해설서까지 포함한다면 100권을 가볍게 넘기는 추세를 보였다. 당시 이렇게 활발한 모습을 보며 어느 지식인은 출판계의 마르크스주의 '황금시대'라 칭하며, "당시 교원이나 학생의 서가에 마르크스주의 책자가 몇 권 꽂혀 있지 않으면 틀림없이 사람들한테서 어리석다고 무시당했다"(譚輔之, 〈最近的中國哲學系〉, 《文化建設》

3-6, 1937)라고 회고했다.

일본과 중국뿐 아니라 서양에서도 대불황과 파시즘이 대두하던 1930년대에 지식인이 급속하게 사회주의로 다가갔다는 건 잘 알려진 사실이다. 중국에서 '좌'의 문화 유행은 결코 고립된 현상이 아니라 세계적인 추세 속에서 하나의 코스였던 것이다.

그러나 이때 농촌 지역에서 활동하고 있는 공산당에게 이렇게 떠오르던 '좌'의 문화는 거의 구실을 하지 못했다. 앞서 살펴본 시골 교사의 글에는 농촌의 보장·갑장급 가운데 글을 읽을 수 있는 사람이 20명 가운데 기껏해야 6명에 불과하다고 적혀 있다. 대개 '문화'와는 무관한 형태로 중국에 광범위하게 퍼져 있는 민중 세계, 농촌 세계가 바로 공산당의 무대였다. 다음 장에서는 다시 시간을 1920년대 중반으로 되돌려 공산당의 움직임을 살펴보고자 한다.

3장

# 공산당의 혁명운동

**장정의 험난한 길** 다두허(大渡河)를 넘고 있는 홍군의 모습을 그린 목판화. 1년 넘게 지속된 고난의 행군에 관한 이야기는 여러 예술·문학의 소재가 되고 공산당의 신화가 되었다(《解放區木刻板畵集》).

# 1. 중국공산당과 코민테른

**당원 생활과 정당 문화** 1921년 상하이에서 제1차 당대회가 개최되었을 때 공산당의 당원 수는 전국에 걸쳐 고작 50명 남짓이었다. 당원 수는 그 뒤로 계속 늘어나 1927년 4월 국공합작 아래 우한(武漢)에서 제5차 당대회가 열린 시점에서는 6만 명에 이를 정도까지 증가했다(국민당은 30만 명이 넘었다). 내부 구성을 보면 노동자가 절반 정도였고, 농민과 지식인을 합쳐 20퍼센트 정도 차지하게 되었다(여성은 8퍼센트). 지식인이 대부분이던 당 결성 초기에 비해 상당한 변화가 나타났다. 그럼에도 당 지도자와 지방 조직의 상층부를 비롯하여 당의 핵심을 이루어 가장 열성적으로 활동한 이들은 변함없이 지식인이었다.

지식인이 당의 핵심이 된 데에는 그만한 이유가 있었다. 우선 "혁명이론 없이 혁명운동은 없다"고 하는 마르크스주의 정당의 속성 때문이다. 당의 또 다른 속성이라 할 수 있겠지만, 회의와 문서를 통해 의사를 결정하고 전달하는 방식을 공산당이 견지하고 있었다. 물론 일반적인 정당을 비롯한 조직을 운영할 때 회의와 문서가 없어서는 안 된다. 국민당 역시 회의에 관한 조항을 포함한 규약을 지니고 있었다. 하지만 그 규약은 어디까지나 전국대회에 관한 규정에 머물렀지, 공산당처럼 몇 사람으로 구성된 작은 규모의 지부(세포) 수준에서 이루어지던 회의 개최 의무와 회의 빈도(주 1회)에까지 미치지는 않았다. 회의에서 발언(지역에 따른 방언의 차이가 커서 통역이 필요한 경우도 있었다)과 지시, 보고서 작성 등은 지식인이 맡을 수밖에 없는 고도의 문화 행위였다.

또 국민당에 비해 공산당이 이념성이 훨씬 강한 정당 문화를 갖고 있었다는 점도 지적해 두어야 할 것이다. 주의에 대한 흔들림 없는 신념(중국어로는 신앙)을 핵심으로 하는 당원의 심성이 중요했다. 돤치루이 정권에서 각료를 맡은 적이 있는 장스자오(章士釗)가 북벌기에 보여 준 공산당의 인상적인 활동을 보고, 진정 "공산당이 새로운 형태의 종문(宗門)이다"라며 공산당원에 대해서는 다음과 같이 평가했다. "'공산'(共産)을 믿어 '교'(敎)로 삼으니 회교도가 코란을 신봉하고 기독교도가 복음을 숭상하는 것에 뒤지지 않는다"(章士釗, 〈論共産敎〉, 1927년 2월).

참된 여성해방을 추구하여 공산당에 입당한 이들도 적지 않았다. 여성해방은 모든 차별의 근원인 자본주의 체제를 타도하는 사회주의혁명을 통해 비로소 얻을 수 있다고 생각했다. 당시 여성이 남성과 같은 장소에서 활동하는 경우는 드물었고, 현실적으로 남녀 당원 사이에 문제가 자주 발생했다. 약간 길지만 공산당원의 심성을 상징적으로 전달한다고 생각되어, 당 지도자 윈다이잉(惲代英)의 훈계를 인용한다.

마르크스주의의 신봉자라면 경제 제도가 완전하게 개조될 때까지 아름다운 연애 생활 같은 것은 할 수 없음을 알고 있을 것이다. 마르크스주의자는 결코 연애를 반대하지 않는다. 모든 것을 희생하여 경제 제도 개조를 추구하여 모든 사람이 아름다운 연애를 할 수 있게 되

기를 희망한다. 그러나 마르크스주의자라면 경제 제도의 개조를 위해 때로는 모든 것(연애를 포함하여)을 희생하지 않으면 안 된다. 활동할 때 희생해야 하는데 사사건건 그리 할 수 없게 되고, 더구나 사랑에 연연하여 오히려 자신이 해야 할 활동을 희생시킨다면 그 사람은 어리석은 소인배이지 결코 마르크스주의의 신봉자라고 할 수 없다(〈マルクス主義者と戀愛問題〉, 1925년 7월).

물론 현실에서 당내 생활이 모두 이 같은 미사여구처럼 실천된 것은 아니었다. 당내 처분을 받게 될 남녀 당원의 '경솔하게 사귀고 헤어지는 일(離合)'이 지도자를 비롯한 남녀 간에 나타났다. 그런가 하면 샹징위(向警予)나 덩잉차오(鄧穎超)처럼 '여성'이라는 틀을 넘어 활약하는 경우도 있었다.

**외국어 소통 능력**　　공산당 내에서 지식인이 큰 역할을 수행할 수 있었던 요인 가운데 하나는 상부 조직인 코민테른과의 관계 덕분이었다. 조직상 공산당은 코민테른의 중국 지부였고 당 결성 이래 코민테른의 강한 영향을 받았다. 당연히 양쪽 사이에는 지시와 보고가 오가는 일이 잦았을 뿐 아니라 코민테른 대표가 중국에 상주하면서 공산당의 활동을 지도했다. 또 당 간부들은 학습과 회의 출석을 위해 모스크바를 자주 방문할 필요가 있었다. 이것이 여러 외국어 의사소통 능력을 그런대로 지닌 지식인이 당내에서 중시된 요인이다.

공산당 초창기에 장타이레이(張太雷), 취추바이와 그 뒤 왕밍(王明, 천사오위陳紹禹)이 떠오른 것은 그들의 외국어 능력과 그에 따르는 코민테른 대표와의 긴밀한 관계를 빼고 설명할 수 없다. 예를 들면 러시아어를 구사하던 취추바이를 중용한 보로딘에게 불만을 느낀 중국공산당 간부 가운데, "보로딘 동지는 지금까지 우리 당의 일상 활동에 마음을 두려 하지 않으며, 우리 당을 대하는 태도가 마치 통역 기관을 대하는 것 같다"(차이허썬蔡和森의 보고, 1926년)는 목소리까지 나올 정도였다.

또한 1920년대 말부터 1930년대에 걸쳐 모스크바에서는 소련의 이론가들이 중국의 혁명가에게 흔히 "당신은《자본론》을 읽은 적이 있습니까?" 하는 말을 던졌다고 한다. 중국어판《자본론》전권이 간행되는 것을 1938년까지 기다려야 했던 중국 혁명가들은 이런 질문에 답할 말이 없었다. 이런 일화가 보여 주는 것처럼 중국의 혁명가들은 소련·코민테른에 조직 면에서 종속되었을 뿐 아니라, 언어와 이론 면에서도 낮은 수준에 머물러 있을 수밖에 없었다.


**코민테른의 영향**　코민테른의 지도 아래에 있다는 사실은 모스크바에서 전개된 권력투쟁과 노선투쟁의 영향을 강하게 받는다는 것을 의미한다. 특히 1920년대 중반 스탈린과 트로츠키 사이에 벌어진 권력투쟁에서는 중국 혁명에 대한 인식이 쟁점 가운데 하나였기 때문에 북벌기 중국공산당의 정책에 큰 영향을 끼쳤다.

예컨대 국공합작이라는 틀을 어디까지 유지해야 하는가, 어디까지 국민당에게 양보해야 하는가를 두고 스탈린과 트로츠키 사이에 생각 차이가 컸다. 장제스가 일으킨 4·12쿠데타 이후 열린 코민테른 제8차 집행위원회 총회(1927년 5월)에서 트로츠키는 우한 국민당의 반동화에 경종을 울리고 노농(勞農) 소비에트의 조직화를 주장했지만, 그에 반대한 스

코민테른 제4차대회 참가자들(1922년)  앞줄 왼쪽 첫 번째가 천두슈, 가운데가 가타야마 센(片山潛), 뒷줄 왼쪽에서 두 번째가 취추바이, 네 번째가 로이(David Mcknight, *Espionage and the Roots of the Cold War*).

탈린은 우한에서 혁명을 추구하여 좌파 정부를 통한 토지혁명을 중국공산당에 요구했다. 이를 구체화한 것이 스탈린의 이른바 '5월 지시'였다. 이것이 우한 국민당의 분공에 계기가 되었다는 사실은 앞서 살펴본 바와 같다.

그런데 우한 분공에 의해 사태가 공산당의 '패배'로 끝났을 때, 그 책임 소재는 교묘하게 바뀌어 중국공산당 총서기 천두슈의 '우경 기회주의 노선'으로 돌아갔고 그는 공산당 지도자의 지위에서 쫓겨났다. 그 뒤에도 코민테른의 지시나 정세 판단에 따른(때로는 현실에 맞지 않는) 노선과 방침을 수행한 결과 그것이 실패로 끝났을 때, 모스크바가 아니라 중국공산당 지도부가 책임을 추궁당했고 그때마다 지도부가 비판을 받아 교체되었다.

초창기 중국공산당의 지도자 천두슈(판초프, 《ソ中關係秘史》).

　1929년 장쉐량이 소련의 중국 내 이권 회수를 주장하며 중동철도(中東鐵道) 사건을 일으켜 중국 내에 반소 기운이 높아지자, 공산당은 장쉐량의 행위를 '제국주의에 의한 소련 침략 전쟁의 전조'라고 간주하고 "노동자계급의 조국인 소련을 지켜야 한다"고 호소하는 캠페인을 펼쳤다. 말할 것도 없이 코민테른의 지시에 따른 것이었다. 그러나 여론은 내셔널리즘의 목소리에 귀 기울이지 않는 이러한 주장을 지지하지 않았다. 이 캠페인에 반대한 천두슈는 당 중앙과 격렬하게 대립한 끝에 결국에는 당에서 제명되었다. 당에서 쫓겨난 그는 공산당이 이제 '스탈린의 축음기'가 되어 버렸다는 말을 남기고 이른바 트로츠키파 활동을 본격화하게 된다. 그러나 소련·코민테른류의 공산주의 운동이 세계적으로 대세를 이루고 있던 상황에서 트로츠키파의 운동은 내부 대립과 관헌의 탄압을 받아 소수파에 머물렀다.

**28인의 볼셰비키**  천두슈가 지도자의 지위에서 추방당한 뒤로 당 중앙의 요직은 취추바이가 이어받았다. 그 후 그가 내건 폭동 노선이 실패로 끝난 뒤, 리리싼(李立三)이 급진 노선(1930년 전반에 반년 정도 계속된 이른바 '리리싼 노선')을 다시 추진했지만 실패로 돌아갔다. 이번에는 왕밍(王明)을 비롯한 소련 유학파들이 저마다 코민테른의 뜻에 따라 앞선 지도부의 오류를 시정한다는 명목을 내세우며 지도권을 장악했다. 당의 유력한 간부들은 연락을 취하기 힘든 농촌 근거지에 분산되어 있었기에 코민테른의 지도를 배경으로 하는 '당 중앙'의 권위를 지방의 지도자들이 쉽사리 부정할 수 없는 일이었다.

왕밍을 비롯하여 소련에서 교육을 받은 젊은 당원들은 상하이에서 비밀리에 개최된 당의 6기 3중전회(1930년 9월), 4중전회(1931년 1월) 후에 당 중앙을 장악하였다. 국공합작기에 모스크바에는 중국인 혁명가를 양성하는 학교가 설립되어 수많은 젊은 사람들이 학습하고 있었다. 왕밍, 보구(博古, 친방셴秦邦憲), 뤄푸(洛甫, 장원톈張聞天) 등 러시아풍의 별명을 가진 소련 유학파는 순수 볼셰비키를 자처하며 당내에 중용되기에 이르렀다. 지난날 국공합작 말기에 스탈린은 패기 없는 중국공산당에 대해 언급하며 "나는 중국공산당의 중앙위원회에 그다지 많은 것을 요구하고 싶지 않다. 거기에 지나친 요구를 해서는 안 된다는 사실을 알고 있기 때문이다. 따라서 간단하고 쉬운 요구가 있다. 그것은 코민테른 집행위원회의 지령을 달성하는 것이다"(모스크바로 보내는 편지, 1927년 7월 9일)라고 썼는데, 이제 모스크바에 충실한 지도부가 형성된 것이다.

왕밍 등 소련 유학파는 모스크바에서 그룹을 결성했기 때문에 '28인의 볼셰비키'라고 불리었다. 이 호칭은 상징성이 컸고 '28명'의 구성원도 일정하지 않았다. 또 뒷날 마오쩌둥의 당내 패권이 확립되는 가운데

이 표현이 반마오쩌둥파를 지목하는 딱지가 되어 '28인'에 포함된 당 간부의 부당한 처우와 연결되는 상황이었기 때문에, 1981년 이후 중국에서는 공식적으로 이 호칭 사용을 피했다. 역사 인식의 변화에 따라 어떤 말은 정치적 색채를 띤 호칭으로 사용되기도 했다. '28인의 볼셰비키'가 바로 그런 사례이다.

4중전회 이후 상하이의 당 중앙을 장악한 소련 유학파 가운데 지도자 격인 왕밍이 코민테른 주재 중국 대표로 모스크바에 머물렀다. 그래서 그 심복인 친방셴, 장원톈 등이 중심이 되어 실무파인 저우언라이(周恩來)와 함께 당을 전담하게 되었다. 이 시기 공산당 중앙의 노선은 '극좌'의 오류를 범한 노선이었다고 총괄되었지만, 그것도 뒷날 마오쩌둥의 권위 확립에 동반하여 내린 평가였다.


**지하 활동과 '중앙'**　　공산당의 중앙 조직은 아주 짧은 시기를 빼면 창당 이래 1930년대 초까지 상하이 조계 안에 있었다. 중국 관헌의 간섭이 직접 미치지 않는 장소였기 때문이다. 물론 조계 당국이라고 공산당의 활동을 자유롭게 내버려 둔 것은 아니었다. 하지만 1927년의 난징정부 성립 후 국민정부가 조계에 대한 영향력을 강화함에 따라 '안전지대'로서 조계가 지니고 있던 의미는 크게 바뀌었다.

특히 국민정부가 주권 회복의 일환으로서 1930년부터 이듬해에 걸쳐 상하이 조계에 중국 측 특구법원(재판소)을 설치한 것은 의미가 컸다. 중국의 법률과 재판관이 중국인을 당사자로 삼아 직접 재판을 진행했기 때문이다. 이와 동시에 조계 경찰이 검거한 정치범은 중국 측에 지체 없이 인도하게 되었다. 초기 공산당의 지도자 샹징위, 덩중샤(鄧中夏), 자오

좌익계 집회 후 체포·연행되는 학생과 노동자(1930년, 상하이, 《中國近代珍藏圖片庫 蔣介石與 國民政府》).

스옌(趙世炎), 펑파이(澎湃), 윈다이잉 같은 인물에 대한 체포와 처형은 모두 조계 당국과 국민정부의 협력에 따라 집행된 것이다.

국민정부는 또 〈잠행반혁명치죄조례〉(暫行反革命治罪條例, 1928)와 〈위해민국긴급치죄법〉(危害民國緊急治罪法, 1931)을 제정하여 "국민당 및 국민정부를 전복하거나 삼민주의 파괴를 기도하는" 활동을 금지한 다는 명목으로 공산당과 좌익계 단체에 대한 탄압을 강화했다. 또한 법적 근거가 없는 테러도 조계 내의 공산당 조직을 목표로 자행되는 일이 많았다. 공산당원의 자수와 전향, 배반 행위도 이어졌다. 1931년 에 당 간부인 구순장(顧順章), 샹중파(向忠發) 등이 검거되어 전향하는 단 계에 이르면서 상하이의 중국공산당 중앙은 사실상 기능이 정지된 상황 이었다.

이처럼 도시 지역의 당 조직은 1930년대 중반까지 괴멸되거나 활동이 정지되는 상황에 놓였다. 그럼에도 당의 그림자와 목소리는 거리에서 쉽게 사라지지 않았고, 공산당의 세력은 늘 실제보다도 확실히 크게 보였다. 그것은 공산당이 선전 작업을 중시하는 정치 문화를 갖고 있었기 때문이다. 국공합작 시기에도 공산당원은 국민혁명의 선전 활동 가운데 상당 부분을 담당했다. 이렇듯 공산당은 대개 신문과 잡지 발행에서 전단 배포와 연설에 이르기까지 선전 활동에 국민당을 능가할 정도로 공을 들였다. 그 내용이 어찌 됐든 목소리는 크게 울려 퍼졌고 자신들을 실제 이상으로 크게 보이게 하는 기량을 갖추고 있었다. '좌익'이 위세를 떨친 문단과 영화계에서 교묘하게 활동한 도시 지식인 당원도 선전 활동을 배후에서 지원했다.

# 2. 무장봉기와 혁명 근거지

난창봉기 1927년 7월 우한 국민당의 분공으로 국공합작이 붕괴된 후, 코민테른의 지시에 따라 공산당은 '무장봉기' 노선으로 전환했다. 그 첫 번째 표현이 8월 1일 장시 성의 성도 난창(南昌)에서 발생한 무장봉기였다. 이 봉기는 국민혁명군 가운데 공산당이 가동할 수 있는 예팅(葉挺), 허룽(賀龍), 주더(朱德) 등의 부대를 동원했는데, 난창을 제압하자 '중국국민당 혁명위원회' 명의로 '혁명의 정통'을 이어받았다고 선언했다. 결국 혁명을 계승한 참된 국민당은 난징과 우한의 국민당이 아니라 자신들이라는 대의명분을 내건 것이다. 그런 까닭에, 발표된 국민당 혁명위원회 명부에는 현장에 없었던 쑹칭링과 천요우런(陳友仁), 장파쿠이(張發奎) 같은 좌파계 국민당원(비공산당원)의 이름이 올라 있었다. 오늘날 중국 인민해방군은 8월 1일을 건군 기념일로 삼고 있는데, 이 난창봉기를 공산당의 첫 군사 투쟁으로 간주하기 때문이다.

공산당의 목적은 이 봉기를 계기로 일부 국민당 고급 군인을 우군으로 삼은 다음, 남쪽 광둥으로 군을 되돌려 국민혁명의 발상지에서 재기하려는 것이었다. 그래서 며칠 뒤 봉기군은 난창을 출발하여 남쪽으로 내려갔지만 기대했던 국민당 측은 전혀 호응하지 않았다. 오히려 이탈하여 도망하는 현상이 속출하여, 남하한 부대가 9월 말 광둥에 도착했을 때에는 거의 궤멸하여 사방으로 흩어져 버렸다.

한편, 공산당 중앙은 난창봉기 후 8월 7일 한커우에서 긴급회의(8·7 회의)를 열어 천두슈 등의 기존 노선을 비판함과 동시에, 난창봉기군에 호응하여 농민운동의 기반이 있는 후베이, 후난 등에서 가을 수확기에 봉기한다는 방침을 결정했다(추수 봉기). 이윽고 독자적인 농촌 혁명 이론을 만들게 되는 마오쩌둥(공산당 중앙 후보위원)은 이 회의에서 "앞으로 군사에 특히 주의를 기울여야 한다. 정권이 철포(鐵砲)에서 나온다는 사실을 알아야만 한다"라고 발언하였다. 그는 북벌기에 타오른 맹렬한 농민운동을 높이 평가하고 회의 결정을 받아들여 일으킨 후난 추수 봉기를 지휘했다.

공산당은 9월 들어 각지에서 추수 봉기를 일으켰지만 그들도 난창봉기와 마찬가지로 당초 좌파 국민당의 깃발을 내걸었다. 봉기는 준비도 계획도 충분하지 않은 상태에서 이루어졌기 때문에 모두 실패로 끝났다. 또한 좌파 국민당의 깃발은 국민당의 난징·우한 타협을 수용하여 9월 하순에 취소되었다. 11월에 들어서자 공산당 중앙은 공산당의 이름으로 소비에트 정권을 수립하기로 결정하고 각지에 통고하였다. 그러나 '소비에트'(蘇維埃)라는 낯선 용어를 통해 무장봉기의 실패를 만회할 수 있는 여지가 남아 있지 않았다. 난창봉기군의 잔존 부대가 도착한 광둥 성의 루펑(陸豊)·하이펑(海豊) 소비에트 정권, 12월 광저우봉기로 수립된 광저우 소비에트는 모두 수많은 희생자를 내고 단기간에 붕괴되었다.

이리하여 6만 명에 가까운 당원 수도 한때 1만 수천 명으로까지 크게 줄어들었고, 당 제6차대회(1928년 6~7월)는 위험을 피해 모스크바에서 개최될 수밖에 없었다. 이때 공산당 세력은 도시에서도 농촌에서도 사라져 한동안 사람들 앞에서 자취를 감추게 되었다.

**농촌 근거지의 확대**　　　1927년 9월의 추수 봉기가 완전히 실패로 끝난 뒤 마오쩌둥은 패잔 부대(명칭은 공농혁명군 제1군 제1사 제1단) 약 1천 명을 이끌고 징강산(井岡山)으로 들어갔다. 징강산은 후난 성과 장시 성 접경에 위치한 인구가 드문 산악 지대였다. 그는 국공 분열 직전인 7월 4일의 당 정치국 회의에서 농민 무장의 가능성에 대하여 언급할 때, "산으로 오르자"고 제안하며 "산에 오르면 군사력의 기초를 만들어 낼 수 있다"고 발언했다. 또한 8·7회의에서도 토비(土匪)와 회당(會黨)이라는 농촌의 무법자들을 적극적으로 받아들여야 한다고 주장했다. 그 무렵 마오쩌둥이 우한에서 이런 말을 했을 때 얼마나 현실감을 갖고 있었는지 알 수 없지만, 이제 그는 그 말을 실행에 옮겨야 하는 절박한 상황에 놓여 있었다. 그리고 그는 성공했다.

　1927년 10월 징강산으로 들어온 마오쩌둥은 현지 녹림(綠林)인 위안원차이(袁文才)와 왕쭤(王佐) 등을 받아들임으로써 그곳에 뿌리를 내릴 수 있었다. 녹림은 산림 등을 근거지로 하여 관리와 토호에 대항하는 무장 집단이나 도적 떼를 가리킨다. 이들은 종종 '타부제빈'(打富濟貧, 부자를 약탈하여 가난한 이들에게 베푼다)을 내걸고 의거를 일으키는가 하면 도적질도 일삼았다. 그들은 관헌을 대신하여 마을을 실질적으로 지배하기도 했다. 전란 탓에 지방의 치안이 악화된 민국기에는 이러한 녹림과 토비가 여기저기 날뛰었다. 마오쩌둥은 이들을 교묘하게 받아들이면서 그들의 '의거'를 공산당풍으로 변모시켰던 것이다.

잘 알려져 있듯이, 공산당풍으로 개조하는 일환으로 '3대 기율'이라는 알기 쉬운 구호 아래 군의 규율화가 진행되었다. 3대 기율은 단순 명료했다. "행동은 반드시 지휘에 따른다." "인민의 것은 절대 약탈하지 않는다." "토호한테서 취한 것은 혼자 차지하지 않고 모두의 것으로 한다." 말하자면 여태껏 군인과 녹림은 이 간단한 기율조차 지키지 않았다는 것이고, 이 당연한 것들을 확실하게 주지시키는 것이 인심을 얻는 첫걸음이었다. 이 기율은 통합 제정된 '6항주의'(뒤에 8항으로 늘었다)와 함께 후에 민요풍의 군가로 만들어 공산당군이 가는 곳마다 불리었다.

징강산과 그 주변에서 공산당은 이러한 군대와 재지(在地) 세력을 바탕으로 지주의 토지를 몰수하여 가난한 농민에게 나눠 주는 토지혁명을 실시했다. 또한 1928년 4월에 주더(朱德)는 난창봉기의 잔병 2천 명을 인솔하여 징강산에 합류하고 중국 공농홍군(工農紅軍) 제4군을 편성하였다. '홍군'이라는 명칭은 전년 말 광저우봉기 때 등장했는데, 공산당 중앙은 '공농혁명군'을 '공농홍군'으로 개명하기로 결정했다. 또한 제1군이 아니라 '제4군'이 된 것은 북벌전쟁 과정에서 분전하며 '철군'(鐵軍)이라는 별명을 얻은 옛 국민혁명군 제4군의 용맹함을 본받으려 했기 때문이다. 주더를 군장(軍長)으로 하고 마오쩌둥을 당 대표(나중에 정치위원)로 하는 홍군은 곧 두 지도자의 이름을 따 '주마오 홍군'(朱毛紅軍)이라 하여 공산당의 상징이 되었다.

난창봉기 후에 공산당이 화중·화남에서 시도한 100차례가 넘는 크고 작은 봉기는 대부분 무참하게 실패했지만, 일부는 국민당군과 지방군의 포위와 추격을 피해 마오쩌둥의 징강산 같은 산악 지대나 소택 지대에서 생존하는 데 성공했다. 곳곳에서 게릴라전과 토지혁명을 전개하

공산당군의 판화 포스터  '3대 기율 8항주의'(三大紀律八項主義)를 널리 알리기 위하여 1948년에 제작되었다. 인민공화국 성립 후에도 '3대 기율 8항주의'는 인민해방군의 기본 정신이 되었다(《解放區木刻版畵集》).

며 정권을 수립한 곳을 '혁명 근거지'(소비에트구)라고 불렀는데, 그 수는 1930년 3월까지 크고 작은 것을 모두 합쳐 15곳, 홍군 6만여 명, 총기 3만 정 정도를 헤아릴 수 있게 되었다. 물론 이들 근거지가 모두 순조롭게 발전한 것은 아니다. 토지의 몰수와 분배 기준을 둘러싼 혼란, 현지 당원과 외래 당원 사이에 일어난 불화를 배경으로 한 내홍(숙청)을 겪는 등 우여곡절이 있었다. 후난과 후베이 성 경계 지역에 근거지를 구축한 허룽(賀龍)처럼, 이끌고 있던 부대원 가운데 100명을 선발하여 타고난 담력과 의형제의 활약을 통해 풍전등화에 처한 위기를 극복했다는, 마치 무협 영화의 한 장면을 연상시키는 수많은 이야기도 이러한 근거지 창설 시기 때 나온 것이다.

**당과 농민**　　혁명 근거지가 될 수 있는 곳은 지리적으로 여러 성의 경계나 외진 산악·소택 지대였다. 기존 권력의 지배와 관련지어 보면 성 정권과 토착 지배층의 모순을 안고 있는 장시 성, 크고 작은 군벌의 혼전이 계속되고 있던 푸젠이나 쓰촨 성에 거의 한정되었다. 따라서 마찬가지로 농촌 지대임에도 지방의 지배층을 받아들이는 형태로 성 정권이 확립된 광둥, 광시, 후난 성에서는 공산당이 무장 할거하기가 곤란했다. 거시적으로 보면 국민정부의 통일화 정책이 진전되면 될수록 혁명 근거지는 거기에 반비례하여 점차 존립의 조건을 빼앗기게 되는 구조였다고 할 수 있다.

그렇다면 혁명 근거지의 현장에 눈을 돌리면, 공산당과 홍군의 갑작스런 도래와 지배에 대해 농민들은 어떻게 받아들였고 어떠한 태도를 보였을까? 공산당은 그들의 지지를 어떻게 획득했을까? 공산당이 군을 이끌고 농촌으로 들어왔을 때, 먼저 호응한 것은 인구 다수를 점하고 있던 빈농들이 아니라 농촌 사회에 이리저리 흘러 다니는 '무뢰들'이었다. 거기에는 징강산의 위안원차이나 왕쭤처럼 의적을 자처하는 '토비'나 '녹림'도 있었고 정상적인 직업을 갖지 못한 유민도 있었다.

마오쩌둥이 1930년에 실시한 조사(공산당 지배 아래 있던 장시 성 싱궈興國 현 출신 병사에 대한 조사)에 따르면, 인구 9천 명 정도 되는 지구에 설립된 혁명 정권의 지방정부(소비에트 정부) 관리 18명 가운데 노름꾼 7명을 포함한 유민(또는 뚜렷한 직업이 없는 사람)이 반수가 넘었다. 기존 질서를 타파하는 단계에서는 성실한 농민이 아니라 이렇듯 '정상에서 벗어난 자'가 혁명의 동반자였고, 황폐한 화남의 농촌 사회에는 이런 실업자가 늘 존재했다. 앞서 소개한 '3대 기율 6항주의'도 규율 행동에 익숙하지 않은 유민층을 포섭해야 하는 홍군에겐 반드시 필요했을 것이다.

무장 할거가 어느 정도 정착되고 몇몇 현과 성을 아우르는 영역을 확보하게 되자 토지혁명이 실시되었다. 그 혜택을 받은 가난한 농민 가운데 기층 활동가가 출현하게 되었지만 그 수는 결코 많지 않았다. 혁명운동에 가장 적극적으로 호응한 사람은 중등학교 졸업 수준의 청년 남녀, 특히 경제적으로 몰락해 가는 중소 지주 가정 출신의 젊은이들이었다. 신식 교육을 받은 그들은 큰 저항감 없이 혁명 사조의 영향을 받아들였고, 또는 경제적 몰락을 역전시킬 수 있는 정치 변화에 민감하게 반응하고 편승하는 형태로 공산당에 가입했다. 특히 혁명 근거지가 조금 안정되어 행정적인 실무를 맡을 인재가 필요할 때, 성실하지만 글을 모르는 빈농보다는 낡은 격식에 구애받지 않는 젊은이가 요구되었다. 뒷날 중국 공산당 지도자가 되는 이 시기의 입당자 가운데 다수가 과거 향신층이나 부유층의 자제였던 것은 결코 우연한 일이 아니다.

그런데 공산당이 농촌에서 세력을 키울 수 있었던 요인 가운데 하나는, 공산당이 지닌 조직성과 규율성이 제한적이기는 하지만 사회의 조직성·공동성이 현저하게 낮은 중국 농촌에서 상당히 큰 통합력과 규범성을 지닐 수 있었다는 점이다. 이러한 의미에서 공산당은 결국 그동안의 의적이나 녹림과 달랐다. 공산당이 근거지를 구축한 화남의 농촌은 화북에 비해 농촌 사회의 결합력이 강했다고 할 수 있지만, 예컨대 근세·근대의 일본 농촌에 견준다면 중국 농촌의 결합력은 보잘것없었다. 따라서 공산당은 적어도 자신의 조직 활동이 촌락 내부 집단의 유대감에 저항을 받아 침투할 수 없는 사태를 우려할 필요는 없었다.

**농촌 혁명의 실제**　　그러나 공산당의 조직력이 농촌에서 규제력을 크게
발휘할 수 있었다고 해서 농촌 공작이 당의 이념대로
접수되어 실행되었다고 볼 수는 없다. 예컨대 마오쩌둥이 1930년 장시
성 남부의 쉰우(尋烏)에서 실시한 사회조사에 따르면, 문자를 아는 사람
이 대략 40퍼센트를 차지했다. 그 자세한 내용은 다음과 같다.

| | |
|---|---|
| 200자를 알고 있다 | 20% |
| 장부에 기재할 수 있다 | 15% |
| 《삼국지》를 읽을 수 있다 | 5% |
| 편지를 쓸 수 있다 | 3.5% |
| 글을 쓸 수 있다 | 1% |

오늘날 중국에서 농민의 경우 1,500자를 아는 것이 식자(識字)의 기준
이 된다. 따라서 이 조사의 문항에서 "200자를 알고 있다"와 "장부에 기
재할 수 있다" 정도로는 글자를 알고 있는 수준이라고 할 수 없을 것이
다. 어쩔 수 없이 공산당원들은 당이 내건 방침과 정책을 문자가 아니라,
때로는 대폭 단순화시킨 구호로 때로는 강연을 비롯한 이야기 방식으로
전달해야만 했다. 이는 농민에 대한 영향력이 당과 홍군이라는 조직보다
도 오히려 대중 전달에 능한 개별 지도자에 대한 충성과 연결되는 경향
이 두드러졌기 때문이다.
　또한 농촌을 지배하고 있던 '동족'과 '혈연'이라는 전통 질서는 공산
당의 조직적 침투를 거부할 만큼 강고하지는 않았지만, 그렇다고 토지의
재분배에 따라 바로 해체되거나 재편될 만큼 취약하지도 않았다. 그 때
문에 농촌 지역에서는 기층 간부의 상당 부분이 옛 향신층이나 부유층

**공산당의 근거지에서 발행된 지폐** 농촌 근거지에서 사용되던 지폐 초상화에는 주로 마르크스나 레닌이 등장했는데, 중국 민중에게 그것은 어떻게 반영되었을까?(《長征の道》).

인맥에 기대는 형식으로 보충되지 않을 경우, 자기 집안의 안정이 최대 관심사인 농민들이 오히려 향촌 내 계급투쟁 운동을 기피할 수밖에 없었다.

더욱이 거듭되는 포위 공격과 토벌에 직면하면서 근거지의 영역은 수시로 변화되었고, 가장 안전하던 근거지의 중심부에서조차 공산당 통치는 불과 4년밖에 실행되지 못했다. 이 짧은 기간에 추진된 토지혁명이 농촌의 기존 질서 해체와 홍군의 확충을 가져왔지만, 홍군의 보충이 지배 영역의 안정화로 연결되는 순환 구조가 성립될 만한 여유를 당시 농촌 근거지에서 전혀 찾을 수 없었다.

**혁명 근거지의 위기** 이리하여 토지혁명을 지속적으로 실시하지 못한
채 군사 지출만 늘어나게 된 각 혁명 근거지의 재정
은 지배 지역에서 징발 강화와 출병에 따른 주변 지역 지주·토호의 재산
몰수라는 임시변통에 빠질 위험성을 늘 안고 있었다. 당 중앙은 이러한
행동을 '유구주의'(流寇主義), '토비적 작풍'이라고 강하게 비판했지만,
무장투쟁이라는 엄혹한 현실에서 특히 근거지의 영역이 불안정하면 할
수록 쉽게 근절될 수 없었다. "즙을 다 짜낸 레몬," 이 말은 몇몇 농촌 근
거지를 지도한 공산당 간부 장궈타오(張國燾)가 가치를 잃어버린 근거지
를 빗댄 표현이었다. 안정적인 근거지 건설에 실패한 후에 남은 것은 잦
은 수탈의 모습으로 나타났다.

물론 원칙론에 바탕을 둔 당 중앙은 이런 지방 조직의 어리석음을 시
정하려고 그때그때 뜻을 전달하고 지시를 내렸다. 그러나 열악한 농촌
근거지와 당 중앙 사이에 신속한 의사 전달은 사람이 직접 연락 문서를
들고 가 전달하던 당시의 통신 상황에서는 기대할 수 없었다. 극단적인
예를 들면, 모스크바에서 개최된 당 제6차대회의 결의가 푸젠 성 서부
근거지에 도착한 것은 4~5개월이 지난 뒤였고, 그것이 다시 인쇄되어
근거지 내부까지 전달되는 데는 5개월이 더 걸렸다. 이리하여 당 중앙이
어떤 잘못된 노선을 시정하려고 적극적으로 나서는 시점에, 근거지에서
는 서서히 그 잘못된 노선이 실행되는 웃지 못할 시차 현상이 발생하기
도 하였다.

이러한 불안정한 통신 상황은 근거지의 당 지도부가 현지 실정에 맞
는 방침을 독자적으로 모색할 수 있게 했지만, 한편으로 중앙이 각 근거
지로 순시원을 파견한 경우(현지 실정을 잘 모르는 경우도 많았다), 권위가
너무 강해진 순시원이 오히려 근거지를 혼란스럽게 만드는 왜곡 현상을

불러일으키기도 했다.


**홍군이라는 조직**　　　　"정권은 철포에서 나온다"는 마오쩌둥의 말을 인용할 필요도 없이, 농촌 혁명 근거지가 생존하는 데 가장 긴요한 것은 무장 할거의 밑바탕이 되는 홍군의 확충과 장악력이었다. 당초 홍군의 유력한 구성원인 토착 무법자들은 숙청 등을 통해 점차 홍군에서 배제되었고, 대신하여 토지혁명의 혜택을 받은 젊은 농민들이 큰 비중을 차지하게 되었다.

군(홍군)에 대한 정치(공산당)의 지도성은 군의 각급 조직에 설치된 당 대표(나중에는 정치위원)에 의해 보증되었다. 당 대표제는 소련 적군(赤軍)의 코미사르(komissar, 정치위원)를 모델로 한 것인데, 연소(連蘇) 정책 아래 창설된 국민당의 국민혁명군에서도 채택되고 있었다. 하지만 국민당군의 당 대표제는 북벌기 장제스의 권력이 강화됨에 따라 점차 유명무실해져 1928년에는 폐지되었다.

홍군에서 정치위원의 직권은 "전체 군사활동과 군사행정을 감독하는 권력"을 갖고 "군사 지휘원[사령관]의 명령을 정지시킬 권한을 갖는다"고 규정되어 있을 정도로 강력했다. 이 때문에 군권에 필적하는 권한을 지닌 이들 정치위원은 마오쩌둥을 비롯한 근거지 지도자의 권한을 제한할 수 있었다. 홍군은 당의 군일 뿐 아니라 정부(각지 소비에트 정권)의 군이기도 하다는 두 가지 속성을 지니고 있었다. 이 점을 반영하여 정치위원도 홍군 내에서 "소비에트 정권의 대표자일 뿐 아니라 공산당의 전권 대표이기도 하다"고 규정되었다. 당과 국가(정부) 양쪽에 귀속된다는 군의 모습은 오늘날의 인민해방군에도 그대로 나타난다.

홍군은 "적이 진격하면 물러나고, 적이 머물면 소요를 일으키며, 적이 지치면 공격하고, 적이 퇴각하면 우리는 추격한다"(敵進我退, 敵駐我擾, 敵疲我打, 敵退我追)라는 말로 대표되는 알기 쉬운 유격 전술과 "혁명 농촌을 통해 도시를 포위한다"는 전략을 내걸었다. 이 전략 전술은 마오쩌둥의 혁명 노선으로 널리 알려져 있다. 하지만 또 다른 근거지에서 활동한 쩡중성(曾中生)도 흡사한 게릴라 전술의 간결한 핵심을 만들어 냈다. 또한 도시 지역에서 당세가 후퇴할 수밖에 없는 현실에 봉착한 상하이의 허멍슝(何孟雄) 같은 활동가는 1930년대에 농촌을 통한 도시 포위 방침을 제기하기도 했다.

여러 공산당원은 저마다 광대한 농촌을 혁명으로 끌어들이기 위해 치열한 구상을 했다. 이런 구상을 농촌의 실정과 절묘하게 결부시키는 형태로 정식화한 인물이 훗날의 마오쩌둥이었다. 마르크스주의의 공식을 내세우는 코민테른과 당 중앙의 억압에도 굴하지 않고, 그가 농촌 혁명의 지도자로서 실적을 쌓아 올려 간 데에는 충분한 이유가 있었다.


**창사 점령의 충격**　　1930년 7월 말 중공군이 후난 성의 성도 창사(長沙)를 점령하고 후난 성 소비에트 정부의 수립을 선언했다는 갑작스런 뉴스가 세계를 놀라게 했다. 펑더화이(彭德懷) 휘하의 중국 공농홍군 제3군단을 주력으로 하는 약 1만 명은 중원대전(中原大戰, 2장 85쪽 참조)으로 혼란스런 국민정부의 빈틈을 기습하여 창사를 점령했다. 이 무렵 주더와 마오쩌둥이 이끌고 있던 홍군 부대도 난창을 공격하였다. 하지만 이들은 강력한 국민당 수비군의 방비를 뚫지 못하여 큰 희생을 내고 철수했다.

오늘날 중국공산당의 견해에 따르면, 이런 공격은 그 무렵 상하이에 있던 당 지도자 리리싼의 "새로운 혁명의 고조가 이미 눈앞에 임박했다"는 주장에 따라 추진한 일련의 무모한 대도시 공략 방침을 현실화시킨 결과였지만, 당시 사람들은 물론 그러한 사정을 알 도리가 없었다. 창사를 점령한 점령군은 반격을 받아 겨우 일주일 만에 철수해야 했다. 하지만 곧 험하고 외진 농촌으로 흩어질 '공비'(共匪)가 일시적이지만 인구 30만의 대도시를 제압했다는 충격은 장제스를 비롯한 국민당 지도부에게 공산당이 무시 못 할 세력이라는 점을 실감시키기에 충분했다. 장제스는 중원대전을 마무리 짓자마자 곧바로 장시 성 남부의 '공비' 토벌에 나섰다.

제1차 공산당 근거지 토벌 작전(포위하여 토벌한다는 의미에서 '위초' 圍剿라고 한다)은 1930년 11월부터 이듬해 1월까지 진행되었다. 이어 1931년 4월부터 5월까지 제2차 위초, 7월부터 9월까지 제3차 위초가 각각 진행되었지만 모두 성공하지 못했다. 홍군 측의 교묘한 유격전에 따라 적진 깊숙이 유인된 국민당군이 거꾸로 포위·섬멸된 경우도 적지 않았다. 또 제3차 위초전처럼 장제스가 직접 토벌 작전을 지휘하며 의미 있는 선까지 전진했지만 결전을 앞두고 만주사변이 일어남에 따라 위초전이 중단되었고, 그 직후 작전에 동원된 국민당군 17,000명 전원이 공산당에 투항하는 사건(닝두봉기寧都蜂起)까지 발생했다. 요컨대 통치 체제가 안정되어 있지 않고 내부적 통일이 허약한 상태에서 국민정부가 무력만 믿고 홍군을 토벌한다는 것은(가령 대일 정책의 수행 과정에서 국익을 희생한다고 해도) 쉬운 일이 아니었다.

**중화소비에트공화국** 세 차례에 걸친 위초가 철저하게 마무리되지 못한 채로 끝나게 됨에 따라 공산당의 농촌 근거지는 더욱 확대되었다. 이제 후난 성 경계에서 장시 남부와 푸젠 서부까지가 하나로 연결된 광대한 근거지가 출현하게 되었다. 이보다 앞서 마오쩌둥은 1929년 초 징강산에서 철수하여 장시 성 남부로 이동하고 그곳을 중앙 근거지로 삼았다. 제3차 위초를 격퇴시킨 후 1931년 11월 7일 러시아혁명 기념일에 맞춰 루이진(瑞金)을 수도로 '중화소비에트공화국'의 건국이 선포되었다. 지배하의 인구는 멀리 떨어진 어위완(鄂豫皖) 근거지(허베이·허난·안후이 성 경계 지역, 인구 350만 명)를 포함하여 약 1천만 명에 달했다. 4억이 넘는 전체 인구에서 보면 너무 작은 '국'(國)이고 그 영역도 끊임없는 위초 탓에 일정하지 않아 결과적으로 3년 만에 붕괴되고 말았다. 그럼에도 동시대의 세계와 비교해 볼 때, 이것이 러시아혁명과는 다른 농촌 무장 할거라는 혁명운동의 결과로서 성립되었다는 점에서 의의가 큰 사건이었다.

마오쩌둥이 중화소비에트공화국 임시정부의 주석에, 샹잉(項英)과 장궈타오(당시 어위완 근거지에 있었다)는 부주석에, 주더는 군사위원회 주석에 각각 취임했다. 동시에 〈헌법대강〉(憲法大綱)도 제정되어 정권의 성격이 전체 근로대중을 대표하는 노농 민주독재라고 규정했다. 이 〈헌법대강〉에는 공산당에 관한 명문 조항, 이를테면 국가와 정부에 대한 공산당의 지도를 강조하는 규정은 없었지만, 당이 정부 위에 군림한다는 사실은 분명했다.

임시정부 주석 마오쩌둥이라 해도 당내의 지위는 8인의 중앙국 멤버 가운데 하나에 지나지 않았다. 당시 당의 실권을 장악한 사람은 코민테른의 지지를 받아 리리싼 노선을 비판하며 등장한 왕밍, 친방셴 같은 소련 유학파 간부였다. 동일하게 군사 지휘권에 있다고 해도 당의 중앙 군사위원회 서기는 주더가 아니라 저우언라이였다. 말하자면 마오쩌둥이나 주더는 중앙 근거지를 개척한 실적 때문에 명목상으로는 높은 지위에 있기는 했지만 반드시 그에 걸맞은 실권을 지니고 있었던 것은 아니다.

이러한 경향은 상하이에 있었던 공산당 중앙이 1933년 초에 중앙 근거지를 이전하자 더욱 분명해졌다. 마오쩌둥은 그때까지의 유격전 노선이 '시야가 좁은 경험론' 또는 '우경'이라는 비판을 받아 군사 지휘권을 빼앗기고 임시정부 업무에 전념하도록 종용받았다. 한마디로 정부의 주석이라고 해도 당의 군사위원회 서기나 당의 정치위원 같은 실권을 갖지 못한 명예직일 뿐이었다. 1932년 10월에 개최된 공산당의 회의(닝두회의)에서 마오쩌둥은 '우경'을 이유로 당의 제일선 활동에서 배척당했고, 그 뒤로 2년 동안 불우한 처지를 불평하는 존재로 전락했다.

중화소비에트공화국은 1932년 4월에 '대일 전쟁 선언'을 발표했다. 즉 국가로서 일본에 선전포고를 한 것이다. 그렇지만 중국 내지에 있는 이 '공화국'이 일본군과 전쟁을 치른다는 것은 현실적으로 불가능한 일이었다. 따라서 이 선언을 전국 정권인 국민정부가 수행한 대일 유화정책과 같은 수준으로 논할 수는 없다. 또한 '대일 전쟁 선언'의 내용에서도 "일본 제국주의와 직접 전쟁을 하기 위해서는 우선, 첫째로 …… 국민당의 반동적 지배를 타도하지 않으면 안 된다"라는 논리를 펴고 있다. 이른바 장제스가 제창한 '안으로 안정을 확보한 뒤에 외적을 물리친다'(安內攘外)는 방침과 견주었을 때 '안으로 안정을 확보한다'는 내용만 반대일 뿐 실제로는 다를 바 없는 사고방식이라 할 수 있다.

**홍군의 패배**　　국민정부는 소비에트공화국에 대해 60만 병력을 동원하여 제4차 위초(1932년 7월~1933년 3월)를 감행했다. 국민당군의 정예라 할 수 있는 중앙군이 투입된 이 전쟁의 제1단계에서 공산당 쪽은 어위완 근거지가 괴멸당하는 등 크게 고전했다. 하지만 제2단계 중앙 근거지를 둘러싼 공방에서 공산당은 마오쩌둥을 대신하여 군사를 지휘한 저우언라이 등의 분투로 위초를 격퇴시킬 수 있었다. 장제스는 일본군의 러허 침공(1933년 2월) 때문에 위초를 일시 중단시킬 수밖에 없었다. 그러나 일본에게 대폭 양보한 탕구(塘沽) 정전협정을 통해 화북 문제를 일단락 짓고는 바로 제5차 위초를 시작했다.

1933년 10월에 시작된 제5차 위초에서 홍군은 완패하고 만다. 장제스는 중앙 근거지에 정면에만 40만, 후방 방비까지 포함하면 100만의 군을 동원했을 뿐 아니라, 요소요소에 토치카 진지를 구축하여 홍군의 유격전을 봉쇄하면서 포위망을 조금씩 좁혀 가는 전술을 택했다. 더욱이 '군사 30퍼센트, 정치 70퍼센트'라는 방침 아래 농촌에 연대책임제(보갑제)를 실시하여 주변 농민을 홍군에서 분리시키고 경제 봉쇄를 통해 근거지를 몰아붙였다. 중앙 근거지에서 자급하기 힘든 소금을 예로 들면, 1930년 무렵 일인당 하루 소비량이 26그램이었는데 1934년 8월에는 1.6그램으로 떨어졌다. 결국 생명을 가까스로 유지할 수 있는 정도까지 소금 소비량이 크게 줄었다. 경제 봉쇄가 얼마나 엄격하게 이루어졌는지 알 수 있다.

코민테른은 국민당에 맞서 싸우는 홍군 쪽에 추가로 군사고문 오토 브라운(Otto Braun)을 파견했지만, 단순한 작전 지휘 기술로는 압도적인 포위 공격을 극복하여 전국을 타개하기 힘들었다. 1933년 10월 공산당은 결전을 향한 '긴급 동원령'을 반포하기에 앞서 대대적인 홍군 확대

**이동 중인 홍군 부대**　제4차 위초전이 벌어지는 가운데 이동 중인 홍군. 무기도 복장도 각양각색임을 알 수 있다(《長征の道》).

운동을 전개했지만, 무려 네 차례나 감행된 위초전으로 피폐해진 근거지에는 호응할 만한 여력이 남아 있지 않았다.

　홍군은 본디 기본적으로 토지혁명의 혜택을 입은 농민의 지원을 통해 충원되었지만, 제5차 위초를 앞에 둔 홍군 확대 운동 때에는 실질적인 징병제를 통한 철저한 동원으로 변모했고, 강제적인 식량 공출령 때문에 전선 부근의 민중이 국민당 쪽으로 도망가는 일도 잦았다. 이리하여 '긴급 동원령' 반포를 전후하여 일찍부터 중앙 근거지의 북쪽 관문에 해당하는 리촨(黎川)이 함락되었고, 1934년 4월에는 최대의 결전으로 손꼽히는 광창(廣昌, 루이진에서 북쪽으로 100킬로미터 떨어진 요충)의 방어전에서도 수많은 사상자를 내고 패배함에 따라 중앙 근거지의 붕괴는 이제 시간 문제였다.

# 3. 장정과 마오쩌둥

**군사적 패배와 서정(西征)** 전쟁 상황이 절망적인 가운데 공산당은 중앙 근거지로부터의 철수를 결정하고 1934년 10월 상순에 당 중앙도 루이진에서 철수하였다. 동시에 홍군의 기간 부대인 제1방면군의 주력 8만여 명을 서쪽으로 이동시키기 시작했다. '장정'(長征)으로 세상에 알려진 행군이 시작된 것이다.

공산당의 신화로 오늘날까지 회자되고 있는 '장정'은 혁명의 사활을 건 1년에 걸친 대행군('2만5천 리의 장정'이라 한다)이었다. 처음에 중앙 근거지의 군사적 어려움을 타개하기 위한 '전략적 전진(轉進)'으로 시작했기 때문에 구체적인 목적지를 설정하고 출발한 것은 아니었다. '장정'이라는 이름도 나중에 붙여졌다. 포위망을 돌파한 직후에는 후난 성 북서부 허룽(賀龍)의 부대와 합류한다는 계획이었기에 '서정'(西征)이라고 부르던 시기도 있었다. 이 과정에서 홍군 장병 대다수에게는 전략적 전망이 보이지 않았다.

중앙 근거지에는 천이(陳毅), 샹잉(項英) 등 약 3만 명 정도 되는 부대 (정규군은 7천 명 정도)가 남았다. 이들은 잠시 떠난 주력 부대가 근거지

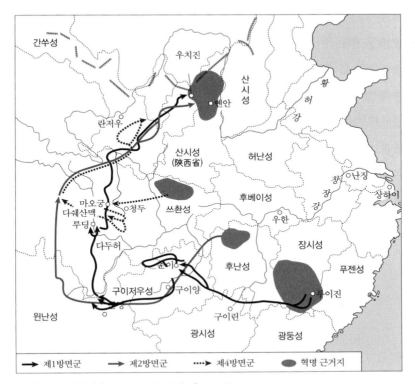

**'장정'의 경로와 추이**(《アジアの歷史と文化 5》, 170쪽).

를 다시 탈환할 것이라 생각했다. 당시 '전략적 전진'은 서쪽으로 일시 이동하는 것이었지 근거지를 완전히 포기한다고 생각하지 않았다.

포위를 돌파하는 작전은 중앙 근거지의 남서쪽 부분, 국민당군 측에서 보면 전투 의지가 약한 남로군(광둥군계) 부대를 뚫고 나아감으로써 시작되었다. 남로군을 지휘하고 있던 천지탕(陳濟棠)과 사전에 밀약을 맺었기 때문에 최초의 돌파는 순조로웠다. 하지만 대량의 장비를 운반하면서 서쪽으로 진군한 대부대는 11월 말 광시 성 북부 샹장(湘江) 봉쇄선에서 발이 묶여 큰 타격을 입었다. 루이진을 출발한 뒤 겨우 두 달 만에 병력이 3분의 1로 급격히 줄었다. 국민당군의 방어 체제가 공고한 탓에 후난 북서부로 진군하는 것은 단념하고 홍군은 서쪽으로 더 전진하여 구이저우 성으로 들어갔다. 이 시점이 되면 일단 후난 근거지에서 세력을 정비하여 중앙 근거지를 재탈환하겠다는 계획은 완전히 물거품이되었다. 이듬해 1935년 1월 초 홍군은 구이저우 북부 쭌이(遵義)에 다다랐다.

**쭌이회의 전설** 쭌이를 점령한 홍군은 2주 동안의 휴식을 취하면서 병사를 보충했다. 그리고 뒷날 중국 혁명사에서 기사회생의 전환점이 되었다고 평가받는 중앙정치국 확대회의, 이른바 쭌이회의(1월 15~17일)가 열렸다. 무엇 때문에 적의 포위 공격을 격퇴시키지못했는가, 군사 지휘의 오류는 어디에 있는가 하는 문제를 총괄한 회의였다.

군단장 수준의 당 간부를 포함하여 20명이 출석한 회의에서 마오쩌둥은 제5차 위초전 이래의 군사 지휘를 엄격하게 비판하고 책임을 추궁했다. 친방셴과 오토 브라운은 오류를 인정하지 않았지만, 진작부터 마오의 실력을 인정하면서 당내의 화합을 중시한 저우언라이는 자기비판을 통해 패배의 책임을 인정하였다. 장원톈, 왕자샹(王稼祥) 등 소련 유학파 간부도 마오를 지지하면서 회의의 대세가 결정되었다. 장정 과정에서 마오는 기회 있을 때마다 장원톈, 왕자샹 등 소련 유학 간부에게 영향을 미쳐 그들의 지지를 얻는 데 성공했던 것이다. 회의 결과 마오쩌둥이 정치국 상무위원으로서 당 지도부에 복귀하고 군사 지도의 보좌를 담당하게되었다.

**쭌이회의를 묘사한 유화(부분, 1997년 작품)** 마오쩌둥을 비롯하여 뒷날 공산당의 주요 지도자들이 그려져 있다(《中國革命博物館藏品選》.

　이 회의는 마오쩌둥이 지도권을 확립한 지표로서 마오쩌둥 신화의 중요한 부분이 되었지만, 마오가 회의 자체에서 얻은 것은 생각보다 적었다. 군사 지휘 면에서 보면 친방셴에서 저우언라이로 책임자가 교체되었고, 마오쩌둥은 저우언라이를 보좌하는 역할만 맡았을 뿐이다. 마오쩌둥이 군사 지휘의 면에서 실질적인 힘을 지니게 된 것은 마오쩌둥 · 저우언라이 · 왕자샹 세 사람으로 구성된 비공식 군사 지휘 체제가 성립한 3월 이후의 일이었다.

　더욱이 당의 직무에서 봐도 친방셴이 지니고 있던 총책임자의 지위는 쭌이회의에서 계속 유지되었고, 또 그를 이어 2월 초에 장원톈이 총서기가 되었다. 당의 노선 자체의 옳고 그름에 대한 판단이나 변경은 군사 지도와 달리 코민테른과의 통신 수단을 잃은 상태에서 결정할 수 없었기 때문이다. 또한 당시 당내에서 군사적인 패배가 당 노선의 오류에서 비롯되었다는 인식은 없었다. 마오쩌둥조차 나중에 "쭌이회의는 보구(친방셴)의 오류를 바로잡을 뿐 분파주의나 모험주의 문제가 노선의 잘못임을 지적하지 않았는데, 이는 불충분한 것이었다"고 인식했지만 그것은 장정이 끝난 뒤의 일이었다.

준이회의가 마오쩌둥이 당내에서 권력을 확립하는 계기가 되었음은 틀림없는 사실이다. 그럼에도 진정한 의미에서 공산당의 최고 지도자가 되기 위해서는 회의 이후에 성공적으로 군사 지도를 하고 그것을 배경으로 당내에서 권위를 확립할 필요가 있었다. 구체적으로 말하면, 종래의 당 노선이 잘못되었다는 인식을 장원톈과 저우언라이라는 동등한 또는 자신보다 높은 지위에 있던 지도자들에게 인정시켜야 했다. 거기에 이르기까지 우여곡절이 있었지만, 마오쩌둥은 무엇보다도 우선 장정을 성공적으로 이끌고 가야 한다는 어려운 문제에 직면하게 되었다.

**장궈타오와의
권력투쟁**　　　준이회의가 개최되었을 때 장궈타오 등이 이끄는 제4방면군도 쓰촨과 산시 성(陝西省) 경계 근거지를 포기하고 서쪽으로 이동하기 시작했다. 또한 허룽 등의 홍군(훗날의 제2방면군)도 1935년 11월에 후난 북부 근거지를 출발하여 장정의 길을 나섰다. 마오쩌둥의 제1방면군을 포함한 이들 홍군 부대는 국민당군의 집요한 추격과 갖은 고난을 극복하면서 행군을 이어 나갔다. 그 영웅담은 에드가 스노의 《중국의 붉은 별》(Red Star Over China)에 상세하게 묘사되어 있다.

2만5천 리 도피행의 궤적은 그 무렵 중국이라는 세계의 변경선을 그대로 따른 것이었다. 그 안쪽에는 국민당군과 지방 군벌의 봉쇄선이 있고 그 바깥에는 삭막한 황무지와 험준한 산, 그리고 한족에 적대감을 지닌 소수민족의 거주지가 넓게 펼쳐져 있었다. 홍군은 그 두 세계의 경계에서

줄타기하듯 앞으로 나아갔다. 국민당군은 홍군 주력을 사로잡아 섬멸시키는 데에는 실패했지만, 홍군을 추격하는 과정에서 그때까지 중앙 권력의 힘이 제대로 침투하지 못하던 후난, 구이저우, 윈난, 쓰촨에 군대를 진주시키고 도로 건설과 지방 정권의 개편을 통해 이들 지역에 대한 통치를 강화할 수 있었다. 중앙정권에 편입된 이 서남 지역의 여러 성이 뒷날 항일전쟁을 벌일 때 국민정부의 지반(地盤)이 되었다는 사실을 생각하면, 이것은 장정이 가져다준 부산물 가운데 하나였다고 할 수도 있다.

쭌이회의가 개최되고 반년이 지난 1935년 6월, 약 2만의 제1방면군은 추격을 받으며 장궈타오의 제4방면군이 기다리고 있던 쓰촨 성 마오궁 현(懋功縣)에 도착하여 합류하였다. 이때 장궈타오는 제1방면군 내부의 정치국 회의였던 쭌이회의의 결정에 이견을 제시하면서 당 중앙의 개조를 요구하였고, 나아가 장정의 진로와 목적지 설정에도 문제를 제기했다. 장궈타오는 당 창립 때부터 실력자였고 휘하의 제4방면군은 그에게 충성을 맹세한 8만 명의 대부대였다. 오랫동안 서로 다른 근거지를 이끌고 있었기 때문에 마오쩌둥과 장궈타오가 만나게 된 것도 8년 만의 일이었다.

북상하여 항일 전선의 일익을 담당하며 서북 지역에 새로운 근거지를 구축하려는 마오쩌둥과, 쓰촨 서부에 근거지를 구축하고 신장(新疆)을 거쳐 소련으로 루트를 개척하려고 하던 장궈타오의 주장이 심하게 대립했다. 9월 상순 북상할지 남하할지 의견 대립이 해소되지 않은 채로 마오쩌둥을 비롯한 정치국 구성원 다수로 이루어진 당 중앙은 8천 명의 제1방면군 주력과 함께 힘들게 북상을 개시했다. 그리하여 쓰촨 성 북부에서 간쑤 성(甘肅省)을 함락시키고, 10월 19일 산시 성(陝西省) 북부 우치 진(吳起鎭)에 도착함으로써 마오쩌둥의 장정은 완료되었다.

한편, 당 중앙이 떠나고 남은 장궈타오는 10월 스스로 제2중앙을 수립하기에 이른다. 하지만 국민당 중앙군과 쓰촨 군의 추격을 받아 병력과 위세를 상실했고 결국 1936년 6월에는 스스로 중앙을 취소하지 않을 수 없었다. 이윽고 장궈타오의 군은 뒤늦게 장정을 시작한 제2방면군과 합류하여 산시 북부로 향하게 되었다. 1936년 10월 제1·2·4 주력군이 간쑤 성 후이닝(會寧)에서 합류함으로써 마침내 '대장정'은 수많은 전설과 드라마를 남기고 끝을 맺었다.

**코민테른 제7차대회와 '8·1선언'** 마오쩌둥 등이 최종적으로 섬북(陝北)을 목표로 삼은 것은 거기에 류즈단(劉志丹) 등이 개척한 공산당 근거지가 있다는 정보를 장정 도중에 얻었기 때문이다. 물론 국민당 측은 궤멸적 피해를 입은 홍군이 산시(陝西)로 찾아 들어갈 거라는 정보를 듣고 1935년 11월에 바로 포위 공격을 시작했지만, 공산당은 섬북 홍군을 동원하여 성공적으로 격퇴하였다. 그러나 과거의 중앙 근거지에 비해 인구도 적고 생산성도 현저하게 낮은 섬북에서 1만여 명의 군대를 유지하고 확충하는 일이 지극히 곤란하다는 점은 분명했다.

또한 혁명 노선이라는 점에서 마오쩌둥 등 북상을 주장한 당 중앙은 '항일'을 내걸었지만, 섬북 도착 직후 변함없이 '중국 소비에트 운동의 기반 강화를 통한 전 중국의 신속한 적화'를 호소했다. 장정을 사이에 두고 당의 노선이 '소비에트 혁명'에서 '항일 전선의 수립'으로 간단히 전환되지 못했음을 보여 준다.

공산당의 노선이 항일 통일전선 수립으로 전환하는 데에 큰 계기가

섬북 도착 후 나란히 선 공산당 중앙 간부들(1937년 12월)  왼쪽부터 장원톈, 캉성(康生), 저우언라이, 카이펑(凱豊, 허커취안何克全), 왕밍(1937년 11월 귀국), 마오쩌둥, 런비스(任弼時), 장궈타오.(《張聞天圖册》).

된 것은 중앙 홍군이 섬북에 도착하고부터 한 달 정도 지난 1935년 11월 중순 섬북 공산당에 전달된 코민테른 제7차대회의 새로운 방침(반파시스트·반침략을 위한 통일전선의 수립) 때문이었다. 이 새로운 방침에 기초하여 1935년 8월 1일 공산당 중앙 명의로 발표된 것이 항일 민족통일전선을 호소한 '8·1선언'이다. 국민당까지 포함한 광범한 세력(다만 '매국노'로 간주된 장제스는 제외)에게 공동 투쟁을 호소한 이 획기적인 선언은, 모스크바의 왕밍 등 중국공산당 대표단이 발표한 것이었다. 그러나 장정길에 있던 공산당은 그 내용을 전해 듣지 못한 채 섬북에 도착했다. 공산당은 코민테른이 섬북에 파견한 장하오(張浩, 린위잉林育英)를 통해 비로소 이 새로운 방침을 알게 된다.

**새로운 노선** 코민테른의 새로운 방침은 공산당의 혁명 근거지에 관한 인식에 질적 전환을 가져왔다. 그 새로운 방침을 받고 1935년 12월 개최된 공산당 중앙정치국 회의(와야오바오회의瓦窯堡會議)에서는 소비에트 혁명을 대신하여 항일 민족통일전선 결성이 당면 과제임을 확인했다. 이리하여 공산당은 '반장항일'(反蔣抗日)의 기치 아래 근거지를 군사력이 아니라 정치적으로 보증한다는 새로운 발상에 기초하여 주변의 정치·군사 세력(구체적으로는 섬북의 근거지를 포위한 장쉐량과 양후청楊虎城의 군대)에 대한 연대 공작을 본격적으로 추진할 수 있게 되었다.

과거 1933년 11월 제1차 상하이사변에서 항전으로 명성을 떨친 국민당군(19로군)의 일부 지휘자들이 푸저우(福州)에 '반장항일'을 내건 '푸젠 인민정부'를 수립했을 때(푸젠사변), 중앙 근거지 시대의 공산당은 인접한 이 반장제스 정권과 일단 불가침 협정을 체결한 바 있다. 그러나 바로 뒤에 "인민적이지도 않고 혁명적이지도 않다"며 비판하는 태도로 전환하고는, 인민정부가 장제스의 공격을 받아 붕괴되는 것을 그냥 보고만 있었다. 그때부터 2년이 지난 시점에 공산당의 인식은 크게 변화되어 있었다.

누군가는 이렇게 질문할지도 모르겠다. 일본의 침략이 이미 현실이 되었기 때문에 당의 노선을 '항일'로 대체하는 것은 당연하지 않은가? 왜 굳이 코민테른의 방침 변경을 기다려야 하는가? 이것은 오늘날 상식으로 보면 당연히 그렇겠지만, 중국공산당이 결국 코민테른의 지부라는 사실을 다시 한 번 염두에 두어야 할 것이다. 공산주의 운동의 총본산인 코민테른의 권위는 이렇듯 강력했다.

덧붙이자면, 장정 이래 끊긴 모스크바와 중국공산당의 전신 연락이 정상적으로 회복된 것은 1936년 6~7월의 일이었다. 그것은 바로 모스크바가 또다시 당의 크고 작은 활동에 참견할 수 있게 되었음을 의미하는 것이기도 했다. 공산당의 항일 통일전선 방침이 궤도에 오르기까지는 여전히 얼마간의 시행착오가 기다리고 있었다.

4장

# 제국주의 일본에 맞서

상하이에서 발행된 영화 화보 잡지 《통전》(通電, 1935)과 거기에 소개된 항일 영화 〈풍운아여
〉(風雲兒女)의 주제가 〈의용군 행진곡〉 악보(《中國革命博物館藏品選》).

# 1. 일본의 화북 침략

**'만주국'**     만주국의 영역 확대를 목표로 1933년 2월 시작된 관동군의
러허(熱河) 작전은 만리장성을 넘어 관내(關內, 만리장성의 남
쪽)까지 미쳤다. 베이핑·톈진까지 전화가 번질 것을 걱정한 중국 측의
요청으로 5월 말에 허베이 성 탕구(塘沽)에서 정전 교섭이 이루어졌다.
결국 일본 측의 일방적인 요구를 받아들이는 형태로 정전협정(탕구 협
정)이 이루어졌다. 일본 측의 요구는 기동(冀東, 허베이 성 북동부)을 비무
장지대로 하고 앞으로 중국군이 주둔하지 않으며, 일본군은 그 실시 경
과를 임의로 사찰할 수 있고 중국이 협정을 준수하는지 확인한 후 만리
장성 선까지 철수하기로 했다. 사실 만리장성 선 이북 지역 가운데 일부
는 행정구역상 허베이 성과 차하르 성(察哈爾省)에 속하기 때문에 관동
군은 이 협정을 통해 허베이와 차하르 일부까지 점령 아래에 둘 수 있었
다. 이로써 9·18사변 이래의 군사행동은 일단락되었고 일본의 만주 영
유와 만주국 영역이 '군사 정전' 협정에 의해 사실상 확정되었다.

국민정부는 일본의 괴뢰국인 '만주국'을 승인하지 않았다. 다만 탕구
협정 체결 때 중국 측이 베이핑 정무정리위원회(위원장 황푸黃郛)와 군사

위원회 베이핑 분회(위원장 대리 허잉친何應欽)를 설치하고 이 지방 당국의 군이 동북 '지방 당국'의 군대인 관동군과 정전한다는 어려운 결정을 했을 뿐이었다. 그러나 '만주국'과 이웃하고 있는 허베이에 이러한 중국 측의 출장 기관이 설치되었다는 사실은 일본의 입장에서 본다면 정전 후에 괴뢰화를 기도할 새로운 목표가 출현했음을 의미하기도 했다. 관동 군은 이듬해 1934년 이 화북 당국과 교섭하여 만주 측과 중국 측의 철도 수송, 우편 교환, 관세 등 실무에 관한 협정을 체결하고 만주국을 사실상 승인하게 했다. 이는 곧 국가 주권에 관한 현안이 일본 측의 출장 기관인 군부와 중국 측의 출장 기관 사이에서 처리된다는 이른바 '현지 해결 방식'의 정착이었다.

**만주 제국** 탕구 협정이 체결됨으로써 영역이 확정된 만주국은 1934년 3월에 집정인 푸이(溥儀)가 황제로 즉위하여 일본의 천황제를 본뜬 제제(帝制, 만주 제국)로 변모했다. 일본은 9·18사변 직후 푸이를 데려다 '집정'으로 삼았을 때 이미 그런 취지로 약속한 바 있다. 일본은 그에게 '황제'라는 이름만 제공했을 뿐이다. 만주국은 이미 일본 정부의 승인을 받아(1932년 9월) 일본의 권익 존중, 일본군 주둔, 일본인 관리 임용 등을 인정함으로써 사실상 일본의 식민지나 다름없었다. 그리고 제제로 이행하는 과정에서 그로 인해 일본의 국책 수행이 저해되거나 견제받지 않으며 일본인 관리의 지위도 확실하게 보장받았다.

만주국은 당초 입법·행정·사법·감찰 4권 분립제를 취하고 있었다. 그러나 입법원은 결국 설치되지 않았고, 감찰원도 나중에 폐지되었기 때문에 국무원과 법원(재판소)만 남게 되었다. 민중에게 참정권이 없었기

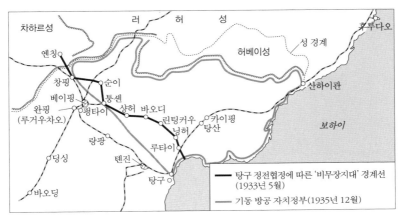

**탕구 정전협정 관련 지도**(安井三吉, 《柳條湖事件から盧溝橋事件へ》, 133쪽을 기초로 작성).

때문에 이것만으로도 통치는 충분했다. 국무원을 비롯한 행정의 각 부서 장은 동북 각 성의 옛 실력자가 차지했고, 1935년 중앙과 지방 할 것 없 이 고등관의 반을 차지한 일본인 관리가 행정을 집행했다. 그들은 행정 각 부를 실질적으로 장악한 '총무청'(總務廳)을 통하여, 그리고 관동군 사령관은 '내면 지도'(內面指導)라는 비공식 조종 수단을 통해 이 '의제 국가'(擬制國家)를 통치했다. 푸이가 황제라고 한다면 '주만주국 대사'를 겸한 관동군 사령관이야말로 '태상황'(太上皇)이었다.

일본은 만주국이라는 식민지를 국가 총력전 체제 확립을 위한 자원 공급지로 삼았을 뿐 아니라 자원을 이용한 중화학 공업 건설지 그리고 대소(對蘇) 전쟁의 전략적 기지로 삼았다. 더욱이 불황에 허덕이는 일본 농촌의 과잉인구를 배출하는 창구로서 농업 이민자를 본격적으로 입식 (入植)시켰다. 이민이 본격화한 것은 1937년 이후였지만 현지 농민으로 부터 헐값에 강제적으로 사들인 '옥토'로 이주한 일본인 개척 이주민은 1945년까지 무려 30만 명에 달했다. 이 일본인 입식은 통제경제 정책의 골간이 되는 '만주산업개발 5개년계획'(1937년 시작) 및 대소 전쟁 준비 강화를 목표로 착수한 '북변진흥계획'(1939년 시작)과 함께 만주국의 3대 주요 정책이 되었다.

**반만항일 투쟁**　구동북군계 군인(마잔산馬占山과 쑤빙원蘇炳文 같은 이들)의 국지적인 무력 저항이 일본군의 토벌 작전으로 진압된 이후에도 중국 동북부의 저항운동은 '반만항일'(反滿抗日)을 내건 게릴라전의 형태로 계속되었다. 다수의 조선인 이민이 이루어진 동북 지방에서는, 1920년대에 확산된 공산주의 사상의 영향으로 중국인과 조선인의 반일 투쟁 조직이 결성되었고 1930년에는 중국공산당 하부 조직으로 통합되었다. 공산당계 항일 무장 조직은 당시 중국공산당 중앙의 극좌·관념적 노선 영향과 조선·중국 활동가 사이에 알력이 생겨 항일의 기운을 결집시킬 수 없었다. 그리하여 항일 무장 조직이 점차 소탕당하는 과정에서 사고방식을 전환할 필요가 있었다.

1933년에 모스크바의 중국공산당 대표단이 만주성위원회에 보낸 1월 서간과, 그 지시를 관철시키기 위해 이듬해 소련에서 우핑(吳平, 양쑹楊松)이 동북으로 파견되어 비공산계 항일 부대와의 연대를 지도함으로써 전환이 이루어졌다. 이리하여 '홍군'에서 개편된 양징위(楊靖宇) 등 동북 인민혁명군은 1934년 후반부터 이듬해에 걸쳐 통일전선의 색채를 강화했고 1936년 초에는 동북 항일연군(抗日聯軍)으로 발전해 갔다. 앞서 살펴본 대로 모스크바의 중국공산당 대표단이 1935년에 '8·1선언'을 발표했지만, 그 전 단계에 중국 동북부에서 이러한 항일 통일전선이 이루어졌다.

**황제에 즉위하고 일본을 방문한 푸이** 쇼와 천황과 함께 의례용 마차를 타고 열병식을 하고 있다
(1935년 4월, 毎日新聞社).

동북 항일연군의 발전은 눈부실 정도였고 전성기인 1937년 여름에는 약 4만까지 대오를 확대했다고 한다. 항일연군 가운데 일본인 이주자 때문에 토지를 탈취당한 지주 셰원둥(謝文東) 같은 비공산당원 군장이 이끈 부대도 있었다. 이들은 민중의 지지를 얻고 과감하게 게릴라전을 전개했다. 또 민족 독립을 위하여 항일 투쟁에 나선 수많은 조선인이 연군에 가입한 사정을 고려하여 조선인을 중심으로 한 부대도 편성되었다. 그중에는 간도와 백두산 일대에서 활약한 김일성 부대도 있었다.

**분리되어 가는 화북**   탕구 정전협정에 따라 사실상 만주국의 분리를 중국 측으로부터 인정받은 후, 일본에서는 '초토 연설'(焦土演說, 나라를 초토화시키더라도 만주국을 승인받는다)로 알려진 우치다 고사이(內田康哉)를 대신하여 1933년 9월에 히로타 고키(廣田弘毅)가 외상에 취임하였다. 히로타는 중국에 대해서 '친선'을 표방하고 서양 국가들에 대해서는 '협화 외교'(協和外交)를 내걸며, 국제연맹 퇴출 이래 끊어진 외교 관계 회복을 꾀했다. 실제, 탕구 정전협정에서 1936년 11월 쑤이위안(綏遠) 사건에 이르기까지 3년 반 동안 중국과 일본 사이에 큰 전투가 발생하지 않았다.

이 사이에 배일 정책 포기와 반일운동 근절을 요구하는 일본 측에 대하여 '장왕 합작'(蔣汪合作) 체제의 국민정부도 '안내양외' 정책 아래 쑹 쯔원과 쑨커라는 정부 내부의 대일 강경파를 억누르고 일본과 타협을 통해 관계 안정을 추구했다. 이리하여 1935년 5월에는 중국과 일본 사이에 대사 교환이 실현되었다. 그때까지 일본과 중국의 외교 수위는 청조 때부터 공사급에 머물렀다.

하지만 표면적인 친선 분위기와 반대로 이 무렵에도 일본 군부의 화북 분리 공작은 착착 진행되고 있었다. 러허 작전의 경우 동북에서 남하한 관동군이 주력군이 되고 화북의 지나 주둔군은 보급과 모략 공작이라는 측면 지원을 맡았지만, 1935년 화북 분리 공작에서 주역이 된 것은 톈진에 사령부를 둔 지나 주둔군이었다. 1935년 5월에 톈진 조계 내의 친일계 신문사 사장이 암살되고 비무장지대에서 소요가 발생하자, 지나 주둔군은 이들 사건이 국민당의 배일 책동 때문이라고 하며 허베이 성에서 중앙군과 국민당 기관을 철수하라고 요구했다. 허잉친(何應欽)은 국민정부의 승인을 받아 6월에 이 요구를 수용했다. 지나 주둔군 사령관 우메즈 요시지로(梅津美治郎)와 허잉친의 이름을 딴 '우메즈-허잉친 협정'이었다.

하지만 '협정'이라고는 해도 실제로는 일본 측의 요구를 전부 수락한 허잉친의 '서간'에 불과하고 양쪽의 협정문이 교환된 것은 아니었다. 교섭 자체도 우메즈의 승낙 없이 주둔군 참모장들이 추진한 것이었다. 더욱이 6월 차하르 성 동부에 대해서도 일본 측은 동일한 요구를 하여 평톈 특무기관장 도이하라 겐지(土肥原賢二)가 차하르 성 정부 대리주석인 친더춘(秦德純)에게 요구를 수락시켰는데(도이하라–친더춘 협정), 이 때 역시 정식 협정 문서가 작성되지 않았다. 그 사이 난징에서는 일본 총영사와 중국 외교부 간에 대화가 유지되었지만 그것은 외교 교섭이라기보다 외교적 경로를 통한 군부(현지 군)의 의사 전달에 지나지 않았다. 이 시기 일본 외무성은 이러한 '현지 해결 방식'을 오히려 적극적으로 승인하는 태도를 취했다.

**화북 분리 공작**     중국의 처지에서 보면, '현지 해결 방식'은 현실적으로 양보는 하지만 중앙정부가 직접 굴복한다는 인상을 덜 주는 효과를 지니고 있었다. 그러나 그것은 화북의 출장 기관이 일본의 압력을 받아 거꾸로 분리될 위험성을 늘 안고 있었다. 그 때문에 난징정부는 지일파(知日派)이지만 중앙정부의 의향에 따르는 황푸(黃郛) 같은 문관으로 베이핑 정무정리위원회의 임원을 고정시키는 한편, 일본 측에 복종할지도 모르는 화북의 군 실력자(위쉐중于學忠, 한푸쥐韓復榘, 쑹저위안宋哲元)의 힘을 약화시키려 노력했다.

그러나 본디 국민정부에 대한 귀속 의식이 상대적으로 희박한 허베이 성에서는 북벌이 완료된 후에도 국민당과 거리를 두는 지방 실력자가 많았다. 이들은 군사적 권위를 지니지 않은 베이핑 정무정리위원회가 중앙집권화를 강행할 경우 그에 반발하여 독립적인 색채를 강하게 띠게 되는 딜레마를 보였다. 중국 변경 지대의 '자치' 움직임이 국외 세력과 쉽게 결합하여 주권 상실로 연결되는 경우가 많았다. 일본과의 관계를 놓고 보면 허베이 이외에 차하르 성이나 쑤이위안 성 같은 몽골족 거주 지역에서, 그리고 소련과의 관계에서 보면 신장 성의 위구르족 거주 지역이 그런 사례였다.

화북의 현지 실력자는 일본 군부의 입장에서 '화북 자치'를 선전 문구로 내걸고 회유하기 좋은 대상이었다. 회유를 위한 공작 자금은 탕구 협정에 따라 중국 측 권력의 공백 지대가 된 기동(冀東) 지구에서 밀무역 수입을 일본 측 특무 기관이 흡수하는 형태로 아낌없이 투입되었다. 밀무역의 큰 수익원이 된 것은 만주산 아편을 원료로 하는 모르핀 같은 마약이었다. 1935년 12월에는 화북 자원 개발을 기대하여 만철(滿鐵)이 전액을 출자한 흥중공사(興中公司)가 설립되는 등 일본계 자본의 진출이 이어졌다.

황푸가 이끄는 베이핑 정무정리위원회는 1934년 이후 탕구 협정을 취소하고 중일 간의 현안을 정부 교섭으로 일원화(지방 외교의 해소)하자고 일본 측에 제안했지만, '현지 해결 방식'의 이점을 알고 있는 일본의 현지 군이 동의하지 않았다. '저자세'를 비판하는 국내 여론과 현지 일본군 틈에 끼어 고심하던 황푸는, 1935년 1월 요양을 위해 베이핑을 떠나서 그대로 사임했고 8월에는 베이핑 정무정리위원회도 폐지되었다. 11월 국민정부가 폐제 개혁을 실시하자, 일본 측은 화북에서 그 실시를 방해하는 한편 쑹저위안을 비롯한 화북 실력자에 대하여 '화북5성 자치'를 획책하였다. 쑹저위안은 이른바 '도이하라-친더춘 협정'에 따라 차하르에서 베이핑·톈진 방면으로 이동하게 된 29군 사령관으로서 과거 평위상의 부하였다. 국민정부와 거리를 둔 그를 차기 꼭두각시로 삼는다는 것이 일본군의 의도였지만, 과거 러허 작전 때 만리장성 항전에서 이름을 떨친 쑹저위안은 거기에 응하지 않았다.

그 결과 11월 기동 비무장지대에 친일파 정객 인루겅(殷汝耕)을 수반으로 하는 기동 방공 자치위원회(12월 자치정부로 개칭)가 설립되었다. 만주국에 이은 이 괴뢰정권에 대처하기 위하여 국민정부 측은 12월 허베이와 차하르 두 성을 관할하는 기찰(冀察) 정무위원회(위원장 쑹저위안)를 설치했다. 그런데 위원의 명부는 일본 쪽 요구를 받아들이는 형태로 결정되었고, 앞선 베이핑 정무정리위원회에 비해 중앙정부와 결속이 더 약한 지방 정권에 지나지 않았다.


**일치 항전의 목소리**　　대일 교섭이 이렇듯 끝없는 타협을 거듭했기 때문에 '항일'을 요구하는 여론은 화북을 넘어 전국으로 파급되고 있었다. 일본의 요구에 응하는 모양새로 국민정부가 1935년 6월에 반포한 '돈목방교령'(敦睦邦交令)에 따라 국내의 반일운동은 엄격하게 단속되었다. 예컨대 '항일'이라는 단어는 '항×'라는 복자(伏字)로 표기될 수밖에 없는 상황이었지만, 민심은 이미 억제할 수 없는 지경에 이르렀다.

이러한 가운데 1935년 12월 9일 베이핑에서 '화북 자치'에 반대하는 학생들의 대규모 반일 시위운동, 이른바 '12·9운동'이 일어났다. 이 시위 자체는 기찰 정무위원회 설치에 반대하는 베이핑 학생들이 자발적으로 일으킨 것이지만, 이 항일 구국운동은 곧 전국으로 확산되어 수많은 구국 단체가 생겨났다. 1936년 6월 이들 구국 단체의 연합체인 전국각

**항전을 호소하는 칭화대학의 여학생** 베이핑의 길거리에서 수많은 민중 앞에 나서 연설하고 있다
(《中國共産黨70年圖集》).

계구국연합회가 설립되었다. 항일 민족통일전선으로 노선을 전환하고
있던 공산당도 이 운동에 가담한 가운데 도시 지역에서 조직 재생을 목
표로 삼았다. 공산당은 당초 쑹저위안을 화북 자치에 가세한 '매국노'라
고 간주했지만, 점차 평가를 바꾸어 1936년 중반 이후에는 그가 이끄는
29군을 일치 항일을 위한 통일전선 공작의 대상으로 삼고 어느 정도 협
력 관계를 구축하기에 이르렀다. 역설적이게도 일본의 분리 공작으로 국
민당 세력이 화북에서 상당히 후퇴한 결과 나타난 정치적 공백 덕분에
공산당 조직의 재건이 가능해졌다.

한편, 난징정부에서는 탕구 정전협정 이래 '저항하면서 한편으로는
교섭한다'(一面抵抗·一面交涉)는 방침을 추진해 온 장제스, 왕징웨이, 황
푸 등 대일 교섭파에 대한 압력이 강해졌다. 친일파로 지목된 인물에 대

한 테러도 잇따랐다. 행정원장 겸 외교부장 왕징웨이는 1935년 11월 난 징에서 저격을 받고 사직하였으며, 한 달 뒤에는 왕징웨이의 심복으로 대일 교섭을 맡았던 탕유런(唐有壬)이 상하이에서 암살당했다. 이로써 국민정부의 대일 교섭파가 몰락했고 장제스도 '내전 반대, 일치 항전'이 라는 뜨거운 여론 앞에 방침을 전환하라는 압력을 받게 되었다.

유행가와 항일 의식 　　베이핑의 '12 · 9운동' 때 학생들이 합창한 노래가 있었다. "일어나라! 노예가 되길 원하지 않는 사람 들이여! 우리들의 피와 살로 새로운 장성(長城)을 세우자"라는 구절로 시작하는 〈의용군 행진곡〉이다. 〈의용군 행진곡〉은 1935년에 개봉된 영 화 〈풍운아여〉(風雲兒女)의 주제가였다(이 장 첫머리에 실린 사진 참조). 고 향인 동북을 상실하고 떠돌아다닌 지식인이 분기하여 나라를 구하기 위 해 전쟁터로 나아간다는 이야기를 담고 있다. 영화 자체는 흥행에 그다 지 성공하지 못했지만, 녜얼(聶耳) 작곡 · 톈한(田漢) 작사의 영화 주제가 는 약동적인 곡조와 구국을 호소하는 가사 때문에 폭발적인 인기를 얻 으며 유행했다.

'반일'적 언론을 금지하던 당시 '돈목방교령'(敦睦邦交令) 때문에 이 노래의 가사에 '항일'이라는 표현은 없었다. 그러나 "중화 민족은 가장 위험한 지경에 이르렀다," "적의 포화를 두려워하지 않고 전진한다" 같 은 가사는, 이 노래를 듣는 이들 모두에게 표현하고자 하는 바를 확실하 게 보여 주었다. 이 노래는 항일전쟁 중에도 널리 퍼져 나갔고 뒷날 중화 인민공화국의 국가로 채택되었다.

중국에서 유행가는 국민혁명기에 북벌군과 함께 전국적으로 널리 알려진 행진곡 〈국민혁명가〉(프랑스의 전래 민요에 '열강 타도' 같은 가사를 넣어 만든 노래)를 효시로 한다. 그 후 1930년대의 영화와 라디오, 축음기의 보급에 따라 도시를 중심으로 몇몇 유행가가 생겨났지만, 대부분이 만주사변 이래의 국난을 배경으로 한 노래들이었다. 〈의용군 행진곡〉과 함께 많은 사랑을 받은 것으로 〈쑹화 강 옆에서〉(동북의 헤이룽장 성을 관통하여 흐르는 큰 강)가 있다.

"고향의 우리 집은 동북의 쑹화 강 강변에 있고, 거기에는 우리 동포와 늙으신 부모가 살고 계신다네. 9·18, 9·18 그 비참한 때부터 고향을 떠나 유랑하고 유랑하다. …… 언제쯤에나 사랑하는 고향으로 돌아갈까?"라는 이 노래 역시 만주사변이 일어나 고향을 등진 사람들의 애절한 심정이 담겨 있다. 1936년 말 장한후이(張寒輝)가 시안(西安)에서 작사·작곡했는데, 그 무렵 시안에 주둔하고 있던 장쉐량 휘하의 동북군에게 알려지면서 더 널리 퍼져 나갔다. "언제쯤에나 사랑하는 고향으로 돌아갈까?"라고 호소하는 이 노래는, 거처 없이 떠도는 몸이던 동북군 장병의 마음을 크게 동요시켰을 것이다.

유행가는 이른바 국민국가의 성립과 서로 연결되는 형태로 자리 잡는다고 한다. 국민국가가 사회적인 공동 감정과 경험을 기반으로 하는 국가적 정체성 위에 성립했기 때문이다. 이런 점에서 1930년대 중국에서 등장한 유행가는 일본의 침략에 직면한 민족적 위기감과 그것에 호응하는 내셔널리즘이 국민 의식에 바탕을 두고 있었음을 시사하기도 한다.

# 2. 항일 민족통일전선

**장제스의 항일 계획** "평화가 절망적이지 않은 때 결코 평화를 포기하지 않는다. 최후 운명의 갈림길이 아니라면 가벼이 희생을 말하지 않는다." 이것은 화북 분리 공작이 진행되는 시점에 장제스가 1935년 11월 국민당 제5차 당대회에서 천명한 대일 외교의 신조였다. 거듭되는 대일 타협으로 '일본 공포증'(恐日病)이라는 험담까지 들어야 했던 장제스였지만, 이러한 대일 타협은 그 나름으로 국제 정세를 바라보는 눈과 일본에 대한 인식을 통해 지탱되었다.

장제스는 중국과 일본의 분쟁이 곧 태평양의 문제, 이어서 세계의 문제로 확대되어 갈 것이라고 판단했다. 중국에는 열강의 권익이 복잡하게 서로 얽혀 있기 때문에 "일본이 계속 중국을 침략할 경우 필연적으로 열강의 간섭을 불러올" 것이고, 장차 예상되는 중일전쟁에서 지구전을 통해 열강의 대일 군사 간섭을 이끌어 내고, 최종적으로 중일전쟁이 원인이 될 세계 전쟁을 통해 일본을 패배시킨다는 구상이었다.

하지만 '만주사변'의 대응에서도, 화북 분리 공작에 대한 대응에서도 영국과 미국은 중국이 기대한 바와 달리 적극적으로 개입하지 않았다. 국민정부는 영국·미국와의 관계 재구축에 힘쓰는 한편 나치 치하에서 재무장하기 시작한 독일과 연대를 강화했다. 안티몬이나 텅스텐 같은 특산 전략 자원을 대가로 중국은 독일로부터 대량의 무기를 공급받았다. 그 규모는 1936년 독일의 전체 무기 수출량 가운데 무려 60퍼센트 가까이 차지할 정도였다. 또한 국민정부는 독일 군사고문단의 지원 아래 1933년 무렵부터 창장 강 하류 지역의 대도시 방어 진지 공사에 이어서 황허 강 방위선 공사 같은 국방 건설을 빠른 속도로 진행했다.

　다각적인 외교 모색이라는 측면에서 결정적으로 중요한 문제는 국내의 공산당 문제와도 밀접한 소련에 대한 대응이었다. 극동을 둘러싼 국제 정세에 직접적인 이익을 갖고 있던 일본과 소련 양국의 관계에 대하여 장제스는 1934년 시점에서 다음과 같이 예측하고 있었다. "전쟁 준비를 갖춘 이후 소련이 일본에 전쟁을 선포할 것은 확실하고, 일본은 기선을 제압하기 위해 1935년, 늦어도 소련의 제2차 5개년계획이 완료되는 1937년까지는 소련을 침공할 것이다. 화북 분리 공작은 소련과 전쟁을 벌이기 위한 포석인 것이다." 확실히 일본 군부도 화북 분리 공작을 장래 대소 전쟁을 위한 '후방 안전화'와 자원 확보를 위한 것이라고 판단했다.


소련에 대한 접근　　소련은 만주사변을 대소 전쟁을 위한 일본의 준비 활동으로 파악하면서 상당한 위기감을 느꼈기 때문에 일본을 자극하지 않으려고 세심한 주의를 기울였다. 만주사변에 대해서 중립과 불간섭을 선언했을 뿐 아니라 관동군이 중동철도를 이용하는 것에 거듭 양보했다. 이전에 장쉐량 군과 교전도 마다하지 않으면서 단호하게 확보한 중동철도를 중국 측의 항의에도 아랑곳하지 않고 '만주국'

에 매각한 것(1935년 3월)도 일본에 대한 유화 방침 때문이었다.

그러나 나치 독일이 대두함에 따라 독일과 일본이 동서 양쪽에서 소련을 협공할 수도 있다는 잠재적 위기가 증대했다. 그러자 중국에서 '일치 항일' 체제를 구축함으로써 중국으로 침공해 들어오는 일본을 저지시킨다는 구상이 부상하게 되었다. 1935년 코민테른 제7차대회에서 반파시즘 통일전선 노선이 결정된 것도 그런 맥락이었다. 말하자면 일본의 창끝이 소련으로 향할 것이라 기대하는 장제스와, 중국을 후원하여 일본의 압력을 감소시키려는 소련의 판단이 결합한 것이다. 그리하여 1932년 국교 회복 이후에도 서로 구체적인 양보가 없었던 중국과 소련 양국은 점차 가까워졌다.

극동에서 소련군이 대폭 증강하는 가운데 장제스는 1934년 초부터 주중 소련 대사를 통해 중국에 접근할 의향이 있는지를 타진했다. 공산당 근거지 토벌 작전(제5차 위초)이 성공을 거두어 중공군을 패주시키게 됨에 따라, 장제스는 1934년 10월 참모 장팅푸(蔣廷黻)를 파견하여 소련과 비밀 교섭을 시작했다. 교섭은 1935년 가을부터 난징과 모스크바를 무대로 비밀 군사협정 체결까지 의제에 포함시켜 지속되었다.

장제스에게 대소 관계는 공산당 문제와 밀접하게 연관되어 있었고 그 때문에 위초전의 성공은 소련과 교섭할 때 스스로의 발언권을 강화시킬 수 있었다. 그러나 궤멸될 것 같았던 중공군이 예상 밖에 그 수는 크게 줄기는 했지만 산시 성 북부에 도달하여 뿌리를 내렸다. 결국 1935년 11월 이후 국민당 측은 모스크바에서 진행하는 교섭(소련 및 '8·1선언'을 한 중국공산당 대표단 왕밍 등과의 교섭)과 병행하여 여러 경로를 통해 공산당과 접촉을 시도했다.

**국민당과 공산당의 인적 유대 관계**

1927년 이래 피로 피를 씻는 항쟁을 벌인 국공 양당이었기에 교섭의 실마리를 찾는 것조차 쉬운 일이 아니었다. 어쨌든 국민당 자체가 탄압에 힘을 쏟아 도시 지역에서 공산당은 괴멸 상태에 있었으며, 섬북(陝北)의 중앙 근거지도 벽지에서 군사적으로 봉쇄된 상태였다.

정치적으로 두 세력이 대립했지만 국공 양당의 인맥이 단절될 정도는 아니었다. 예컨대 베이핑에서의 국공 접촉 중개를 맡은 천샤오천(諶小岑)은 공산당원은 아니었지만 5 · 4운동 시기 톈진에서 저우언라이 등과 함께 청년 단체 각오사(覺惡社)를 결성했고, 1927년 국공 분열 후에도 좌파계 지식인들과 관계를 유지하고 있었다. 그는 베이양대학(北洋大學) 시절의 학우이며 당시 국민당의 거물인 쩡양푸(曾養甫)로부터 공산당과 연락을 취하고 싶다는 요청을 받고, 그 뜻을 중궈대학(中國大學)에서 역사를 강의하던 좌파계 학자이자 북벌에도 참가했던 루전위(呂振羽)에게 전했다.

또 1935년 겨울 모스크바에서 왕밍과 접촉했던 중국대사관 무관 덩원이(鄧文儀)는, 국민혁명기에 혁명가 양성을 위해 모스크바에 설치된 중산대학(中山大學)에 유학한 경력이 있고 황푸군관학교에 재직할 때는 공산당원과 함께 활동했다. 더욱이 1936년 초에 학우였던 둥젠우(董健吳, 겉으로는 인도주의적 활동에 열심이던 목사였지만 공산당의 비밀 당원이기도 했다)를 섬북에 파견한 쑹쯔원은 사람을 선발할 때 누나 쑹칭링과 상의했다. 쑹칭링(1893~1981) 역시 이 시기에 비밀리에 공산당에 입당하여 둥젠우가 섬북에 잠입하는 데 이런저런 편의를 제공했다. 쑹칭링은 코민테른의 중국 주재 대표와만 관계하던 특수한 당원이었다. 쑹칭링은 여동생의 남편인 장제스가 공산당을 탄압하는 데 반발하여 남편 쑨원의

**1936년 10월 루쉰의 장례식에 참석한 쑹칭링**
그녀는 쑨원의 부인으로서 누구도 침해할 수
없는 고고한 존재였다. 인민공화국 건국 후
에 국가 부주석, 국가 명예주석을 지냈다(《孫
中山與宋慶齡》).

유언을 지키기 위해 공산당 입당을 결심한 것으로 생각된다.

이러한 예들은 이념만으로는 설명할 수 없는 국공 양당의 인맥이 지
니는 중요성을 보여 준다. 이른바 인맥의 문제가 중국에만 해당되는 것
은 아니다. 하지만 국공 양당의 상층부 인사는 그 주변 지식인과 정치 엘
리트를 포함하여 동향이나 동창, 혈연, 인척 관계를 통해 복잡한 인간관
계 속에 있었다. 더구나 그들 다수가 5·4운동과 국공합작이라는 공통의
정치 경험을 통해 맺어진 중층적 인맥을 갖고 있었음을 생각하면, 국민
당과 공산당이라는 두 정당은 단순히 정적이라는 말로 다 설명할 수 없
는 특별한 관계였다고 할 수 있다.

**교섭의 난항**　1935년 11월 이후 몇몇 통로로 시작한 국민당과 공산당의 비밀 교섭은 1936년 가을에 이르러 양당의 정식 대표단(국민당 천리푸陳立夫·공산당 판한녠潘漢年)을 통한 교섭으로 일원화되었다. 하지만 그 시점에서 국민당 측은 공산당원에 대한 체포 금지와 석방, 홍군 수비 지역에 대한 물자 공급 등을 보증하는 대가로 공산당 측에 "소비에트 정부를 자발적으로 해소할 것," "홍군의 명칭과 부대 번호를 자발적으로 취소하고, 국민정부군의 통일 편제 아래에 들어와 통일된 지휘에 따를 것" 등을 요구했다(홍군의 규모에 대해서도 3천 명, 나중에는 3만 명으로 축소할 것을 요구했다). 이것은 먼저 정전(停戰)을 선포하고 그 뒤에 군이나 정권 문제를 함께 논의하자는 공산당 측이 받아들이기 힘든 조건이었다. 이 무렵 통일전선 구상을 '반장항일'(反蔣抗日)에서 '핍장항일'(逼蔣抗日, 장제스를 압박하여 항일로 나선다)로 변화시키고 있던 공산당과 국민당의 거리는 확실히 줄어들었지만, 구체적인 문제에 관한 교섭은 쉽게 진전되지 않았다.

국민당과 공산당이 관계 개선을 향해 비밀 교섭을 진행시키고 있는 사이에도 일본의 침략은 멈출 줄 몰랐다. 1936년 1월 오카다 게이스케(岡田啓介) 내각은 〈북지처리요강〉(北支處理要綱)을 책정하여 화북 5성(허베이·차하르·쑤이위안·산시山西·산둥)의 분리를 국책으로 결정했다. 2·26사건(일본 육군의 황도파 청년장교 1,483명이 일으킨 쿠데타—옮긴이)으로 오카다 내각이 붕괴된 후에 성립한 히로타 고키(廣田弘毅) 내각도 〈제2차 북지처리요강〉으로 화북 분리 지배 방침을 재확인했다.

한편 관동군은 몽골의 왕족 덕왕(德王)을 지원하는 형태로 내몽골의 '독립' 공작을 추진했다. 그해 5월 덕왕을 총재로 하는 '몽골군정부'를 수립하여 만주국과 상호원조협정을 체결하게 했다. '몽골군'은 관동군의 지원을 받아 11월에 쑤이위안 성을 침공했지만(쑤이위안 사건) 성 주석 푸쭤이(傅作義) 군에게 패배를 당했다. 9·18사변 이후 중국의 군대가 일본 군대를 패주시킨 것이 처음이었기 때문에 중국 여론의 커다란 주목을 받았다.

국공 교섭에서 국민당 측이 강경한 자세를 포기하지 않았던 것은 양당의 뚜렷한 역량 차이도 있었고 또한 통일 중국의 정통 정권이라는 강한 자부심 때문이었다. 장제스는 공산당 측의 요구에 조금이라도 굴복하는 형태로 합의하는 것을 완강하게 거부했다. 장제스는 1936년 6월에 '북상항일'(北上抗日)을 내건 광둥파·광시파의 반장 운동(양광사변)을 물리치고 1931년 이래 양광(兩廣, 광둥과 광시)의 반독립 상태를 해소함으로써 전에 없는 권력을 획득하였다.

국민정부의 자신감은 대일 정책에서도 나타났다. 1936년 9월 시작된 대일 교섭(가와고에川越-장췬張群 회담)에서 '방공'(防共)을 명분으로 하는 일본의 강경한 요구에 양보하지 않았고, 거꾸로 기동(冀東) 정권의 해소, '위군'(僞軍) 즉 '몽골군' 같은 괴뢰군의 해산을 요구하는 등 전에 없던 강경한 자세를 보였다. 결국 쑤이위안 사건이 발발하여 중국 측의 자세는 더욱 강경해졌고, 12월 초에는 교섭이 파국으로 끝났다. 세계를 놀라게 한 시안사변이 발생한 것은 열흘쯤 뒤의 일이다.

# 3. 시안사변

**공산당과 장쉐량의 접촉**  과거 동북의 지배자였던 장쉐량은 1933년 3월 러허 함락에 책임을 지고 군정의 직책을 사직한 뒤 1년 정도 유럽을 순방했다. 그 사이에 아편 중독을 치료하는 한편 이탈리아와 독일의 파시즘 체제에 큰 인상을 받고 강한 지도력을 지닌 지도자가 중국에도 필요하다고 생각하게 되었다. 그가 옹호해야 할 우두머리로서 장제스 말고는 없었다. 귀국한 뒤에 장제스의 명령을 받아 1935년 가을에 휘하의 동북군 15만과 함께 산시(陝西)로 이동하여 산시 북부 공산당 토벌을 수행하게 되었다. 산시에는 이미 5만여 명의 17로군을 이끄는 양후청(楊虎城)이 있어 그와 함께 토벌에 나섰다.

동북군의 공산당 근거지 공격은 예상 밖에 강력한 저항을 맞아 난항을 겪었다. 9월부터 11월까지 진행된 포위 공격 전투에서 정예 3개 사단이 거의 괴멸되고, 사단장이 차례로 전사하는 커다란 손실을 입었다. 이 패전은 동북군에게 공산당군에 대한 공포심을 조성했을 뿐 아니라 동북군 내부에서 강한 불만을 불러일으켰다. 결국 이렇게 가다가는 동북군이 공산당 토벌에만 주력하게 되어 항일전을 통한 동북 탈환은 무위로 끝나고 말 것이라는 젊은 장교들의 불만이 일었다. 그 후 12·9운동의 학생 지도자들이 시안에 도착하여 동북군과 17로군 속에서 왕성한 선전 활동을 펼침으로써 동북군 장병들의 '내전 정지,' '일치 항일'의 요구는 더욱 격화되었다. 장쉐량은 자기 자신과 동북군의 진로에 대해 심각하게 재검토할 수밖에 없었다.

한편, 섬북에 도착한 공산당 중앙은 1935년 12월의 와야오바오회의 (瓦窯堡會議) 이후 '항일 민족통일전선' 결성으로 노선을 전환했다. 이어 동북군에 대한 교섭을 진행하여 1936년 초에는 섬북의 중공군과 동북군 사이에 상호불가침 결정이 이루어졌다. 한편 장제스의 방계 세력으로서 공산당 토벌 작전에서 소모품으로 전락한 것에 불만을 품고 있던 양후청 역시 공산당의 결정에 동조했다. 나아가 1936년 3월 장쉐량과 양후청의 승인을 받아 시안(西安)에 공산당 상주 대표부가 설치되었다.

**시안사변의 배경**　　이 무렵 장쉐량은 공산당 공작원과 접촉을 통하여 진심으로 공산당이 '일치 항일'을 위한 신뢰할 만한 동맹자라고 생각하게 되었다. 1936년 4월과 5월 두 차례에 걸쳐 비밀리에 저우언라이와 회담함으로써 그러한 생각은 더욱 확고해졌다. 4월 말에는 장쉐량이 홍군과 함께 '반장항일'에 나서겠다는 결의를 명확히 했다는 정보가 공산당에게도 알려졌다. 또한 5월에 장쉐량-저우언라이 재회담을 통해 란저우(蘭州)에 장쉐량을 수반으로 하는 '반장항일'의 서북 국방정부를 수립하고, 홍군과 동북군으로 구성된 항일연군(抗日聯軍)을 조직한다는 '서북 대연합' 구상이 기본적으로 합의되었다.

장쉐량이 공산당 입당을 신청한 것이 바로 이때의 일이다. 입당을 지원한 이유는 공산주의로 사상이 경도되었다기보다는 그 무렵 공산당이 계획하고 있던 '국제노선 개통'에 관심이 있었기 때문이다. 즉 중국 서북부(닝샤·간쑤·신장)에서 외몽골·소련으로 이어지는 군사 지원 루트를 통해 소련으로부터 물적 지원을 확보하려는 데에 있었을 것이다. 국민정부로부터 충분한 군비를 얻지 못하던 동북군은 경제적으로도 곤란을 겪고 있었기 때문이다.

중국공산당은 7월 초에 코민테른에 타전하여 장쉐량의 입당 신청을 적극적으로 검토하겠다는 뜻을 전했다. 하지만 8월 코민테른에서 온 회신은 "매우 의심스럽다"거나 "장쉐량을 확실한 동맹자로 볼 수 없다"는 부정적인 내용이었다. 코민테른은 또 '반장항일'이 아니라 장제스를 포함한 통일전선을 결성하라고 요구했다. 소련·코민테른은 장제스의 통치 능력을 높이 평가했으나, 장쉐량은 어디까지나 '군벌'의 범주로 취급했다. 이 대목에서 '서북 대연합' 구상은 중지될 수밖에 없었고, 국민정부의 정통성을 인정하는 방식으로 항일민족 통일전선 구축이 모색되었다.

공산당 입당은 인정되지 않았지만 장쉐량과 공산당의 우호 관계는 그 뒤로도 계속되었다. 장제스는 첩보 공작을 통해 장쉐량이 공산당과 "서로 통하고 있다"는 사실을 어느 정도 파악하고 있었지만, 장쉐량 스스로 반기를 들지는 못할 것이라고 판단했다. 사실, 이해 가을 이후 공산당 측의 통일전선 공작이 장제스를 아우르는 쪽으로 전환하자, 장쉐량은 적극적으로 추종하던 이 지도자에게 반항하지 않으면서 '내전 정지,' '일치 항일'을 설득하는 데 온 힘을 기울였다. 하지만 장제스는 전혀 귀를 기울이지 않았다. 양광사변을 해결함으로써 국민당 내 반장제스 세력을 한꺼번에 제거한 장제스는 남아 있는 최후의 적을 매듭짓기 위해 10월 제6차 위초전을 발동했다. 장제스는 국민정부군을 증파함과 동시에 위초에 소극적인 자세를 보이는 장쉐량과 양후청을 독려하기 위해 12월 4일 시안으로 갔다.

체포된 장제스    시안에 도착한 장제스에게 장쉐량과 양후청은 거듭 '간언'(諫言)했지만 그때마다 엄하게 질책을 받을 뿐이었다. 12월 9일 시안에서는 '12·9운동' 1주년을 계기로 '내전 정지'를 요구하는 학생들의 시위가 열리고 있었다. 그 무렵 시안에는 동북군뿐 아니라 동북·화북의 학생들도 다수 유입되어 마치 '항일 도시' 같은 모습을 띠고 있었다. 모인 시위대는 장제스에게 청원하기 위해 그가 머물고 있는 화청지(華淸池, 시안 동쪽 근교의 휴양지. 과거 양귀비가 목욕한 장소로 알려져 있다)로 향하였다. 장제스가 사전에 시위를 무력으로 진압하라고 명령했기 때문에 예정대로라면 유혈 참사를 피할 수 없는 상황이었다. 최악의 사태를 막기 위해 장쉐량은 직접 시위대 앞에서 장제스를 설득하겠다고 약속하여 시위대를 진정시켰다.

이튿날 장제스는 이 사실을 보고하러 온 장쉐량을 다시 질책했다. 또 일기에 "이자는 작은 일에는 요령이 있지만 심지가 굳지 못하다. 슬픈 일이다"라고 쓰는 한편, "한칭(漢卿, 장쉐량)에게 말할 때 너무 강하게 해서는 안 되는데 얼마간 불안감은 있다"고 기록하고 있다. 그런데 이때 장쉐량과 양후청은 이미 병간(兵諫, 무력을 통한 압박)을 결의하고 있었다.

12월 12일 이른 아침, 장쉐량의 명령을 받은 동북군 부대가 화청지를 급습하여 장제스의 신병을 확보했다. 동시에 양후청 부대는 시안 시내에 머물고 있던 장제스의 측근들까지 감금했다. 시안사변이 발발한 것이

시안사변을 전하는 신문기사 시안에서 발행한 1936년 12월 13일자 신문에 '구망의 영수'라는 표현으로 양후청(왼쪽)과 장쉐량(오른쪽)의 사진이 실려 있다(《中國共産黨70年圖集》).

다. 뒷날 장쉐량은 '병간'이라는 비상수단을 쓸 수밖에 없었던 이유를 몇 가지 들었다. 물론 거듭된 '고간'(苦諫)이 도무지 받아들여지지 않았다는 이유가 컸다.

장쉐량이 장제스의 완고함을 통감하게 된 한 가지 사례가, 사건이 발생하기 20일쯤 전에 일어난 '구국 7군자' 체포 사건이었다. 화북 분리 공작 이래 격화되고 있던 항일운동 단속을 일본이 요구하자, 장제스는 전국각계구국연합회의 선쥔루(沈鈞儒), 쩌우타오펀(鄒韜奮)을 비롯한 저명 인사 7명을 체포함으로써 호응했다.

장쉐량은 '7군자'가 체포되었다는 보도를 듣자마자 직접 장제스가 머물고 있는 뤄양(洛陽)으로 날아가 석방을 요구했지만 바로 거부당했다. 사변이 일어나기 열흘 전쯤의 일이었다. '애국 인사'의 체포는 '항일' 여론이라는 불에 기름을 부은 격이 되었을 뿐 아니라, 장쉐량이 '병간'을 결심하도록 만들었다. 장제스를 체포한 뒤 장쉐량과 양후청은 곧바로 성명을 발표하여 난징정부의 개조와 내전 정지 등 8개항을 명확히 요구했다. 이 가운데 세 번째 요구가 '상하이에서 체포된 애국운동 지도자' 즉 '7군자' 즉각 석방이었다는 점은 이러한 사정 때문이었다.

**시안사변과
공산당의 대응**
장쉐량은 장제스를 체포하자마자 일치 항일의 뜻을 지닌 각지의 유력자에게 호응을 촉구함과 동시에 마오쩌둥 등에게도 전보를 보내어 장제스 체포 사실을 전하고 협력을 구했다. 공산당은 장쉐량이 뭔가 일을 저지를 가능성이 있다고 예측하긴 했지만, 그것이 무력을 통해 장제스를 체포하는 쿠데타가 될 것이라고는 전혀 예상하지 못했다. 사태를 이해하지 못한 것은 공산당만이 아니었다. 도쿄는 모스크바의 음모라고 했고, 모스크바는 오히려 도쿄의 음모라고 주장했다. 더욱이 장제스의 사망설까지 유포되었다.

12일 오전 장쉐량으로부터 제1보를 수신한 섬북 중국공산당 중앙은 정오에 코민테른에 그 사실을 전송하는 한편, 그날 밤에 사실을 확인하는 전보를 장쉐량에게 보내면서 '대계(大計)를 협의하기 위하여' 저우언라이를 파견하겠다는 의사를 전달했다. 장쉐량한테서 온 회신을 통해 장제스 체포 사실을 확인한 공산당은 이튿날 모스크바에 이 사실을 보고하여 장쉐량을 지원하겠다는 뜻을 전했다.

사태를 파악한 중국공산당 중앙은 13일과 19일에 대응 방안을 협의했다. 13일 시점에서는 '심장'(審蔣), '제장'(除蔣, 장제스의 처형·파면)과 난징정부를 와해시킨 뒤에 항일 정부를 수립하자는 강경론이 일단 대세를 이루었다. 하지만 19일에는 크게 바뀌어 난징정부의 정통성을 인정하는 가운데 평화적으로 해결하고 계속해서 장제스를 설득한다는 방침이 정해졌다. 그 사이 난징정부 측이 결속을 다지며 시안 토벌의 뜻을 보였는데, 한편으로 모스크바의 의향이 전달되었기 때문이다.

소련·코민테른은 사변 직후부터 장쉐량과 양후청의 행동에 의심을 품고, 기관지《프라우다》등을 통하여 장제스의 안전 보장과 사태의 평화적 해결을 바란다는 논평을 계속 발표했다. 이런 모스크바의 뜻은 코민테른에서 직접 지시 전보를 통해 20일 이전, 늦어도 17일 또는 18일까지는 중국공산당에 도달했다. 말하자면 코민테른의 지시 전보는, 장쉐량의 의도가 무엇이든 그의 행동은 항일 통일전선 결성을 방해하고 일본의 침략을 조장할 뿐이라고 지적하며 사변의 평화적 해결을 강하게 주장했다. 이보다 앞서 17일 밤 장쉐량이 보낸 비행기로 시안에 도착한 저우언라이는 상황에 따라 장제스가 설득될 가능성이 있음을 중국공산당 중앙에 보고했다(18일). 중앙의 방침에 따라 이후 교섭을 통한 평화적 해결을 위해 노력하게 되었다.


**쑹쯔원의 주선**　국민정부의 대응도 신속했다. 사변이 발생한 12일 밤, 국민당 중앙은 긴급회의를 열어 장쉐량의 직무 박탈과 처벌 그리고 시안에 대한 군사행동을 결정했다. 이미 산시(陝西) 주변에는 공산당 토벌을 맡은 중앙군이 작전을 전개하고 있었다. 장쉐량이 동조를 기대한 각지의 실력자, 예컨대 산시(山西)의 옌시산(閻錫山) 같은 이도 사변에 호응하는 움직임을 보이지 않았다. 이렇게 전쟁을 주장하는 분위기를 압도한 사건이 쑹쯔원의 시안 도착이었다. 그는 물론 장제스의 가족이기도 했고 단순히 매제를 구한다는 이유도 있었지만, 교섭을 통한 거국 항일 체제 확립에 대해 일찍부터 전향적인 생각을 품고 있었다. 국공 비밀 교섭이 시작되었을 때 그가 창구 가운데 하나였음을 상기하면 좋겠다.

국민정부의 주전파(主戰派)는 쑹쯔원이 '역적 무리'에게 유인되어 시안으로 가는 것에 반대했다. 하지만 쑹쯔원은 매형 쿵샹시(孔祥熙, 행정원장 대리)의 동의를 얻어 개인 자격으로 20일에 시안으로 갔다. 이틀 동안 장제스를 면회하고 장쉐량·양후청과 회담을 통해 평화적 해결의 가능성을 탐색한 쑹쯔원은 21일 일단 난징으로 돌아가 상황을 설명했다. 감금 중이던 장제스는 이때 장쉐량과 양후청의 요구를 완강히 거부했고 쑹쯔원과의 면회에서도 무력 토벌을 주저하지 않는다는 의사를 전달했다. 그러나 장제스의 태도가 누그러질 조짐이 있음을 파악한 쑹쯔원은 시안 측에 장제스의 양보 가능성을 내비치면서, 한편으로 난징 측에는 장제스가 무력 토벌을 허락한다는 의향을 전달하지 않았다. 이러한 대응은 다분히 쑹쯔원 개인의 판단이 개입된 것인데, 그의 '주선'으로 난징의 주전파가 발언권을 상실한 것은 확실하다. 다음 날인 22일 쑹쯔원은 쑹메이링 등을 대동하고 다시 시안으로 갔다. 한편 공산당 측도 이때 모스크바의 의향을 주시하던 장쉐량에게 앞선 코민테른 지시 전문 내용 가운데 그를 비난하는 부분을 숨기고 평화적 해결을 바란다는 부분만을 전달하였다.

**장제스의 석방**　23일부터 25일 아침에 걸쳐 쑹쯔원을 개입시킨 장제스 측과 장쉐량·양후청·저우언라이 등 시안 측의 절충, 그리고 쑹메이링이 장제스를 설득한 결과 그의 석방과 평화적 해결에 관한 합의가 성사되었다. 장제스와 황푸군관학교 시절의 부하 저우언라이의 회담도 석방 당일(25일) 오전을 포함하여 두 차례에 걸쳐 진행되었다. 저우언라이는 공산주의 선전을 중지하고 홍군이 장제스의 지휘에 복종할 것을 맹세했고, 장제스 역시 공산당 토벌을 그만두고 용공항일(容共抗日)을 약속하였다. 하지만 장제스는 이런 합의를 문서화하는 것에 끝까지 거부하고 자신의 '인격'으로 이행을 보증한다는 형식을 취했다.

이렇게 해서 12월 25일 오후 4시 장제스, 쑹메이링, 쑹쯔원, 장쉐량을 태운 비행기가 시안을 이륙했다. 사실 이 직전까지 양후청과 공산당 그리고 동북군 장병들은 어떠한 합의문서도 없이 장제스를 석방하는 결정에 난색을 보였지만, 이미 자신의 역할을 다했다고 판단한 장쉐량은 바로 석방을 단행했다. 장제스의 약속과 쑹쯔원·쑹메이링의 보증으로 큰 틀이 결정된 이상, 장제스에게 더 이상 굴욕을 강요할 수 없다는 게 장쉐량의 판단이었다. 장쉐량은 사변의 발동부터 해결에 이르기까지 스스로의 행동과 판단에 조금도 동요하지 않았고, 장제스의 석방을 결정하는 과정에서도 지도력을 충분히 발휘했다.

26일 낮 장제스가 난징으로 무사히 귀환함으로써 나라 안팎을 충격에 빠뜨린 시안사변이 마무리되었다. "장제스 위원장 만세!"를 외치는 10만 인파가 난징으로 돌아오는 그를 맞이하였다. 극적인 모습으로 생환함으로써 장제스의 권위는 더욱 높아졌고 국내적 통일과 일본에 대한 저항에서 그가 지닌 구심력은 더욱 크게 부각되었다. 반면 장제스보다 두 시간 늦게 난징 비행장에 도착한 장쉐량을 칭송하는 목소리는 없었다. 평화적 합의 내용은 비밀에 붙여졌고 난징에서 그는 '위대한 영수'를 불법으로 감금한 죄인이었기 때문이다.

**시안사변의 후일담** 시안사변 그 자체는 평화적으로 해결되었지만, 그 직후에 겨우 형성된 일치 항일의 기운을 거꾸로 훼손시킬 수밖에 없는 분규가 발생하였다. 그 시작은 사변이 해결된 직후에 공산당과 양후청이 장제스와 합의한 내용을 공표한 것이다. 조건 없이 장제스를 돌려보낸 것은 아니라는 사실을 여론에 알려 그의 행동에 족쇄를 채워야 한다는 목적에서 이루어진 것이었다. 그러나 이런 행동은 너무 경솔한 것이었다. 장제스는 바로 시안 측의 대응이 신의를 배반한 것이라 반발하면서 사변에 관여한 당사자들에게 강경한 조치를 취했다.

장쉐량은 장제스를 난징으로 돌려보낸 뒤 반세기 넘게 유폐 생활을 보내야 했다. 장쉐량의 말에 따르면 자신이 장제스와 동행한 것은 '병간'의 책임을 지고 처벌을 받겠다는 것이었지만, 사실 장쉐량과 시안 측 모두 어떤 처벌을 받더라도 곧 사면될 것이라고 예상했다. 과연 장쉐량은 장제스에 대해서 군사 법정에서도 불법 감금에 대한 책임을 지겠지만, 자신들의 주장은 정당했다고 설명했다. 그러나 장쉐량을 기다린 것은 자신의 반성과 시안 측의 합의 내용 폭로에 분노한 장제스의 엄중한 감금 명령이었다.

어떤 협의도 없이 한순간에 지도자를 잃은 동북군 장병은 당연히 난징 측의 조치에 분개했지만 바로 곤경에 빠졌다. 중앙군의 시안 진주가 임박한 가운데, 1937년 2월 장쉐량의 석방을 요구하는 항전파 청년 장교가 전투를 회피하며 이주를 꾀하고 있던 동북군 수장 왕이저(王以哲) 등을 살해하는 내분이 발생하였다. 결국 지도자를 상실한 동북군은 급속하게 해체되었다. 반년 후에 시작된 항일전쟁에서 누구보다 항일을 외치던 동북군이 장쉐량의 지휘 아래 일본군과 전투하는 일은 없었다.

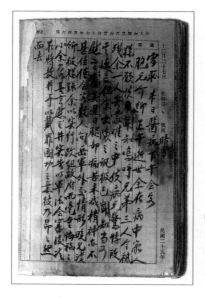

**난징으로 귀환한 다음 날 쓴 장제스 일기(1936년 12월 27일)** 밤에 면회 온 장쉐량이 계속해서 정부의 개조를 강하게 요구했고, 그에게 반성하는 기미가 전혀 보이지 않았다는 사실이 기록되어 있다(스탠퍼드대학 소장).

장쉐량은 만년에 몇 차례 취재하러 온 역사가들에게, 시안사변에 대하여 신중한 용어를 선택하면서 당시의 상황을 이야기했다. 그러나 자신과 공산당의 특수한 관계나 시안사변 후의 동북군에 관해서는 끝내 많은 이야기를 하지 않은 채 2001년 100세로 생을 마쳤다. 시안사변의 또 다른 주역 양후청도 난징으로부터 압력을 받아 사직하고 17로군을 떠나 출국해야 했다. 귀국한 뒤에 국민당 특무는 그를 감금하고 1949년 비밀리에 살해했다.

공산당은 시안사변의 최대 수혜자라 해도 좋을 것이다. 그러나 간쑤성에 원정하고 있던 수많은 홍군 장병은 사변 전후의 정치적 혼란에 휩쓸려 목숨을 잃었다. 공산당은 사변 두 달 전부터 외몽골·소련 원조 루트 확보를 시도하여 간쑤 방면으로 군사행동(서로군 작전)을 시작했다. 그러나 사변의 발발과 해결 그리고 그 후의 혼란스런 시안 상황 탓에 서로군에 대한 작전 명령이 자주 변경되어, 2만이 넘는 서로군은 간쑤 성 군벌과 벌인 전투에서 1937년 봄까지 거의 궤멸되었다. 다수의 서로군 은 본래 장궈타오의 지휘 아래 있었기 때문에 궤멸의 진상은 당사(黨史) 에서 금기로 부쳤다.

시안사변은 중국이 '내전 정지,' '일치 항일'로 나아가는 과정에서 커 다란 전환점임에 틀림없다. 그러나 장제스의 약속이 명확한 형태로 이행 된 것은 항일전쟁 개시 후의 일이었다. 약속 이행에 이르기까지는 아직 상당한 우여곡절이 남아 있었다.

5장

# 항일전쟁에서 제2차 세계대전으로

**가열찬 항전을 호소하는 판화 포스터** "항전을 견지하며, 투항에 반대한다"는 슬로건 아래 일본 군을 압록강 건너편까지 격퇴시키자고 호소하고 있다(《解放區木刻板畵集》).

# 1. 루거우차오 사건에서 전면전쟁으로

**일본군은 왜 거기에 있었는가** 최근 들어 해마다 50만 명이 넘는 일본 관광객이 베이징을 방문하고 있다. 하지만 고궁과 만리장성을 유람하는 일본인은 많은 반면, 베이징 서남쪽으로 15킬로미터 떨어진 융딩허(永定河)에 있는 루거우차오(盧溝橋)를 방문하는 사람은 그다지 많지 않다. 오늘날 이 다리 앞에 서는 사람이라면 누구나 중일 전면전쟁의 발단이 된 충돌이 여기에서 발생했다는 사실을 듣고 이렇게 자문할지도 모른다. "일본군은 왜 베이징 지척에 있는 이곳에 있었는가?"

1937년 7월에 루거우차오에서 군사훈련을 하다 중국군과 충돌한 것은 지나(支那) 주둔군 부대였다. 지나 주둔군의 기원은 일찍이 1901년 의화단 전쟁의 결과로서 청조와 열강 사이에 체결된 신축조약(辛丑條約, 베이징의정서)까지 거슬러 올라간다. 이 조약에 따라 열강은 베이징 공사관 구역과 베이징-산하이관(山海關) 철도 연선 요지에 대한 군대 주둔권을, 그리고 이듬해 톈진 반환에 관한 교환 공문에 따라 톈진에 대한 주둔권을 얻었다. 이런 조약을 근거로 일본이 편성한 것이 청국 주둔군(지나 주둔군의 전신)이었다. 당초 일본에 할당된 병력 수는 1,600명 정도였다. 텐진에 사령부를 둔 이 군대는 일부 공사관 구역 호위병을 제외하면 텐진에서 산하이관에 이르는 지역에 배치되었다. 따라서 그 무렵 일본군이 베이징 교외에서 군사훈련을 한다는 사태는 있을 수 없는 일이었다.

상황을 크게 변모시킨 것은 화북 분리 공작의 주역이던 이 지나 주둔군이 1936년 5월 한꺼번에 3배나 병력을 늘여 베이핑의 서남쪽 교외인 펑타이(豊台)에 주둔하면서부터였다. 신축조약으로 군대 주둔권을 보유한 열강 가운데에는 이 30년 사이에 주둔군을 폐지하거나 단계적으로 감축을 단행한 경우도 드물지 않았다. 그러나 일본군만은 실전 부대에 가까운 편성을 보유하면서 약 5,600명으로 증강되었다. 또 일본군이 새롭게 주둔한 펑타이는 베이핑에서 텐진·우한으로 향하는 교통의 요충이었다. 적군이 이곳을 제압한다는 것은 베이핑의 고립을 의미했다. 중국 측은 당연히 항의했지만 일본 측은 대응하지 않았다. 오히려 쑹저위안(宋哲元)의 제29군 부대가 인접한 펑타이 루거우차오 부근에서 빈번하게 군사훈련을 거듭했다. 무언가 사건이 발생할 수밖에 없는 상황이었다.

**루거우차오 사건**  1937년 7월 7일 밤, 루거우차오 부근에서 야간 훈련을 하던 지나 주둔군의 한 중대에 대하여 원인 불명의 발포가 이루어졌다. 그날 밤 중대장은 점호를 통해 병사 한 명이 행방불명되었음을 확인하고 펑타이의 대대 본부에 연락을 취했다. 이로써 사건은 시작되었다. 연락을 받은 대대 본부는 주력 부대를 현지에 급파했고, 루거우차오 부근에 있던 일본군은 8일 새벽 5시 반경부터 융딩허 제방에서 중국군과 충돌하며 강 서안으로 진출했다. 하지만 병사의 '실종'은

**루거우차오 부근의 항공사진**　용딩허에 놓인 다리 2개 가운데 오른쪽이 루거우차오, 그 위쪽이
완핑(宛平) 현성이고, 다시 그 위쪽으로 계속 가면 바로 베이핑(베이징)이 나온다. 왼쪽의 다리
는 평한선(平漢線) 철교로서 오른쪽 위로 연결된 선로는 펑타이에 이른다(每日新聞社).

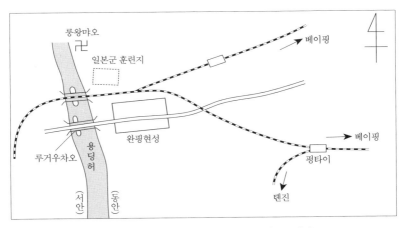

**루거우차오 부근 지도**(《圖說 中國近現代史》, 第3版, 125쪽을 바탕으로 작성).

발포와는 관련이 없었고 당일 밤 무사히 원대 복귀한 것으로 판명되었다. 이렇듯 사건의 발단은 우발적인 것이었지만, 현지 군은 이렇게 작은 일에도 즉각적으로 무력을 발동할 태세를 갖추고 있었다.

그러나 8일 오전에 벌어진 전투는 국지적인 차원에 머물렀다. 그 사이에 루거우차오에 인접한 완핑 현성 내에서 중일 합동조사단의 사태 규명을 위한 교섭이 이루어지기도 하면서 현지 양군은 정전 교섭에 들어갔다. 일본 측은 중국군 대표의 사죄와 책임자 처벌, 용딩허 동안(東岸)에서 중국군 철수, 항일 단체 단속 등을 요구했다. 교섭이 한창 진행되는 동안에도 전투는 계속되었지만, 11일 밤 중국 측이 양보함에 따라 정전 협정이 성립되었다. 일본 측은 군사적인 압력을 통해 현지 중국군을 철수시키고 일본의 실질적인 지배 지역을 확장한다는, 그때까지의 '현지 해결 방식'을 답습하는 방식이었다. 그러한 맥락에서는 이 분쟁도 '○○–○○협정'을 재연하는 형태로 막을 내릴 가능성이 있었지만 이번에는 그렇게 되지 않았다. 현지 군 사이의 구체적인 협정 세목, 특히 철병의 구체적 실시를 둘러싸고 점차 쟁점이 부각되었을 뿐 아니라, 중일 양 정부가 그때까지 보인 적이 없는 강경한 태도를 내세웠기 때문이다.

**사태의 확대**　중국에서는 1936년 12월의 시안사변 이후 국공 내전이 거의 정지되고 일치 항일의 체제가 형성되고 있었다. 국민정부의 대일 타협은 이미 인내의 한계에 도달해 있었다. 이러한 가운데 루거우차오 사건 발발 직후 베이핑에서 장제스에게 보낸 정보는, 이번 일이 우발적인 사건이 아니라 일본군의 계획적 행동인 것 같다고 추정했다.

양군이 충돌했다는 제1보를 전달받은 장제스는, 8일 쑹저위안 등에게 "완핑 현성을 고수하라. 퇴각해서는 안 된다. 총동원하여 사태 확대에 대비하라"고 지시했지만, 일본 측의 의도를 파악하기란 쉽지 않았다. 그날 일기에는 "(저들이) 목표로 하는 바는 우리가 준비를 갖추지 못하고 있는 틈을 타서 우리를 굴복시키려는 것인가? 쑹저위안에 대해 트집을 잡으려 하는가? 아니면 화북을 독립시키려는 것인가? 지금이 응전을 결의할 때일까?"라고 기록되어 있다. 그러나 장제스의 이어진 대응은 신속했다. 9일에는 중앙군을 포함한 4개 사단에 '수토항전'(守土抗戰)을 위한 증원을 명령하는 한편, 정전을 보고하러 온 친더춘(秦德純, 베이핑 시장)에게 희생을 무릅쓰고 저항하고 주권을 굳게 지키며 교섭하라고 명했다. 장제스는 안이한 타협을 배제했고 응전의 구상을 결코 포기하지 않는 태도를 보였다.

한편, 당초 일본 정부(고노에 후미마로近衛文麿 내각)는 사건의 '현지 해결·불확대' 방침을 정했고, 군 중앙에도 '확대'와 '불확대'의 두 파가 있었다. 11일에 중국의 중앙군이 북상한다는 정보(실제로 북상은 약간 지체되었다)가 입수되자, 일본 정부는 이 분쟁을 '북지사변'(北支事變)으로 부를 것을 결정하면서, 사변은 중국 측의 '계획적 무력 항일'에 의한 것이라 판단하여 화북에 파병한다는 성명을 발표했다. 성명은 여전히 '불확대'를 언급하고 있지만 파병이라는 사실 앞에서는 그저 빈말일 뿐이었다. 11일에는 참모본부도 관동군과 조선군에게 파병을 명령했다. "포악무도한 지나를 응징"하기 위해 일격을 가해야 한다는 목소리가 군부와 민간에서 높았고 이는 사태의 확대를 압박하였다. 이리하여 이후에도 현지에서는 정전의 구체적 실현을 위한 교섭이 계속되었지만, 전투는 베이핑 주변에서 톈진으로까지 확대되었고, 7월 28일 일본군은 핑진(平津)

지역에 대한 전면 공격을 시작했다.

　그 사이 장제스는 머물던 루산(廬山)에서 나라 안팎을 향한 '응전 선언' 문안을 신중하게 검토한 뒤 7월 17일에 '담화'의 형태로 발표했다. 루산 담화는 "만일 진실로 회피할 수 없는 최후의 관두(關頭, 운명의 갈림길)에 이른다면, 우리에게는 당연히 희생과 항전만 있을 뿐이다"라고 결의를 밝혔다. 또 중국의 주권과 영토의 완전성을 훼손하는 해결책은 받아들일 수 없지만, 루거우차오 사건이 중일 사이의 '전쟁'으로까지 발전할지 여부는 일본의 태도에 달려 있다고 말했다. '선언'이 '담화'로 교체되었고 용어가 매우 주도면밀하게 선택된 것으로 보아, 이 '담화'는 국민들에게 항전의 결의를 전달함과 동시에 일본에게 보내는 마지막 신호이기도 했다. 그런데 이 담화에 대한 일본의 대답은 바로 평진(平津) 총공격이었다. 수적으로 일본군을 능가하는 병력을 소유한 쑹저위안 군이었지만 증원된 일본군의 공격에 전혀 상대가 되지 못했다. 중국군은 30일까지 베이핑(일본군의 무혈입성)과 톈진을 차례로 상실하고 바오딩(保定) 쪽으로 철수했다.

　여기에 이르러 장제스는 평화 포기·철저 항전을 천명했다. 국민정부는 8월 7일에 국방회의를 열어 1차로 100만 명 병력 동원 계획을 결정하고 그 가운데 화북에 75만 명을 할당했다. 화북을 바로 눈앞에 닥친 주된 전선으로 파악했음을 알 수 있다. 회의에서는 재정과 군비 보급 상황에 관해서도 보고가 이루어졌다. 보고에 따르면 무기와 탄약 비축량은 고작 6개월분에 지나지 않았다. 국민정부는 지구전이 기껏해야 1년 정도 지속될 것으로 예상하고 있었다.

**전화의 확대**　화북에서 전쟁이 확대됨에 따라 상하이 주변에서도 중일 간 군사적 긴장이 높아졌다. 상하이의 일본군은 육군이 아니라 약 5천 명 규모의 해군 육전대(陸戰隊)였다. 한 육전대 중위가 8월 9일 상하이 서부 비행장 정찰을 강행하다 중국 측 보안대에 의해 사살되는 사건이 발생하자, 해군 측은 곧바로 육전대를 증파하고 육군에게도 파병을 요청했다.

8월 13일 대치 상태에 있던 중국군과 일본 육전대 사이에 전투가 발생하자 일본 정부는 육군 2개 사단 파병을 정식으로 결정했다. 같은 날 국민정부도 1932년의 '쑹후(淞滬) 정전협정' 파기를 선언하고, 다음 날 중국군은 공중 폭격을 포함한 대규모의 공세를 취했다. 중일전쟁이 상하이로 파급된 것이다. 제2차 상하이사변의 발발이었다.

중국 참모본부는 이해 3월 '민국 26년도 국방작전계획'(1937)을 제정한 바 있다. 이 계획에는 일본군이 본격적으로 침략할 경우 상하이에서 적극적으로 공세를 펴 일본군을 괴멸시키고 '경제의 중심'과 '수도'를 지킨다는 작전 방침이 담겨 있었다. 장제스는 상하이에서 긴장이 높아질수록 화북을 주요 전쟁터로 삼으려던 당초의 구상을 재검토하여 본래의 작전 계획대로 상하이에서 벌일 일본과의 전투에 중점을 두기로 했다. 세계 여러 나라의 관심이 집중되고 또한 군사 면에서도 상대적으로 우세한 상하이에서 일본군에 통렬한 공격을 가한다면, 전체적인 전쟁 국면에서도 바람직할 것이라 판단했기 때문이다.

병력 수에서 우세를 보인 중국군의 최초 공격은 일본의 육전대를 압도하였고, 8월 17일에는 일본 외교관 이시이 다로(石射猪太郎, 외무성 동아국장)가 "지나가 대군을 상하이에 투입시켜 육전대를 섬멸시키려 하는데 며칠이나 버틸 수 있을까?" 하고 걱정할 정도였다. 또한 장제스 스

**양쯔 강 전선의 중국군 부대**  일본군의 폭격에 대비하고 있다. 제공권이 없는 중국군에게 일본군의 공습은 커다란 위협이었다. 철모가 독일형인 것은 당시 중국군 정예 부대가 독일 군용 장비를 사용했기 때문이다 (《抗戰中國國際通訊照片》).

스로도 20일에는 "상하이 전투는 매우 순조롭다. …… 영국의 [평화 조정] 제안이 실현되는 것을 계기로 일본을 상하이에서 철퇴시키고, 우리 경제의 지반을 회복하는 것도 오늘의 전황으로 본다면 가능할지도 모르겠다"라고 일기에 썼다. 상하이 전투에서 속전속결로 우위를 확보하여 열국의 조정을 이끌어 내고, 그것을 통해 다시 일본군을 철퇴시킨다는 구상이 엿보인다.

한편, 일본 정부는 파병을 서두르면서 15일에 "지나군의 포악한 행동을 응징하고 또 난징정부의 반성을 촉구하기 위하여 이제 단호한 조치를 취하지 않을 수 없게 되었다"고 선언했다. 그리고 나가사키로부터 바다 건너 해군 항공대를 파견하여 난징 폭격을 감행했다. 23일 이후에는 증원된 육군 2개 사단을 비롯하여 점차 대규모 병력이 상하이 전투에 투입되었다. 그 결과 중국군의 공세는 저지되었고 수로, 참호, 토치카를 통한 저항은 완강하여 시가지와 교외 모두에서 격전이 확대되었다. 중국 측도 독일제 병기로 무장한 정예 중앙군을 비롯한 대규모 부대를 상하이 전선에 투입하기 시작했다. 그 결과 상하이 주변은 두 달이 넘도록 "베르됭(제1차 세계대전의 격전지) 이래 가장 규모가 큰 유혈 전투였다"고 이야기될 정도로 처참한 공방이 이어졌다.

**상하이 전투와 열강**　　사태가 바로 '전쟁'이었음에도 불구하고 일본 정부는 어디까지나 그것을 '사변'으로 계속 부르면서 (상하이 전투 개시 이후 남북 전쟁을 합쳐 '지나사변'이라 부르기로 결정했다) 중국에 대하여 선전포고를 하지 않았다. '전쟁'이 되면 전쟁 당사국에 대한 군수품 수출과 금융 거래를 엄격히 규제한다는 미국의 중립법이 발동될 수 있었기 때문이다. 중국 정부도 국제법상 교전 상태가 되면 해외로부터 물자 수입이 곤란해질 것을 예상하여 일본에 대한 선전포고를 피했다.

　장제스는 상하이 전투를 통해 영국과 미국의 적극적인 개입을 이끌어 내고자 했지만, 중국에 먼저 손을 내민 나라는 일본을 중국에 묶어 두려고 한 소련이었다. 8월 21일 소련의 제안을 받아 중소불가침조약이 체결되었다. 이후 소련은 중국에 대규모 차관 공여와 지원병 조종사 파견을 포함한 군사 원조를 실시했다. 그 뒤로 소련은 1940년까지 중국에 대한 최대 원조국이었다. 장제스는 소련에 대한 경계심을 쉽게 풀 수는 없었지만, 중국과 소련의 접근이 일본과 소련의 전쟁으로 연결될 가능성이 있다는 사실, 군사 원조의 긴급성 그리고 국내의 공산당 대책 등을 고려하여 소련의 제안에 응했다. 조약 체결 다음 날, 국민정부 군사위원회는 중국공산당의 주력 홍군을 국민혁명군 제8로군으로 개편할 것, 즉 중국 군으로서 받아들인다고 결정했다.

중국과 소련의 신속한 접근과 상하이에서 벌어진 전투가 격화되자, 8월 23일 미국의 국무장관 코델 헐(Cordell Hull)은 공식 성명을 발표하여 중국과 일본 양쪽에 정전을 호소했다. 하지만 중국에 대한 도의적 지지를 표시하면서도 조정에 나서려는 적극적 움직임은 보이지 않았고, 군사물자의 대일본 수출 금지 조치를 요구하는 중국의 요구에 반하여 수출을 계속했다. 미국의 이런 태도는 중국을 크게 실망시켰다. 중국에서 미국보다 분명히 더 큰 이권을 갖고 있던 영국은 이권 상실을 염려하여 사태에 개입하고자 했다. 장제스가 상하이 전투의 상황이 어떻게 전개되는가에 따라 영국의 평화 조정을 받아들일 수도 있다고 언급한 것은 이 때문이다. 그러나 조정에 대한 공동 행동을 미국이 거부하자, 영국은 유럽 정세에 대응하는 것을 최우선으로 삼았다. 영국은 동아시아에서 미국의 협력 없이 일본에 대해 강력한 태도를 취할 수 없었다.

이러한 영국과 미국의 태도를 어떻게든 확실히 중국 지지로 돌리기 위해서 국민정부는 국제연맹에 일본의 침략을 제소하고 대일 제재의 발동을 계속 요구했다. 연맹은 10월에 일본의 행동이 워싱턴 9개국조약(1922) 등을 위반한다고 비난하면서 각국에 중국 지원을 요구하는 결의를 채택하였다. 중국 측이 더욱 실질적인 조치를 요구함에 따라 11월 초에는 국제연맹의 제안으로 9개국조약국 회의가 브뤼셀에서 열렸다. 미국 대통령 프랭클린 루스벨트가 10월에 일본과 독일을 '전염병 환자'에 빗댄 이른바 '격리 연설'을 했기 때문에, 중국은 브뤼셀회의에서 영국·미국·프랑스·소련이 대일 경제제재를 결정할 것이라며 큰 기대를 걸었다. 그러나 중국의 제안을 지지한 나라는 소련뿐이었다. 중국은 일련의 외교 활동으로 국제 여론을 동원하는 데에는 확실하게 기여했지만, 상하이에서 벌인 적극적인 항전을 통해 열강의 개입을 촉진시키려는 목적을 달성하지는 못했다.

**상하이와 난징의 상실** 상하이 전투에는 중국과 일본 모두 대규모 병력을 투입하고 있었다. 일본 측은 10월까지 5개 사단(상하이 파견군) 약 20만 명을 투입했고, 중국은 중앙군을 중심으로 약 40만 군대를 동원하여 완강하게 저항했다. 그 무렵 중국 육군은 지방군을 포함하여 약 220만 명이었다. 그 가운데 훈련 수준이나 장비 면에서 우수한 중앙군이 90만 정도 되었고, 그중에 장제스 직계 부대는 40만~50만 명 정도였다. 조직적으로 대외 전쟁을 치를 수 있는 중앙군의 절반 정도가 석 달 동안이나 상하이 방어전에 투입된 것이다. 나아가 9월 하순 이후부터는 장제스가 상하이 전구 사령관을 겸임했다. 국가의 최고 지도자가 직접 특정 전투 지역의 작전을 지휘하고 물자 조달(예컨대 흙담을 쌓는 마대) 관리까지 담당하는 이례적인 조치를 취했다. 상하이 전투에 대한 장제스의 집념을 알 수 있다.

상하이의 전황은, 일본 내지에서 증파된 2개 사단과 화북에서 온 1개 사단으로 이루어진 제10군(야나가와柳川 병단)이 11월 초 항저우 만에 상륙하여 중국군의 측면과 배후를 공격함으로써 일본 쪽으로 크게 기울었다. 그럼에도 상하이전에서 일본군은 9천 명이 넘는 전사자를 냈다. 그런가 하면 중국군의 피해는 그것을 크게 웃돌았다. 11월 중순 조계를 제외한 상하이 시 전체가 일본군에 점령될 때까지 20만~25만 명에 이르는 전사자와 사상자가 발생했다. 시가지와 교외의 파괴 참상도 상상을

**포격으로 파괴된 상하이 시정부 청사(1937년 9월)** 새로운 상하이 도시 계획의 상징으로서 1933
년에 완성된 화려한 건물이었지만, 상하이 전투에서 공격을 받아 폐허로 변했다(朝日新聞社).

초월했다.

　상하이와 난징 사이에는 독일 군사고문의 지도를 받아 견고한 방어
진지가 이중으로 구축되어 있었지만, 상하이가 함락된 후의 난징 방어전
에서는 거의 기능하지 못했다. 상하이를 사수하라는 명령을 받고 투입된
중앙군의 손실도 꽤 컸다. 일단 상하이 전선에서 철수가 시작되자 진지
에 기반을 둔 전선 재구축이 이루어지기도 전에 중국군은 완전히 붕괴
되었다. 난징 방어전에서 곤란을 겪게 될 것은 불 보듯 뻔한 일이었다.

　11월 20일 장제스가 주석을 맡고 있던 국방최고회의는 장기적으로
항전하기 위하여 국민정부를 난징에서 쓰촨 성의 충칭(重慶)으로 이전
한다고 발표했다. 난징 전투를 두고 군 수뇌부 다수는 조기 철수와 병력
보존을 주장했고, 장제스 역시 난징을 방위하는 게 불가능하다고 판단했

다. 하지만 난징의 상실은 군과 민간인의 비극을 가져올 것이라 예상하고 있었다. 그래서 중국은 중국 주재 독일 대사 트라우트만의 중재를 통해 평화 교섭에 응할 뜻을 보였다. 장제스는 난징을 사수하려는 태도를 보이는 것이 국제적인 지원, 구체적으로는 소련의 대일 참전으로 이어질 수도 있다고 생각했다(스탈린에게 참전을 타진하였지만 12월 초에 거절당한 바 있다). 머뭇거리는 사이에 장제스는 난징을 일정 기간 동안 사수하라고 지시했다. 하지만 탕성즈(唐生智)가 지휘한 수도 방위전은 완전히 실패했고, 난징이 12월 13일 함락되어 10만 명이 넘는 중국군은 철수하지 못하고 수많은 희생자를 냈다.

**난징 대학살**   난징 공략에 나선 일본군은 미친 듯이 날뛰고 있었다. 상하이 격전에서 오는 복수심에다 수도까지 함락하면 전쟁이 끝나고 말 거라는 기대감은, 급속한 진격에 따른 보급 부족과 맞물려 정신적으로 황폐해지고 군율이 이완되었다. 난징 함락 이후 도망가지 못한 수많은 중국 포로와 패잔병을 살해했을 뿐 아니라 엄청난 수의 일반 민중을 폭행하고 집단으로 살육했다. 이른바 '난징 대학살'이다. '난징 대학살'이 발생한 원인을 두고, 투항한 병사를 포로로 삼지 않고 식량을 지급할 수 없다는 이유로 살해하는 일본군의 관례, 중국인을 '사람'으로 생각하지 않는 심성 등 다양한 지적이 있다. 여기에 더하여 파견군의 '자질'이 형편없었다는 사실에도 주목할 필요가 있다. 상하이 전투에 파병되고 이어 난징 공략을 담당한 부대는 대개 예비역과 후비역(後備役) 병사로 구성되었다.

소련과 벌일 전쟁을 고려한 일본 육군에게 현역병 중심의 정예 사단은 온존시켜야 했고, 그 결과 상하이 파견군은 현역병 비율이 낮게 편성되었다. 예비역과 후비역 병사가 다수 포함된 탓에 이 부대는 훈련 수준이 떨어졌고, 군율의 퇴폐나 전쟁 범죄가 자주 발생했다. 전반적으로 중국 전선의 일본군은 그 뒤로도 예비역과 후비역의 비율이 무척 높았다. 중일전쟁이 발발하고 1년이 지난 1938년 8월의 자료에 따르면, 중국 방면 10개 사단의 현역병 비율은 겨우 17퍼센트에 지나지 않았다. 중국에서 일본군이 저지른 잔학 행위는 '난징 대학살' 이외에도 많았는데, 그 배경에는 중국군을 무시하는 왜곡된 군의 편성 문제가 자리 잡고 있었다. 중국 전선에서 나타나는 군율 퇴폐 현상에 고심한 일본군 중앙은 그 후 중국 파견군의 현역 비율을 높이는 조치를 취했다. 그러나 처음부터 '사변'이란 용어를 사용했던 사실에서 알 수 있듯이, 전시 국제법의 적용을 피하겠다는 논리가 동원되었다. 그 때문에 그 후에도 포로 살해와 이른바 현지 조달이라고 하는 약탈과 민중에 대한 폭행·강간 등이 끊이지 않았다.


**무산된 평화 해결**　　난징이 함락된 뒤에도 중국은 굴복하지 않았다. 상하이 전투에서 열세에 처한 10월 말 이후 병력 면에서 손실이 심각하다는 사실을 인식한 장제스는, 일본이 독일을 중간에 세워 추진한 평화 공작(트라우트만 공작)을 일단 수락하는 자세를 보였다. 하지만 난징 함락 후 일본 측의 요구가 배상금 지불, 비무장지대 확대(양쯔강 유역 포함), 만주국 승인을 전제로 한 일·만·중 경제협력 등 이른바 중국을 패전국으로 간주하는 가혹한 조건으로 확대되었기 때문에 중국은 받아들이기 힘들었다.

이리하여 1938년 1월 평화 교섭은 깨졌고, 일본 정부는 "앞으로 국민 정부를 상대하지 않고 제국과 진정으로 제휴할 수 있는 신흥 지나 정권의 성립 발전을 기대하며, 그 정권과 양국 교섭을 조정하여 갱생 신지나의 건설에 협조한다"는 성명을 발표했다(1월 16일, 제1차 고노에近衛 성명). 이틀 뒤 성명에 나오는 "상대하지 않는다"는 의미는 "인정하지 않는다"는 표현이라기보다 강경한 '말살'을 뜻한다고 보충 설명까지 했다. 중국군의 "포악한 행동을 응징"하고 난징정부의 "반성을 촉구하기" 위하여 시작된 전쟁은 이제 장제스 정권을 말살하고 괴뢰정권을 수립한다는 전략으로 변모했다.

그 사이에 북방에서는 서쪽으로 차하르 성·산시 성·쑤이위안 성으로 일본군의 공세가 이어졌고, 남쪽으로는 징한(京漢, 베이징-우한)·진푸(津浦, 톈진-난징) 양 철도의 선로를 따라 허난 성·산둥 성의 황허 강 선까지 펼쳐졌다. 북방의 점령지에는 1937년 말까지 현지 군이 계속해서 괴뢰정권을 수립하고 있었다. 장자커우(張家口)의 몽강연합위원회(蒙疆連合委員會, 11월), 베이징(일본 점령 이후 베이핑으로 개칭)의 중화민국 임시정부(12월), 난징의 중화민국 유신정부(1938년 3월) 등이다. 제1차 고노에 성명에서 언급한 '신흥 지나 정권'은 바로 이들을 지칭하는 말이었다.

하지만 이러한 지방의 대일 협력 정권에 가담한 사람들은 이미 실력과 명성을 상실한 퇴역 군인이나 정객들이었다. 그래서 일본군이 기대하는 원활한 점령지 통치 따위는 도무지 기대할 수 없었다. 일본이 점령지에 직접적인 '군정'을 실시하지 않고 이런 괴뢰정권을 내세울 수밖에 없었던 것도 상황이 '전쟁'이 아니라 '사변'이었기 때문이다. 허약한 괴뢰정권을 지탱하고 확대시킨 전선을 유지하기 위하여 중국에 파견된 일본군은 1937년 말까지 16개 사단으로 확대되었다. 이 시점에서 전쟁의 규모는 이미 러일전쟁을 훨씬 뛰어넘고 있었다.

**제2차 국공합작**　상하이 전투 패배와 이어진 난징 방위전의 실패, 화북 상실은 군사적으로 장제스 정권에게 엄청난 타격이었다. 일본 쪽에서는 이런 군사적 패배로 장제스 정권이 약화되어 지방정권으로 전락할 거라고 파악했지만, 장제스 정권은 항전의 자세를 높이 평가받아 오히려 구심력이 커졌다. 1937년 8월 말 국민정부는 전국징병령을 처음으로 반포하여 전민항전(全民抗戰)을 위한 조치를 연달아 취했다. 또 상하이 주변 공장이나 기술 노동자를 안전한 오지로 이전시키는 일도 국민정부 자원위원회를 중심으로 추진하였다.

시안사변 후에도 협력의 구체적 내용을 둘러싸고 교섭이 계속된 공산당과의 관계는 상하이 전투가 일어나면서 진전을 보였다. 8월 하순 섬북 홍군이 국민혁명군 제8로군으로 개편되었고(총사령관 주더, 3만여 명), 10월에는 화중·화남의 홍군이 국민혁명군 신편 제4군(신4군, 군장 예팅 葉挺, 1만여 명)으로 개편되었다. 화중·화남의 홍군이 장정 때 근거지에 남아 게릴라전을 펼치며 살아남은 부대 등을 규합한 것이다.

국공 양당의 정책 협정은 체결되지 않았지만 공산당이 삼민주의를 받들고 국난에 대처하겠다는 국공합작 선언을 발표하고, 9월 23일 장제스가 공산당의 합법적 지위를 인정하며 선언을 수용하겠다는 의사를 표명함으로써 제2차 국공합작이 성립되었다. 그 뒤로 공산당은 우한과 시안, 충칭에 주재 사무소를 개설했고, 《신화일보》(新華日報)와 《군중》(群衆) 같은 공산당의 신문과 잡지를 공개적으로 발행할 수 있게 되었다. 또한 공산당의 본거지 옌안(延安)이 있는 산시 성 북부 지역은 섬감녕 변구(陝甘寧邊區) 정부가 되어 국민정부 행정원 관할 아래의 특별 행정구가 되었다. 이로써 국민정부로부터 공산당 지배 지역에 대한 재정 지원도 받을 수 있게 되었다. 공산당 쪽도 적화 운동이나 폭력적인 토지몰수 정책을 중지하겠다고 약속했다.

다만 마오쩌둥은 공산당의 정부와 군이 형식적으로 국민정부의 일부라고 인정하면서도, 당의 활동은 반드시 국민정부에 구속당할 수 없다고 판단하여 국민당과 공산당의 대등한 관계나 당의 독립성만은 결코 양보하지 않았다. 이 판단은 '당내 합작'을 맺었다가 고배를 마신 제1차 국공합작 시대가 남긴 교훈이었다.


**항전 체제** 공산당 말고도 여러 당파가 장제스가 중심이 된 항전 체제를 적극적으로 지원했다. 상하이 전투를 전후하여 설치된 국방최고회의와 국방참의회에는 공산당 대표뿐 아니라 국가주의파나 무당파 지식인까지 참가하여 전국적인 정치 단결의 상징이 되었다. 전민항전을 추구하는 이상 단순히 국민정부·국민당의 동원과 지휘에 모든 인민이 무조건 복종하는 것이 아니라, 항전을 담당하는 모든 사람들이 항전 체제에 참가할 수 있는 틀이 필요하게 되었다. 1938년 3월 말부터 4월 초까지 우한에서 열린 국민당의 임시 당대회는 정치 부문에서 거국항전 체제를 어떻게 구축할 것인가를 토의하기 위한 것이었다.

이 임시 당대회는 새로 설치된 총재에 장제스를, 부총재에 왕징웨이를 각각 선출했다. 국민당의 당수인 '총리'는 쑨원이 사망한 이래 선출되지 않았기 때문에 "총리의 직권을 대행"하는 '총재'직이 설치되었다. 이미 장제스는 정부와 군에서 가장 높은 지위를 구축했지만, 이제는 '총재'에 취임함으로써 명실상부한 쑨원의 후계자임이 분명해졌다. 대회에서는 〈항전건국강령〉이 채택됨으로써 항전과 '국가 건설'이 함께 진행된다는 사실을 강조했다.

〈항전건국강령〉에는 외교·군사·경제·교육에 관한 새로운 시정 방침뿐 아니라 항전 종결 후에 실현할 헌정 구상도 담겨 있었다. 이보다 앞서 국민당은 1937년에 훈정기(訓政期)를 끝내고 헌법 제정 기관인 '국민대회'를 소집하기로 했다. 그러한 계획은 준비 부족과 항일전쟁이 발발한 탓에 크게 뒤틀렸지만, 전면적인 항전을 훈정의 지속과 강화를 통해 추진하는 것이 아니라, 오히려 정권의 공개와 개방을 통해 지탱해야 한다는 목소리가 높아졌다.

이러한 목소리에 응하여 당대회는 국방참의회를 잇는 '국민참정회'를 설치한다고 결정했다. 국민참정회는 민의를 반영하는 국민정부의 자문 기관으로서 정부의 중요 정책에 관한 결의권과 건의권을 지닌다고 규정하였다. 그 구성원까지 선거로 뽑지는 않았지만 공산당과 청년당, 국가사회당, 향촌건설파 같은 소당파의 대표나 각계 저명인사 등 폭넓은 인사가 포함되었다. 이러한 여러 정파가 포함된 의논의 장이 설치되었다는 사실은 중국 근대 정치사에서 획기적인 일이다. 당시 여론이 이 기관을 '전시국회'(戰時國會)라고 부르며 큰 기대를 건 이유도 바로 그 때문이다.

물론 국민당 측은 〈항전건국강령〉의 총칙 가운데 "전국의 모든 항전 세력은 우리 당과 장제스 위원장의 지도 아래" 단결 항전해야 한다고 명시함으로써 장제스와 국민당에 대한 복종을 요구하는 것을 잊지 않았다. 주도권을 확보하면서 전민항전의 체제를 튼튼히 하는 것은 국민당에게 어떤 의미에서 일본이라는 외적에 대처하는 것보다 더 어려운 과제였다.

개전 초기 연이은 패배 속에서 중국의 여론을 크게 진작시킨 것은 1938년 4월 타이얼좡(台兒莊) 전투의 승리였다. 산둥 성 남부 타이얼좡은 교통의 요충으로 알려진 쉬저우(徐州)에서 동북쪽으로 30킬로미터 떨어진 요지였고, 전투의 주역은 리쭝런의 광시군(廣西軍)이었다. 그는 과거 양광사변에서 장제스의 반대편에 선 적도 있었다. 하지만 1937년 8월 진푸(津浦)철도 연선(산둥·장쑤 북부)의 제5전구 사령관에 임명되자 휘하의 광시군을 이끌고 쉬저우로 진출했고, 마침 남하한 일본군(북지나방면군) 5천 정도를 포위 공격하며 중앙군(탕언바이湯恩伯 군)과 연합하여 그 반을 괴멸시켰다.

중국군이 거둔 승리 가운데 1937년 9월 산시(山西) 성 북부에 출진한 린뱌오(林彪)의 8로군 부대가 그곳으로 깊이 들어온 일본군 부대를 매복 공격하여 큰 손해를 입힌 적이 있지만(핑싱관平型關 전투), 타이얼좡 전투는 분명히 그것을 뛰어넘는 큰 승리였다. 평원에서 벌인 정규전에서 고배를 마신 일본군은 중국군 주력이 쉬저우에 집결해 있다고 보고, 포위 섬멸과 화북·화중의 연결을 목표로 급하게 쉬저우 작전에 들어갔다. 그러나 7개 사단을 동원하여 쉬저우를 목표로 삼은 이 작전은 점령하는 데 성공했지만(5월) 중국군을 괴멸시키지는 못했다. 일본군은 서쪽으로 철수한 중국군을 쫓아 허난까지 진입했지만, 장제스가 황허 강의 제방을 허물어 그 진공을 막았다. 이 황허 강 제방 파괴 작전으로 허난·안후이·장쑤에 걸쳐 3천 제곱킬로미터가 넘는 토지가 수몰되어 민중들도 큰 피해를 입었다. 중국에게도 항전은 어디에도 비할 수 없는 비정한 것이었다.

황허 강 제방 파괴 작전은 장제스의 "공간을 확보하여 시간을 번다"는 자신의 지구전 구상을 극단적인 형태로 보여 주었다. 그러한 '초토 전술'

**삶터를 잃은 난민들**  일본군의 진공을 저지하기 위해 이뤄진 황허 강 제방 파괴 작전으로 광대한 토지가 수몰되었고 수많은 난민이 발생하였다(《抗戰中國國際通訊照片》).

은 일본군의 정저우(鄭州, 허난)와 우한(충칭 천도 때까지의 임시 수도)에 대한 일본의 작전 전개를 한 달 정도 늦출 수 있었다. 그 사이 태세를 정비한 중국군과 35만 일본군 사이에 벌어진 우한 공방전은 8월부터 본격화되었다. 양쯔 강 양쪽 기슭을 따라 서쪽으로 진격한 일본군은 중국군의 저항을 받아 큰 손실(전사자와 부상자 약 2만 명)을 보았지만, 10월 하순에 중국군이 퇴각하면서 우한을 점령할 수 있었다.

이와 병행하여 일본군은 외국에서 홍콩을 경유해 들어오는 보급로를 단절시키고 광저우 작전을 감행했다. 우한 전투에 수비군이 동원된 탓에 방어력이 약화되어 광저우는 우한 점령 1주 전에 일본군에 함락되었다. 이리하여 일본군은 중국의 연해와 양쯔 강 연안의 주요 도시를 개전 1년 반 만에 차례로 점령하였다.

지난날 청조에서는 일단 외국군이 베이징에 임박하여 황제가 몽진(蒙塵, 피난)하고 수도가 점령당하면 굴욕적인 강화 조건을 내걸고 굴복했다. 하지만 이번에 국민정부는 수도뿐 아니라 요지 모두를 점령당했지만 항전을 이어 갔다. 일본 점령지에서 도피한 학생과 지식인들 가운데 일부는 대학이나 기관과 함께 오지로 들어갔고, 그 가운데 많은 수가 지원하여 전선으로 나갔다. 시대가 달라졌다고 할 수도 있지만, 이러한 차이를 만들어 낸 것이 바로 중화민국 25년 사이에 육성된 중국 내셔널리즘이었다. 일본의 침략은 이런 내셔널리즘이 높아지는 데 결정적인 촉매가 되었다. 따라서 일본이 전쟁을 확대하면 할수록 내셔널리즘은 더불어 높아졌고, 저항은 일본의 예상과 반대로 오히려 강화되었다.

# 2. 전시하의 중국

전선의 교착 불확대 방침을 곧 내던지고 전선을 확대한 결과, 일본은 우한·광저우를 점령한 1938년 말 시점에 100만에 가까운 군대를 중국에 투입하고 있었다. 일본 본토에는 근위 사단만이 남았고 군사 동원력은 이제 분명한 한계에 도달했다. 점령지를 더 확대하는 것은 불가능했고 더욱이 좀 더 확대하더라도 오지인 충칭으로 수도를 옮긴 중국이 굴복할 기미는 보이지 않았다. 명확한 전쟁 지도 방침이 없는 채 이루어진 '지나사변'은 결국 출구를 상실해 버렸다. 이로써 우한·광저우 작전이 시작된 뒤 12월 초에 일본은, 공격을 감행하여 중국의 전의를 상실케 한다는 종래의 목적을 변경했다. 최소한의 병력으로 점령지의 치안을 회복하고 반일 세력을 소탕한다는 장기적인 대치 전략으로 전환하지 않을 수 없었다.

한편 광대한 국토를 배경으로 일본군을 장기적인 지구 소모전으로 끌어들인다는 구상은 장제스든 마오쩌둥이든 중국 측 모두가 주장한 전략 방침이었다. 하지만 주요 도시를 잇따라 상실하게 됨으로써 중국 측도 예상보다 큰 군사적 소모와 경제적 곤경에 처했다. 중국군은 병력 수에

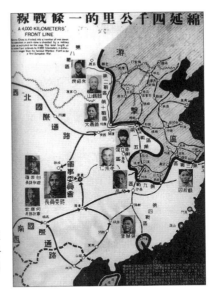

1938년 말의 전쟁 상황을 보여 주는 그림 〈연면(連綿) 4천 킬로미터에 미치는 전선〉이라는 제목 아래 각 전구 사령관의 얼굴 사진이 표시되어 있다(《圖片中國百年史》).

서는 모든 작전에서 일본군을 능가했지만, 개별 부대의 약한 화력과 조직적인 용병술이 부족하여 커다란 손실과 패배가 잇따랐다. 일본군의 상식에 따르면, 장제스의 직계군 1개 사단(6천~8천 명)에 대하여 일본군 1개 연대(3천 명 정도), 군벌계 지방군 1개 사단에 대하여는 일본군 1개 대대(7백~8백 명) 정도면 충분히 대항할 수 있었다. 중국군 군대의 보급 시스템 역시 차량 부족 때문에 일본군에 미치지 못했고, 병사들이 도망가거나 병에 걸려 사상자가 속출하는 원인이 되었다.

이러한 상황에서 장제스는 우한을 상실한 후인 11월에 후난 성 난웨(南岳) 군사회의에서 군 정치부의 강화, 민중 동원, 유격전 추진을 중심으로 한 지구전 방침을 제시했다. 그 무렵 일본군 점령지는 허난, 안후이, 장시, 후베이, 광둥까지 확대되었지만, 주로 중심 도시나 교통로의 연선에 한정되어 있었다. 이른바 '점과 선의 지배'였다. 그 지역 성내에는 일본군이 점령하지 못한 곳도 많았고, 거기에는 국민정부와 연결된 행정 조직이 여전히 남아 있었다. 장제스는 이들 지방 행정기관에 유격대와 민병을 통한 일본군 교란 활동을 명령했다. 그러나 우한을 상실한 뒤 전선이 교착 상태에 빠지자, 장제스는 정규군에도 정규 방어전과 함께 민중을 동원하는 유격전을 중시하라고 요구했다.

**항일 근거지**    유격전을 통한 장기 항전을 더 강조한 쪽은 공산당이었다. 대표적인 것이 마오쩌둥의 글 〈지구전을 논한다〉(1938)였다. 이 논문에서 그는 항일전쟁이 '전략적 퇴각-대치-공세'라는 3단계를 거친다고 예측했고, '대치 단계'에서는 민중을 동원하는 유격전이 적을 소모시키는 핵심적 요소가 된다고 서술했다. 공산당의 부대인 8로군과 신4군은 일본 점령지의 배후인 화북·화중의 농촌 지역에 침투하여 '항일 근거지'를 구축했다. 일본군의 전선 확대는 폭정과 수탈에 직면한 농민들의 저항을 불러일으켰고, 그 반발의 힘을 흡수하여 '항일 근거지'가 확대되었다.

유격전을 통해 개척한 곳곳의 '항일 근거지'는 어느 정도 영역을 확보하게 되자 '○○ 변구'라는 행정구역 호칭을 갖게 되었다. 가장 큰 변구는 옌안을 수부(首府)로 하는 섬감녕 변구로서 공산당 중앙도 그곳에 자리 잡고 있었다. 변구는 형식상 국민정부에 속하는 행정 기구였지만 실질적으로는 공산당의 지도 아래 독자적인 활동과 항전을 벌였다. 물론 독자적이라고는 해도 공산주의 운동을 추진해 나갔다. 한편 항일전쟁 수행을 최우선으로 한다는 방침에 따라, 처음에는 지주의 토지 몰수나 계급투쟁이 억제되었고 항일에 찬성하는 폭넓은 인사를 정권에 참여시키

**항일전쟁기의 옌안을 묘사한 판화**   산 정상에는 옌안의 상징인 보탑(寶塔)이, 산기슭에는 굴을 파
서 만든 민거(民居, 요동窯洞)가 보인다. 중국공산당 중앙은 시안사변 후에 옌안으로 이주했고,
이후 10년에 걸쳐 이곳을 본거지로 삼았다(1943년 제작,《解放區木刻板畵集》).

려는 노력도 기울였다. 변구의 행정위원에 공산당이 차지하는 비율을 3
분의 1로 제한하는 '3·3제' 등이 그런 노력이었다.

　그러나 항일 근거지가 확대될 경우 국민정부 계열의 지방 정권이나
무장 조직과 경합을 벌인다든가 마찰이 생기는 사태를 피할 수는 없었
다. 그래서 항일 근거지의 활동은 일본군뿐 아니라 곳곳의 지방 국민당
잔존 세력과 어떻게 관계를 조정할지에 대해서도 신경을 쓸 수밖에 없
었다. 공산당 지도자들 가운데에는, 예컨대 1937년 말에 귀국한 왕밍처
럼 국민당과의 통일전선 유지를 가장 중시하는 견해(코민테른과 소련의
방침이기도 했다)에서부터 국민당과 마찰을 일으킬 수밖에 없는 근거지
확대에 우려를 표명하는 견해까지 존재했다. 그런가 하면 국민당에 불
신감이 큰 마오쩌둥 등은 공산당의 독립 자주를 변함없이 강조했다. 개

별 근거지(변구)의 영역은 유격전과 일본군의 토벌에 따라 끊임없이 확대와 축소를 거듭했다. 그러나 위성 같은 형태로 건설된 개별 근거지는 1940년에 전국적으로 16곳이었고, 휘하의 병력은 8로군과 신4군을 합쳐 약 50만, 인구는 4천만 명 정도까지 확대되었다.

**충칭을 탈출한 왕징웨이**

우한과 광저우를 점령함으로써 "항일 지나 정권을 분쇄할 수 있다"고 판단한 일본은, "이제 전략적으로 진격하여 유종의 미를 발휘해야 할 단계"에 들어섰다고 정세를 판단했다. 결국 충칭으로 쫓겨 들어가 군사적으로 불리해진 국민정부를 분열·굴복시키는 정치 공작을 추진하여 사변을 최종적으로 결말 짓겠다는 의도였다. 1938년 11월 고노에 내각은 일본이 제창하는 동아 신질서 건설에 참여한다면, 국민정부도 거부하지 않겠다는 제2차 고노에 성명을 발표했다. 사실상 연초에 발표한 "국민정부를 상대로 삼지 않겠다"던 제1차 성명을 철회했다. 이런 조치는 국민정부에 대한 정치 공작, 구체적으로는 때마침 진행되고 있던 왕징웨이파의 분리를 염두에 둔 것이었다.

청말 이래 쑨원을 추종한 혁명당의 거두 왕징웨이의 명망과 이력은 때로 장제스를 능가할 만큼 화려했고 그보다 역량이 강한 장제스조차도 그에게 경의를 표해야 했다. 당시 국민당 부총재와 국민정부 행정원장이라는 요직에 있던 왕징웨이는, 우한을 상실할 무렵부터 공공연히 대일 타협을 통한 '평화 구국'을 제창하며 일본 측과 비공식 교섭을 진행하고 있었다. 11월 하순에는 상하이에서 왕징웨이의 측근과 일본군 관계자 사이에 중일방공협정(中日防共協定) 체결, 만주국 승인 등을 조건으로 치안 회복 후 2년 이내 일본군 철병에 합의한 〈중일협의기록〉(日華協議記錄)을 교환했다. 이런 상황에서 왕징웨이는 12월 18일 한 무리를 이끌고 충칭을 탈출했다.

충칭에서 쿤밍(昆明)을 경유하여 하노이로 날아간 왕징웨이를 기다린 것은 12월 22일 발표된 제3차 고노에 성명이었다. 일본 측이 왕징웨이의 충칭 탈출에 맞춰 발표한다고 약속한 것이었다. 그러나 선린 우호, 공동 방공, 경제 제휴라는 중일 국교 조정의 3원칙을 제시하고 〈중일협의기록〉의 내용을 설명한 이 성명에는, 협의 기록에서 약속한 중요한 사안인 일본군 '철병'이라는 표현은 없었다. 일본 측은 〈중일협의기록〉 합의 후에 더 높은 수준의 요구를 반영한 '중일신관계조정방침'(日支新関係調整方針)을 어전회의에서 결정하였다. 왕징웨이의 입장에서 보면, 어렵게 이루어진 타협이라 판단하여 행동했기 때문에 그들이 받은 충격과 낙담 정도를 충분히 예상할 수 있다. 또한 왕징웨이가 기대를 건 윈난 성의 룽윈(龍雲) 등 지방 실력자의 동조 움직임도 일어나지 않아, 일본군 미점령 지역에 평화파 정권을 수립한다는 왕징웨이의 구상은 처음부터 차질을 빚게 되었다.

**왕징웨이 정권**  평화를 실현하여 중국을 망국으로부터 구한다는 대의를 내건 왕징웨이 일파였지만, 기대한 세력에게 배신당하여 동조자를 얻지 못하게 된 이상, 남은 길은 일본군 점령지로 들어가 자신의 주장에 따르는 정권을 건립하는 것뿐이었다. 잡은 물고기에 먹이를 주지 않았을 뿐 아니라, 더 심한 요구를 하는 일본 측과 1년 남짓 교섭을 계속한 뒤에 왕징웨이는 1940년 3월 난징에서 '국민정부'를 조직하였다. 기존의 괴뢰정권인 임시정부(베이징)와 유신정부(난징)도 여기에 합류했다.

왕징웨이 정부 성립 행사는 수도 난징으로 돌아왔다는 의미에서 '환도식'(還都式)이라고 불렀다. 정통성에 얽매일 수밖에 없었던 탓에 내건 으뜸 가치 역시 쑨원의 삼민주의였고 국기도 청천백일만지홍기로 정해졌다. 그러나 국기가 충칭정부와 똑같다는 오해를 불식시켜야 한다는 일본 측의 주장으로 '화평반공건국'(和平反共建國)이라고 쓴 삼각형 누런 종이를 덧붙여 만든 희한한 국기가 되었다. 이처럼 왕징웨이 정권은 모든 분야에서 정통 중국 정부가 되고자 집착했지만, 실질적인 지배 영역은 장쑤·저장·안후이 3성에 그쳤다. 당연히 국제적으로 승인을 얻지 못했고, 1941년 7월에 독일과 이탈리아(1940년 9월에 일본·독일·이탈리아 3국 군사동맹이 체결되었다)가 승인하는 정도였다.

왕징웨이에게 정부를 만들게 했던 일본조차도 정권이 성립하고 8개월이 지나고 나서야 비로소 승인했다(1940년 11월). 사실 억지로 끌려 나오기는 했지만 왕징웨이 일파의 명망은 일본이 예상한 것보다 낮았고, 충칭 정권은 와해되기는커녕 친일 화평파를 일소하여 오히려 구심력과 존재감을 강화해 나갔다. 이리하여 일본은 왕징웨이 정권이 성립한 후에도 왕징웨이의 체면을 손상시키면서까지 충칭에 대한 공작(키리桐, 공작)을 멈추지 않았고, 그 실패가 분명해지자 겨우 왕징웨이 정권을 정식으로 승인했다. 왕징웨이를 제치고 충칭에 대한 공작을 계속한 일본 측의 태도는 그렇지 않아도 취약하던 왕징웨이 정권의 정치 기반을 더욱 약화시켰다.

왕징웨이 정권은 일본군의 점령이 장기화되는 가운데 일본군과 점령지 주민 사이에서 민생 안정과 경제 부흥을 내걸었다. 그러나 처음 정부

**왕징웨이 정권 아래 난징에 내걸린 국기**
(1940년 4월, 朝日新聞社).

가 성립될 때 수락한 일본 측의 요구를 두고 왕징웨이의 측근조차 "극히 무법하여 21개조[1915년 일본의 대중국 21개조 요구] 이상이며…… 중국을 일본의 속국으로 만드는 것"이라고 판단할 정도였다. 왕징웨이 정권이 아무리 민생 안정에 힘쓴다고 해도 민심을 얻기에는 힘들었을 것이다.

왕징웨이 정권 아래, 양쯔 강 하류 지역 도시에서는 부분적이긴 하지만 경제활동의 회복이 뚜렷이 나타났다. 하지만 그것은 상하이 조계 경제의 기형적인 번영과 전화(戰火)에서 오는 부흥 경기, 대외 교역의 재개 등으로 지탱되는 측면이 컸다. 말하자면 왕징웨이 정권과 그 정책에 따른 것이라 할 수는 없었다. 일본군 점령지에서는 왕징웨이 정권 성립 이전부터 충칭 정권의 보급로 차단 공격을 위한 경제 봉쇄와 물가 통제가 실시되었기 때문에, 왕 정권도 그 조치를 수용할 수밖에 없었고, 그 결과 민중들은 물자 부족과 급속한 물가 상승으로 계속 고통을 받았다.


**한젠과 괴뢰**　　중국에는 '한젠'(漢奸)이라는 말이 있다. 이민족에 협력하는 변절자라는 의미로 예로부터 써 오던 말이지만, 1930년대부터는 주로 대일 협력자를 가리키는 모멸적인 용어로서 널리 사용되었다. 일본의 중국 침략이 본격화되면서 이런저런 이유로 일본에 협력하거나 협력을 강요받은 사람들이 늘어나게 된 사실이 그 배경이었다. 대일 화평으로 나아간 왕징웨이 등을 충칭 측은 당연히 '한젠'이라고 불렀다. 이에 대하여 왕징웨이 정권 측은 일본인 고문을 받아들이는 데 저항하는 등 괴뢰성이 노골화되는 것을 피하느라 부심했다. 이는 중국의 정권으로서 자존심과 관련되는 것이었고, 또 '한젠'이라는 딱지가 붙게 되면 그 자체로 정권의 존재 의의와 정당성을 상실할 수밖에 없는 형편이었기 때문이다. 나아가 현실적으로 어려운 일이긴 하지만, 화평을 향한 난징과 충칭의 재합류가 불가능하게 되기 때문이다. 따라서 충칭 정권의 존재를 끊임없이 의식해 온 왕징웨이파 인사들은 왕징웨이 정권이 성립한 뒤에도 몰래 충칭과 연락을 유지하면서 직접 충칭정부군과 전투를 벌이는 문제에 대해서는 쉽사리 결단을 내리지 않았다.

이러한 점을 고려하면 일본에게 왕징웨이 정권은 확실히 기대한 것과 달리 중도에 흐지부지 사라질 존재였다. 그러나 전쟁이 장기화됨에 따라 "전쟁을 통해 전쟁을 꾸린다"는 현지 조달 방침으로 전환한 일본군에게 인적·물적 자원의 공급 협력자로서 나름의 이용 가치는 있었다. 일본은 점령지 경제개발을 위하여 1938년 11월에 북지나개발(北支那開發, 산하에 12개의 자회사), 중지나진흥(中支那振興, 13개 자회사)이라는 국책회사를 설립하여 직접 경영을 통해 물적 자원에 대한 약탈형 개발을 추진했다. 하지만 군대와 민간용 미곡의 매입과 일본 군표의 가치를 유지하기 위한 물자 확보, 그리고 인플레이션용 지폐(저비은행권儲備銀行券)의 발행 등은 왕징웨이 정권의 협력 없이는 어려운 일이었다.

인적 자원의 경우, 현지에서 물자 수송이나 참호 구축, 도로 건설 등에 투입되는 노동력 징발은 엄청나서 그것이 일본군에 의한 것인지, 왕징웨이 정권을 통한 것인지 확인조차 불가능했다. 몇 년 뒤의 일이지만 일본군이 1944년에 대륙타통작전(大陸打通作戰)을 펼치며 화북에서 멀리 프랑스령 인도차이나까지 출진한 사단 가운데에는 군인의 수보다도 짐을 싣고 내리는 작업을 시키려고 납치한 중국인 '쿨리'(苦力)의 수가 더 많은 경우도 있었다.

전황이 확대되어 일본 국내의 노동력 부족이 심각해지자 일본 정부는 1942년 중국인 노동자의 일본 '이입'(移入)을 결정하였다. '이입'의 근원은 전쟁으로 궁핍이 심각한 화북을 중심으로 이루어졌다. 1943년 이후 약 4만 명이 지방 괴뢰정부의 협력을 받아 일본으로 갔다. 모집이라는 말을 썼지만 실태는 납치와 강제 연행을 통한 노동자 동원이었다.


**일본군 점령지의 '치안숙정'(治安肅正)** 전쟁이 대치 상태로 들어간 이후 일본은 전투력이 높은 상설 사단을 아무 때나 내지로 귀환시키는 한편, 수비 임무에 적합한 경비용 사단과 전투력이 약한 독립 혼성여단을 다수 편성하여 '항일 근거지'가 넓게 형성된 화북의 점령지에서 활동하게 했다. '장기 지구전 태세'로 이행하는 것과 함께 "다가올 국제적 전환기에 대비한다"는 것이 파견군 재편의 이유였다.

'다가올 국제적 전환기'는 1939년 여름의 노몬한 사건(만주와 몽골의 국경에서 일어난 분쟁에서 일본군이 소련군에 패배했다)으로 드러난 소련과의 전쟁에 대한 준비, 또한 그해 가을 독일의 폴란드 침공(제2차 세계대전의 발발)이라는 모습으로 등장하는 유럽 정세의 급진전이었다.

화북 항일 근거지 토벌과 점령지의 치안 유지를 담당한 북지나방면군은 광범위한 지역에 소규모 부대를 분할 배치했다. 이른바 '고도 분산 배치'였다. 분산 배치는 광범위한 지역에 부대를 상주시킴으로써 지역 민중을 장악하려는 의도로 채택된 방침이었다. 산시(山西)에 배치된 경비용 사단(제37사단)을 예로 들면, 1만5천 명가량의 병력이 경상북도(19,027제곱킬로미터) 면적 정도 되는 지역에 분산되어 200곳이 넘는 크고 작은 주둔지에 배치되었다. 단순 통계로는 1제곱킬로미터를 일본군 한 명이 경비하는 셈이었다. 이러한 면적당 병력 밀도는 북지나방면군 전체를 통해 볼 때 1940년 시점에 겨우 0.37명에 불과했다. 분산 배치로 더욱 심한 군기의 퇴폐 현상을 보인 일본군 소부대는 반항하는 주민과 그들과 연대하는 8로군의 습격에 끊임없이 고통을 받았다.

8로군이 화북에서 일으킨 최대의 작전은 1940년 여름과 가을 사이 100여 개의 단(일본의 연대 정도 규모이지만 병력 수는 상당히 적다)과 병력 20만 명을 동원한 백단대전(百團大戰)이었다. 일본 측은 산시에서 허베이에 걸친 철도와 통신선, 일본군 경비 거점에 대한 일제 공격을 전혀 예상하지 못했다. 당시 일본군은 국민정부군의 암호를 80퍼센트 정도 해독할 수 있었지만 8로군의 암호는 전혀 해독하지 못했다. 해독도 해독이지만 8로군에게 대공세를 가할 만큼 힘이 있다고 생각하지도 않았을 것이다.

백단대전은 일본군 고도 분산 배치의 약점을 공략하는 형태로 큰 타

화북(베이징의 서쪽 교외)의 항일 근거지 민병들　술이 달린 창을 지닌 자도 있다(1939년,《八路軍抗日根據地見聞錄》).

격을 입혔지만(일본 측 사상자 약 5천 명), 8로군 역시 2만 명이 넘는 사상자를 내는 등 희생이 적지 않았다. 8로군의 역량에 충격을 받은 일본군은 즉시 '섬멸 작전'이라는 보복 공격을 펼쳐 항일 근거지에서 독가스 무기를 사용하는 등 철저하게 토벌하기 시작했다. 이 토벌전에서 "적이 장래에 생존할 수 없는 지경에 이르게 하라," 즉 철저하게 살육·파괴·약탈하여 군은 물론 "적성(敵性)이라 생각되는 주민"까지 사멸(死滅)시키라는 지시가 내려졌다. 중국 측은 이것을 '3광작전'(三光作戰, 모조리 태우고 모조리 죽이고 모조리 탈취한다는 의미)이라 하는데, 이 토벌전으로 8로군과 근거지도 심각한 타격을 입었다. 8로군 부대가 절반으로, 근거지 인구는 3분의 2까지 격감했다.

**대후방의 경제 사정** 1938년 말까지 경제의 중심 지역을 상실하고 오지로 밀려 들어간 국민정부 역시 곤란한 지경에 빠졌다. '대후방'(大後方)이라 불린 내륙부의 서남 6성(쓰촨·시캉西康·윈난·구이저우·광시·후난)과 서북 5성(산시陝西·간쑤·닝샤·칭하이·신장)은 경제적으로 낙후된 지역이었다. 항전 이전에 이들 오지에 있는 근대 공장은 전국의 8퍼센트에 그쳤고 발전량은 겨우 2퍼센트에 지나지 않았다. 오지로 공장을 이전한 것은 전화를 피하기 위한 것이지만, 중국 최대의 공장 지대였던 상하이 지구에서 이전해 간 공장 수는 1939년 5월까지 150여 개에 그쳐, 전쟁 전에 5천 개이던 상하이 공장 수의 겨우 3퍼센트에 불과했다.

세원(稅源)을 예로 들면, 전쟁 전에는 세수의 대부분을 수입 관세를 비롯한 유통세에 의존했던 사실을 떠올려 보면 좋겠다. 주요 연해 지역의 상실은 상당한 세수 격감을 의미했다. 국민정부는 어쩔 수 없이 1941년 성의 재원이었던 전부(田賦, 토지세)를 중앙정부로 이관하고, 금납(金納)에서 물납(物納, 그리고 식량의 강제 매입과 차용)으로 전환하는 조치를 취했다. 언뜻 보아 금납에서 물납이라는, 시대에 역행하는 듯한 조치는 전시 식량 통제의 역할을 기대하는 가운데 이루어졌다. 토지세 수입은 영국·미국·소련으로부터 오는 원조 물자와 차관과 함께 국가 재정을 지탱하는 큰 줄기였다. 하지만 일본군의 봉쇄가 강화되는 가운데 나타나는 물자 부족과 통화(법폐)·공채의 발행 증가에 따른 인플레이션은 피할 수 없었다. 1940년 식량 가격은 전쟁 전의 5배, 다음 해에는 20배를 초과하기에 이르렀고 도시 생활자의 곤궁은 견디기 힘든 지경에 빠졌다.

제한된 대후방의 경제 자원은 당연하게도 국방과 관련된 공업 건설과 원조 물자를 수송하는 루트를 확보하는 데 우선적으로 사용되었다. 국방과 관련해서는 국민정부 자원위원회의 지도 아래 다시 착수한 중공업 건설, 석탄과 석유 자원의 개발이 중요한 과제였다. 그리고 전쟁 상황과 국제 정세가 가장 엄중했던 1942년까지 생산이 계속 늘었다는 사실이 지닌 의의는 결코 작지 않았다. 또 원조 물자 수송과 관련해서는 윈난 성 쿤밍에서 버마에 이르는 3천 킬로미터를 넘는 산악 도로, 즉 버마 루트와 프랑스령 인도차이나에 이르는 불인(佛印) 루트, 그리고 신장에서 소련에 이르는 서북 루트가 있었다. 이런 루트를 일괄하여 원장(援蔣) 루트라고 불렀다. 일본군은 충칭정부가 굴복하지 않은 것이 원장 루트를 통한 영국과 미국의 지원 탓이라고 판단했다. 일본군은 그 루트를 차단하려고 불인 진주(佛印進駐, 1940년 9월)에 나섰지만, 결국 영국과 미국의 반발을 가져와 중일전쟁의 국제적 확대로 이어지게 되었다.

**후방의 사회**　　　일본과 마찬가지로 국민정부에게도 항일전쟁은 총력전이었다. 그런데 중국의 총력전 체제는 징병 문제만 해도 일본과는 사회적 배경을 달리한다. 중국에서는 1933년에 병역법이 공포되었고, 루거우차오 사건이 발생한 뒤인 1937년 8월에는 전국징병령도 발표되었다. 하지만 대후방 가운데 가장 큰 인구를 보유한 쓰촨 성(약 4,700만 명)에서는 아직 호적도 제대로 정비되어 있지 않았다. 결국 1939년에 시작된 쓰촨 성의 징병제에서는 징병 실무를 맡은 지방 사무소가 부과받은 징병 수를 그 아래 향(鄕, 행정촌)과 진(鎭, 마을)으로 할당하고, 향·진은 보갑제하의 보(保)에 다시 할당할 수밖에 없었다.

대후방에서는 항전을 위해 오지 농촌의 민중을 국민 의식과 내셔널리즘으로 조직하고 동원하는 일이 무척 어려웠다. 충칭, 청두(成都) 같은

**일본군의 폭격을 받은 충칭 시가(1939년 5월)** 충칭에 대한 폭격은 1938년부터 1943년까지 연 200회 이상 이루어졌고, 중국 쪽 통계에 따르면 1만 명이 훨씬 넘는 희생자가 발생했다(毎日新聞社).

도시는 1938년 이래 일본군 비행기의 폭격을 받아 큰 피해를 입었다. 하지만 오지 농촌의 민중으로서는, 보이지도 않는 일본군과 싸우기 위해 또는 "우리나라를 위하여" 동원 명령을 받아야 할 이유를 찾기 힘들었다. 포악한 일본군과 마주칠 수밖에 없었던 화북의 '항일 근거지' 민중과는 바로 이런 점에서 결정적인 차이가 있었다.

내셔널리즘의 영향력을 판단해 볼 수 있는 것으로 충칭 시민을 대상으로 한 조사(1940년 무렵)가 남아 있다. 그에 따르면 청천백일기가 국기라고 대답한 이는 81퍼센트, 국가(國歌)를 부를 수 있는 이는 34퍼센트였고, 중국이 싸우는 상대방이 일본이라고 답하지 않는 자도 있었으며(7퍼센트), 자신과 자식이 전쟁에 참가하기를 바라지 않는다고 응답한 이가 반수를 넘었다. 전시 수도인 충칭에서 이런 결과가 나왔다면, 인구의 80퍼센트를 차지하는 농촌의 상황도 미루어 짐작할 수 있을 것이다.

이리하여 징병 업무를 담당하게 된 말단의 보(保)에서는 징병 기준을 부정하게 운용하거나 기피, 도망하는 일이 자주 일어나는 한편, 할당량을 달성하기 위해 병역을 대리하거나 외지인 납치, 장정 매매 같은 일이 횡행하였다. 여기에 병사에 대한 열악한 대우도 영향을 주어 전쟁 지역에 배속되기 전에 병력의 15퍼센트가량이 감소했다고 한다. 만족할 만큼 병력을 보충하지 못한 전선 부대에서도, 현지에서 장정을 강제 동원(납부拉夫라고 한다)하여 병력 소모에 대응하는 일이 흔하게 일어났다.

농촌 장악이 느슨한 상태에서 강행된 징병과 전부(田賦) 징수는 업무를 청부받은 보갑장 등의 권력 남용과 그에 따른 부정부패를 불러와, 지역사회를 불안정하게 만들었고 정부에 대한 불만을 격화시켰다. 숫자만 보면 대후방에서는 징병이나 식량 모두 정부의 목표 수치를 충분히 달성했다. 하지만 이런 결과는 광대한 영역과 엄청난 인구라는 규모에서 온 것이었고, 거기에 코가 성긴 그물을 덮어씌운다는 대후방식 총력전을 통해 얻은 것이었다.

# 3. 더 큰 전쟁으로

**중일전쟁의 국제화** 일본의 중국 침략이 곧바로 영·미·소 등의 직접 개입을 불러오지는 않았다. 하지만 항전 세력의 굴복과 점령 통치의 장기 안정화를 노리는 일본 측의 정치적·경제적 조치가 확대됨에 따라, 열강은 일본에 대하여 국제적인 압력을 가하고 반발하는 모습을 보였다. 계속된 양쯔 강 봉쇄(외국 선박의 항행 금지), 텐진의 영국·프랑스 조계 봉쇄, 중국으로부터 열강을 사실상 축출하려는 '동아 신질서 건설 성명'(제2차 고노에 성명) 발표는, 각각 충칭 정권의 퇴출, 항일 분자의 온상 근절, 왕징웨이 화평 공작의 일환으로 이루어진 것이다. 그러나 이 모든 움직임은 국제적으로 강력한 반발을 불러일으켰다. 그 결과 영국과 미국, 특히 미국은 '도의적인' 원중제일(援中制日, 중국을 지원하여 일본을 제압한다) 정책에서 '실질적인' 원중제일로 전환했다. 바야흐로 전쟁 자체가 수렁에 빠졌을 뿐 아니라 중일전쟁의 국제적 확대로 연결되고 있었다.

1939년 9월 독일군의 폴란드 침공으로 발발한 제2차 세계대전은 중일전쟁의 국제화를 더욱 가속화했다. 즉 일본은 전쟁 초기 독일의 승리,

프랑스와 네덜란드의 항복을 보고 이른바 '남진' 정책을 결정했다. 거기에는 동남아시아를 경유하는 열강의 중국 원조를 차단하여 중국을 굴복시킨다는 의도가 담겨 있었다. 또한 동남아시아의 전략 자원을 확보함으로써 영국과 미국에 대한 자원 의존에서도 벗어난다는 일석이조의 효과가 있다고 판단했다. 1940년 7월 남진 정책이 결정된 이후 일본은 '사변'의 수습을 중일 두 나라 사이에서 해결한다는 종래의 방침을 실질적으로 포기하고 국제정치의 구조 재편을 통해 이 문제를 해결하려 했다.

한편, 장제스로서도 항일전쟁의 국제화는 진작부터 예측하고 기대해온 사태였다. 주미 대사 후스와 쑹쯔원을 통한 적극적인 대미 외교의 추진, 그리고 무엇보다도 일본의 '남진'과 독일·이탈리아와의 동맹이 (일본으로서는 예상 이상으로) 영국과 미국의 강한 반발을 초래했다. 미국은 일본이 1940년 9월에 북부 인도차이나에 주둔한 것에 자극받아 두 차례에 걸쳐 중국에 대한 차관 4,500만 달러 지원을 결정했고, 동시에 고철의 대일 수출 금지를 단행했다. 또 같은 해 11월 일본이 왕징웨이 정권과 '중일기본조약'(日華基本條約)을 체결하여 정권을 승인하자, 미국은 곧바로 왕징웨이 정권을 부정하는 성명을 발표하는 동시에 충칭정부에 대한 추가 차관을 결정했다. 1939년 이후 충칭정부에 제공된 차관은 미국으로부터 5회에 걸쳐 총 6억2천만 달러, 영국으로부터 5회에 걸쳐 총 5천8백만 파운드가 넘었다.

그 후 1940년 말부터 이따금 이루어진 미일 교섭에서 미국은 더욱 비타협적인 태도를 보였다. 미국은 일본의 미국 내 자산 동결과 석유의 대일 수출 전면 금지를 단행하는 한편, 최후로 "중국 및 프랑스령 인도차이나에서 일본군의 완전 철수"를 요구하는 국무장관 헐의 각서, 즉 '헐 노트'를 제시하기에 이르렀다(1941년 11월). 교섭을 포기한 일본이 채택한 정책은 잘 알려진 대로 1941년 12월 8일 미국과 영국에 대한 선전포고였다. 즉 중일전쟁을 더 큰 전쟁으로 몰고 간다는 커다란 도박이었다. 루거우차오 사건 이래 난징 공략과 우한 점령, 그때마다 '불확대' 방침을 제창하면서 명확한 전쟁 방침 없이 야금야금 확대된 일본의 침략 전쟁은 이제 세계를 상대로 하는 대전으로 나아갔다.

**태평양전쟁과 중국**  일본의 선전포고에 대응하여 미국과 영국도 선전포고를 단행했고, 중국도 일본 및 그 동맹국인 독일·이탈리아에 정식으로 선전포고를 했다(12월 9일). 전쟁이 확대되기 전에 미국과 일본의 교섭 추이를 마음 졸이며 지켜본 장제스에게 태평양전쟁 발발 소식은 만주사변 이래 중국의 정략(중일 문제의 국제적 해결)이 고난 끝에 달성되었음을 의미했다. 대일전 승리의 전망을 얻은 장제스 등 국민정부는, 루거우차오 사건 이전의 상태로 되돌린다는 항전의 목표를, 일본의 대륙 침략 정책을 근본적으로 부인하고 중국에서 모든 일본군을 철수시킨다는 것으로 상향 조정하기에 이르렀다.

1942년 1월, 중국은 미국·영국·소련을 비롯한 25개국과 함께 자유와 인권의 옹호, 단독 강화 없이 일치단결하여 파시즘 제국을 타도할 것 등을 내용으로 하는 '연합국 공동선언'에 조인하고 연합군에 참가했다. 남방 진출에 따라 조금 줄어들기는 했지만, 여전히 68만 일본군(지나파견군)이 활동하고 있던 중국 전선을 중심으로 하는 연합국 중국 전구(베트남, 태국까지 포함)의 최고사령관에는 장제스가 임명되었다. 3월 장제스의 참모장으로 선임된 미군의 조지프 스틸웰(Joseph Stilwell) 장군이 충칭에 도착하였다.

**일본의 전차대** 태평양전쟁 선전포고와
함께 상하이 공동 조계에 진주했다(1941
년 12월, 每日新聞社).

　중국에 있던 일본군은 개전과 동시에 '외로운 섬'(孤島)으로 불리며
항일운동의 거점이 되어 있던 상하이 등지의 조계를 제압하고 바로 홍
콩 공략전에 들어가 1941년 말에 그곳을 점령했다. 또 장제스 지원 루트
의 요충인 버마 루트도 이듬해 2월 일본군이 버마를 점령함으로써 차단
되고 말았다. 버마 루트 차단은, 말레이·싱가포르 상실에 따른 동남아시
아 화교의 의연금 송금 격감과 맞물려 중국의 항전 체제에 큰 타격을 주
었다.

　한편, 홍콩 공략전에 호응하여 중국 내륙부에서 일본군은 후난 성 창
사에 대한 세 차례 포위 공격전에 나서 일단 창사에 진입했으나, 오히려
중국군에게 포위를 당했기 때문에 철퇴할 수밖에 없었다. 중국 정규군의
반격은 1939년 말의 겨울 대공세로 현실화되었다. 이때 일본군이 "적이
아직 건재하다는 느낌을 크게 받았다"고 할 정도로 세력이 컸다. 태평양

**버마 루트를 따라 이동하는 지프(1944년 12월)**   1942년에 버마 루트가 차단당하자 연합국은 급히 새로운 루트를 건설하여 인도 아삼 주 레드에서 쿤밍에 이르는 새로운 자동차 도로를 건설하였다(《中國抗日戰爭時期》).

전쟁 개시 이후 미국의 무기대여법에 따라 얻게 된 장비와 차관을 통해 중국은 홀로 항전하던 시기에 받은 손실에서 서서히 회복하게 되었다.

**조계의 반환**   중국은 일본에 선전포고를 했지만 일본은 최종적으로 패전할 때까지도 중국에게는 선전포고를 하지 않았다. 일본에게 원칙상 중국 정부는 "상대가 아니다"라고 부인한 충칭정부가 아니라, 난징에 건립된 왕징웨이 정권이었기 때문이다. 일본은 미·영에 대한 개전 '조서'에서 '잔존 정권'으로 부른 충칭정부에 대한 화평 공작을 이면에서 계속하였다. 그리고 미·영에 대한 왕징웨이 정권의 '참전'을 인정하고(1943년 1월 9일에 선전포고), 그 정권의 주체성을 가장할 의도로 새로운 조약을 체결하여 상하이 등지의 조계를 왕징웨이 정권 측에 반환했다. 왕징웨이 정권은 조계 접수를 일본과의 화평과 미·영에 대한 참전의 성과라고 자찬했지만, 참전은 왕징웨이 정권에게 그에 걸맞은 세금과 징용 같은 부담 증가를 강요하기도 했다.

미국과 영국 두 나라도 1942년 10월에 중국에 대한 불평등조약 폐기를 발표하고, 이듬해 1월에 치외법권 철폐 등의 조약에 조인했다. 중국은 이미 26개국으로 이루어진 '연합국 공동선언'에서 미국, 영국, 소련에 이어 서명하는 지위를 획득했다. 그때 중국 대표 쑹쯔원은 루스벨트한테서 "4대국에 진입한 것을 환영한다"는 말을 들었는데, 그러한 대등한 대우가 조약에서 확인된 것이다. 그러나 홍콩(조계 주룽반도 부분)만은 양보할 수 없다는 영국과 의견을 조정하는 데 시간이 걸렸기 때문에, 일본과 왕징웨이 정권 사이의 조인이 영·미와의 새 조약보다 이틀 먼저 이루어졌고 선수를 빼앗긴 장제스는 큰 모욕을 당했다. 홍콩 반환은 그 뒤 1997년에 겨우 실현되었다.

1943년 12월에는 1880년대 이래 중국의 대미 감정을 오랫동안 훼손시켜 온 미국의 〈배화법〉(排華法), 즉 중국인 이민을 수용하지 않는 인종차별적인 중국인 배척법이 폐지됨에 따라, 부분적이지만 중국인 이민을 다시 받아들이게 되었다. 이런 조치는 일본이 인종차별의 철폐, 아시아 민족들의 창조성 신장 등을 강조한 '대동아 공영권,' '아시아 해방' 같은 대의명분에 대한 도의적 대항이기도 했다.

**중소 관계**  미국과 영국이 중국을 지원하는 데 적극적으로 나선 것과는 대조적으로, 제2차 세계대전 발발 후의 중소 관계는 중국측을 낙담시키는 경우가 많았다. 소련은 항일전쟁 초기에 중국을 지원하는 몇 안 되는 국가 가운데 하나였다. 하지만 동쪽과 서쪽에서 독일과 일본의 군사적 위협이 현실화되자 독일·일본과 각각 '독소불가침조약'(1939년 8월), '일소중립조약'(1941년 4월)을 체결하여 자국의 안전보장을 우선했고 그동안의 반파시즘 통일전선과 모순되는 외교를 펼쳤다. 특히 '일소중립조약' 조인에 맞춰 발표된 공동성명에서 "소련은 만주국의 영토 보전과 불가침 존중을 보증하고, 일본은 몽골인민공화국의 영토 보전과 불가침 존중을 보증한다"고 하여 중국이 예민하게 반응한 영토 주권에 관한 문제를 언급했다. 이것은 소련에 대한 중국의 여론을 크게 악화시켰고, 소련의 영향 아래에 있다고 판단되던 중국공산당에 대한 연쇄적인 불신감을 불러일으켰다.

더욱이 신장(新疆)에서 나타나는 소련의 움직임은 소련에 대한 국민정부의 불신을 강화시켰다. 신장에서는 1930년대 중반부터 '신장 왕'이라는 별명을 지닌 신장 성정부 주석 성스차이(盛世才)가 국민정부의 영향을 배제하고 친소·친공 정책을 취했다. 항일전쟁이 시작되자 소련에서 지원하는 물자 수송 루트로서 신장을 중시한 국민정부는 성스차이의 독립 상태를 용인할 수밖에 없었다. 하지만 소련은 1940년 11월 성스차이와, 소련의 광범한 경제 권익과 무장 경비대의 주둔권을 보장하는 비밀 협정을 체결했다.

독소전쟁 발발 후 나타난 소련의 곤궁함을 확인한 성스차이는 기존의 친소련 정책을 전환하여 국민정부에 귀순했다. 그러나 비밀 협정의 존재를 알게 된 장제스는 소련에 대한 반감이 더 커졌고, 1942년 이후 신장의 유전 시설과 주둔지에서 소련 사람과 병사를 철수하라고 강력하게 요구했다. 이리하여 한때 가장 중요한 원조 루트였던 서북 루트가 폐쇄되었다. 그 후 독소전쟁에서 우위를 확보하게 되자 소련은 성스차이를 대신한 친소 세력을 신장에 뿌리내리려고 위구르족 무슬림 민족운동을 지원하는 형태로 또다시 개입했다. 1944년 11월의 조지아(그루지야) 폭동에 이어 수립된 민족 정권 '동투르키스탄공화국'은 소련의 지원을 받았다.

이처럼 소련의 정책은 중국 국내의 국공 관계에 부정적인 영향을 끼쳤고, 동시에 중국의 전후 체제 구축을 위한 국제 관계를 극히 복잡하게 만들었다.

**국공의 충돌**　국공 양당의 합작 체제는 일치 항일을 호소한 내셔널리즘의 압도적 고양을 배경으로 구축되었다. 그 때문에 당연히 싸워야 할 침략자 일본군이 중국에 있는 한 합작은 계속되어야 했다. 그런데 미국과 영국에 참전을 요구하기까지 이미 4년 반이라는 긴 시간이 흐른 가운데 항전은 어떤 의미에서 일상이 되어 버렸고, 그 과정에서 국공 양당의 상호 불신감은 커져 갈 뿐이었다. 화북의 항일 근거지 확대와 8로군의 증강에 위협을 느낀 국민당과, 국민당이 언제 일본군과 타협하여 반공으로 전환할지 모른다고 의심하는 공산당 사이에 불신이 컸다.

1939년 1월 '한 명의 지도자, 하나의 주의, 하나의 정당'을 내걸고 〈이당활동제한판법〉(異黨活動制限辦法)을 제정한 것을 필두로, 국민당은 공산당의 활동을 속박하는 조치를 차례로 취했다. 또 명령에 따르지 않는다고 생각될 경우 공산당 계통의 부대에 대한 무력행사도 불사했다. 1941년 1월에 발생한 화중(華中) 신4군에 대한 공격과 무장해제(신4군 사건)가 바로 그런 사례였다. 국민당과 공산당의 충돌과 대립이 일본에게 유리하게 작용할 것이라 걱정하는 나라 안팎의 여론 때문에 사태가 더는 악화되지 않았고 양당 사이에 교섭은 계속되었다. 하지만 이제 상호 불신은 결정적인 상황에 이르게 되었다.

신4군 사건이 발생하기 두 달 전부터 국민정부는 공산당의 '변구'(邊區)에 대한 군비 지급을 정지했고, 사건 후에는 '변구'의 군사적·경제적 봉쇄를 더욱 강화했다. 항일에 명분을 둔 공산당 측의 지배 지역 확대를 억제하기 위한 것이었다. 군비 지급을 비롯한 변구 외부로부터의 원조는 1940년에 섬감녕 변구 재정 수입의 70퍼센트를 차지하고 있었기 때문에, 국민당의 봉쇄는 일본군의 철저한 토벌과 함께 변구를 곤경에 빠뜨렸다.

공산당은 세제(稅制) 재조정과 '정병간정'(精兵簡政)을 구호로 내걸고 조직의 간소화와 생산 확대 운동 등을 통해 자활을 시도하는 동시에 충칭 등 대후방(大後房)에서 다른 당파에 대한 공작을 강화했다. 때마침 대후방에서는 헌정으로 조기 이행하라고 요구하는 목소리가 높아지고 있었다. 이런 움직임을 적대시한 국민당은, 1942년 3월 국민참정회에서 급진파인 민주정단동맹(民主政團同盟) 멤버를 배제하고 언론과 출판에 대한 통제를 강화했다. 민주정단동맹(나중에 중국민주동맹으로 발전)을 비롯한 민주파 그룹이 추진한 헌정운동은 이후 국민당의 일당 지배 타파라는 점에서 '연합정부'를 내건 공산당에 점차 다가갔다. 국공의 알력이 커지자 공산당은 그때까지의 '변구'를 점차 '해방구'라고 부르고 독립 자주의 방침을 더욱 강조하게 되었다.

**충칭의 풍경**　　1942년 9월 일본의 대본영(大本營)은 일단 충칭 공략 작전의 준비를 명령했지만, 12월에는 작전 중지를 명령할 수밖에 없는 상황이 되었다. 태평양의 전쟁 국면이 초기엔 좋았지만 개전 이듬해 과달카날 섬 공방전을 시작으로 고전을 면치 못했고, 일본이 중국 전선에서 적극적인 공세를 취할 수 있는 상태는 결코 아니었다.

한편, 충칭을 중심으로 하는 대후방 자체의 항전 체제도 점점 더 곤란을 겪게 되었다. 인플레이션이 심각해지는 가운데 국민정부는 1942년 3월의 국가총동원법에 기초하여 경제·사회 통제를 강화하려고 했지만, 물자 부족과 인플레이션의 확대는 물자의 은닉과 밀수, 경제 투기를 불러일으켰다. 또 관료와 군인들 사이에 부정부패가 광범하게 나타났다. 장제스의 측근이 얻은 정보에 따르면 "밀수 거래는 분명 당·정 기관이나 군대에 의해 이루어졌고, 순수한 상인의 밀수 거래는 이제 어렵게 되었다"(장제스 비서실 막료였던 탕쭝唐縱의 일기, 1944년 6월 29일)고 할 정도였다. 결국 밀수는 악덕 상인의 손을 떠나 공적 조직의 정식 업종이 되어 버린 것이다. 충칭정부는 대후방과 전선 부대의 물자 부족을 완화하기 위하여 일본군 점령지로부터의 물자 유입을 인정했지만, 그것은 공적 기관에 의한 물자의 부정 거래와 표리 관계에 있었다.

물론 장제스도 이러한 부패를 방치한 것은 아니었다. 이 시기에 장제스는 국민정부 주석, 국민당 총재, 국방최고위원회 위원장, 행정원장, 군사위원회 위원장, 육해공군 대원수를 비롯한 수십 개의 요직을 겸임하고 있었다. 이 최고 지도자는 개별 부대의 이동 경로부터 민간 전력의 절약 방법에 이르기까지, 무엇이든 세세하게 직접 지시(그 때문에 '수령'手令이라 불렸다)하기를 좋아했다. 정부 고관의 부정부패에 대해서도 예외가 아니어서, 1945년 봄에 매형인 쿵샹시(재정부장 겸 중앙은행 총재)가 관련된 미국 달러 공채의 부정이 발각되자 증거를 들이대며 자백을 강요했다. 하지만 이 사실이 만천하에 드러나게 될 경우, 전시를 이용하여 가족의 부를 증진시켰다고 일찍부터 비판받아 온 정권에 결정적인 타격이 될 수 있었다. 이렇게 판단한 장제스는 결국 쿵샹시의 사직으로 사태를 마무리 지을 수밖에 없었다. 이러한 충칭정부의 문제는 '독재' 비판 여론의 고양을 불러왔고 국민정부의 통치 기반을 허물기 시작했다.

공산당의 정풍운동　　공산당은 일본군의 변구 토벌전과 국민정부의 군사 봉쇄라는 곤란에서 오는 위기감을 당 내부의 공고화, 구체적으로는 당원의 사상 통일, 조직의 규율 강화를 향한 동력으로 전화시켰다. 1942년부터 이듬해까지 진행된 '정풍운동'이었다.

그 무렵 마오쩌둥은 항일전에서 발휘한 지도력을 인정받아 당 지도부에서 이미 탁월한 존재가 되어 있었다. 코민테른조차 당 중앙이 "마오쩌둥을 우두머리로 하는 지도 아래 단결하라"고 촉구할 정도였다(1938년의 지시). 또 옌안에서는 공산당의 항일 태세에 공감하는 지식인과 청년들이 속속 집결하여 당원이 전국적으로 80만 명(1940년 시점)에 이르렀다. 이러한 당원 증가에 따른 조직의 이완과 작풍의 퇴폐를 시정하려는 목적으로 시작된 정풍운동은, 중국의 실정과 좀 더 굳건하게 결합된 마르크스주의의 실천(마르크스주의의 중국화)을 내걸었다. 사실상 마오쩌둥 사상으로 귀의하라고 당 전체에게 요구하는 것이었다.

항일전쟁 이래 마오쩌둥은 아이쓰치(艾思奇), 왕쉐원(王學文)을 비롯하여 옌안에 집결한 마르크스주의 이론가와 교류함으로써 이론 수준을 향상시키기 위해 노력했다. 공산당의 지도자가 되기 위해서는 단순한 전략가나 실천 활동의 성공자로는 충분하지 않았고, 사람들에게 인용될 만한 이론을 갖추어야 했다. 또 마오쩌둥은 당의 역사를 총괄하는 일에도

1940년대에 제작된 마오쩌둥 초상 판화　정풍운동에 의해 마오쩌둥의 권위가 확립됨에 따라 여러 가지 초상이 저작집의 표지, 지폐, 우표에 등장했다(楊昊成,《毛澤東圖像研究》).

본격적으로 나서, "과거의 잘못된 노선을 시정하여, 당을 구한 지도자"라는 모습을 확립하려고 노력했다. 과거의 노선에 대한 총괄은 일정한 영향력을 행사하고 있던 '소련 유학파'를 비롯한 다른 지도자들의 권위를 실추시키는 것과 연결되었다.

　1942년 이래의 정풍운동은 이러한 사전 준비를 거쳐 지정된 문헌의 학습을 통하여 "자신의 활동과 사상을 반성할 것"을 전 당원에게 철저히 요구했다. 당원 집회에서 자기반성은 흔히 "바지를 벗고 꼬리를 자른다"(전부를 드러내어 결점을 없앤다)는 말로 비유되었다. 이런 자기반성이 당의 지도층에 적용될 경우에도 내면에 이르는 자기비판과 참회의 공표(즉 마오에 대한 전면적인 복종 표명)를 동반한 준열한 것이었다.

최고 지도자의 탄생　정풍운동에서 보인 당 상층부의 자기비판이 어떠했는지에 대해서는 저우언라이의 사례를 통해 잘 알 수 있다. 저우언라이는 시안사변 이후 국민당과 교섭하는 등 어려운 일도 도맡아 처리하는 훌륭한 실무자였다.

1943년 11월에 마오쩌둥의 면전에서 자기비판을 할 수밖에 없었던 그는, 출자(出自, 몰락한 봉건 가정의 출생)나 개인의 자질(팔방미인·노예 근성)까지 거슬러 올라가 자신의 결점을 열거하였다. 나아가 1930년대의 활동에서 '교조주의파 지배의 공범자'로서 당과 군을 "찬탈하는 데 협조했다"는 점을 비롯하여 "사상과 조직 면에서 큰 죄를 범했다"고 자기비판했다. 교조주의파는 마오가 정풍운동에서 표적으로 삼은 왕밍, 친방셴, 장원톈을 비롯하여 지난날 당을 지배한 소련 유학파를 가리킨다. 이런 다음에 저우언라이는 "이 수년간의 실천을 통해" 마오쩌둥의 지도에 "마음 깊이 믿고 복종하기"에 이르렀다고 밝혔다. 이는 곧 만년까지 이어진 마오쩌둥에 대한 복종이 시작되었음을 의미한다.

이보다 앞서 1943년 3월에는 마오쩌둥이 당내에서 '최종 결정권'을 갖는 것이 승인되었다. 그해 5월 코민테른이 해산을 결정하는 등 마오의 절대적 지도권 확립을 가로막는 장애는 모두 사라졌다. 당 간부와 당원의 충성으로 지탱된 마오의 권위는 정풍운동을 통해 점차 개인숭배에까지 이르게 되었다. 정풍운동은 '마르크스주의의 중국화'를 표방하였지만, 실제로는 스탈린식 당 조직론과 역사관에 규범을 두었다. 이런 의미에서 소련에서 진행된 당의 스탈린화를 중국에서 추진하려는 시도로도 볼 수 있다.

마오쩌둥의 유일한 권위를 공식적으로 확인한 것은 '마오쩌둥 사상'을 "당의 전체 활동에서 지침으로 삼는다"는 것을 당 규약에 추가한 제7차 당대회(1945년 4~6월, 옌안)였다. 당대회 직전에 마오쩌둥이 퇴고를 거듭한 '약간의 역사 문제에 관한 결의'가 채택되었다. 마오의 '올바름'으로부터 공산당과 혁명운동의 움직임을 설명하는 이 결의는, 그 뒤로 공산당의 역사 서술과 역사 인식을 전반적으로 규정하게 되었다.

일본이 항복하기 직전에 열린 제7차 당대회에서 연합정부론이라는 독자적인 전후 구상이 제시되었다. 국민당의 일당독재를 종식시키는 것과 함께 국공 양당을 포함한 여러 당파가 평등한 입장에서 연립정권을 수립하고 전후 재건을 수행한다는 구상이었다. 연합정부론은 같은 시기에 열린 국민당 제6차대회가 전후에 예정된 헌정 실시 이후에도 국민당이 주도권을 확보한다는 방침을 세운 것에 맞선 논의였다. 바야흐로 전후에 전개될 주도권 쟁탈이 시작되고 있었다.


**옌안, 당화사회(黨化社會)** 　　연합정부론에서 보이는 바와 같이, 공산당은 전후에 곧바로 자신의 당이 승리하여 사회주의혁명을 실행할 수 있을 거라 예상하지 않았다. 그러나 '해방구'에서는 훗날의 인민공화국과 연결되는 원풍경이라고도 할 만한 사회 관리가 실행되었다. 대표적인 것이 소련에서 모델을 가져온 간부에 대한 등급별 대우제와 개인 당안(檔案)을 통한 인사관리였다.

간부에 대한 등급별 대우제는 당·정·군의 간부 직원을 몇 등급으로 나누고 등급에 따라 의식주와 보건, 의료 같은 사회적 서비스를 받을 수 있도록 규정하는 제도이다. 공산당은 간부와 기관 직원, 병사에 대하여 그때까지만 해도 대우에 별 차이가 없는 배급제를 실행하고 있었다. 그런데 1941년 이후 소련의 제도를 취해 귀국한 런비스(任弼時) 등은, 예컨대 식사 수준을 직급에 따라 3등급으로 구분하는 등 개혁을 실행했다. 조직이 어느 정도 규모가 커진 당시의 상황에서 이런 등급 제도의 도입은 피할 수 없는 것이었지만, '차별 없는 사회'를 이상으로 하는 지식인

(예컨대 정풍운동에서 비판받은 왕스웨이王實味 등) 가운데에는 불만을 느끼는 이도 있었다. 이 간부 등급별 대우제는 그 뒤로 형태는 바뀌었지만 인민공화국의 간부 제도로 이어졌다.

그런가 하면 개인 당안은 입당할 때 제출한 이력서, 활동에 관한 조직 상사의 평가 기록, 정풍운동 같은 시기에 작성된 반성문, 밀고와 조사를 통해 판명된 과오 같은 개인의 정치 평가를 결정하는 인사 기록이었다. 이 기록은 당 조직의 인사 기관이 엄격하게 관리했기 때문에 당사자는 볼 수 없었다. 간부 당원에 대해 본격적으로 당안을 작성·관리하게 된 것은 공산당이 옌안에 본거지를 구축했을 때부터였다.

개인 당안은 조직의 쇄신이나 강화, 간부 심사 때 중요한 물증이 되었다. 정풍운동이 1943년 이후 조직 내부에 잠입한 적대 분자(스파이)를 색출하여 숙청해 나가는 대중운동('창구운동'搶救運動이라고 한다)으로 치닫게 되자, 본인도 모르게 당안에 기입된 혐의와 죄상이 온갖 억울한 죄를 만들어 내기도 했다. 당안 제도는 그 뒤로도 당원 관리의 요체로서 계속 존재했고, 인민공화국이 성립한 후에는 농민을 제외한 비당원에게까지 확대되었다.

공산당의 당원 수는 정풍운동으로 얼마간 감소했지만 1945년의 제7차 당대회 시점에는 120만을 넘었다. 당원 수는 같은 시기 국민당 일반 당원의 절반쯤 되었지만, 당 중앙의 의향을 훨씬 효율적으로 하달할 수 있는 메커니즘을 갖췄다는 점에서 실천력은 국민당을 능가했다고 볼 수 있다.

# 4. 항일전쟁의 종결

1943년이 되자 연합국 측의 반격은 태평양 전선에서도 유럽 전선에서도 강력해졌다. 2월에 일본군을 과달카날 섬으로부터 철퇴시킨 미군은 섬을 따라 서진하였고, 유럽에서는 9월에 이탈리아가 항복했다. 전쟁의 국면이 전환되는 가운데 미국·영국·중국 세 나라 수뇌가 모여 카이로회담(11월)을 개최했다. 회담 후에 발표된 선언에서는 일본의 무조건 항복, 타이완과 만주의 중국 반환, 조선의 독립을 요구했다. 이 선언을 수용하여 이듬해 봄에는 국민 정부의 중앙설계국 아래 천이(陳儀)를 주임으로 하는 '타이완조사위원회'가 설치되었다. 이로써 반세기에 걸쳐 일본 식민지로 있던 타이완에 대한 현황 조사와 접수를 위한 준비 활동이 시작되었다.

만주(중국 동북부)의 접수를 목표로 동일하게 '동북조사위원회'가 설치되었다. 그러나 타이완과 달리 동북 문제는 소련의 대일 참전을 통한 대전의 조기 종결을 기대하는 미국·영국과 소련의 머뭇거림이 서로 뒤얽힌 국제정치의 영향을 받았다. 카이로회담 직후에 열린 미국·영국·소련 수뇌의 테헤란회담(1943년 11~12월)에서, 스탈린은 독일과 전쟁을

**카이로회담의 세 거두** 왼쪽부터 장제스, 루스벨트, 처칠, 오른쪽 끝은 쑹메이링. 미국 유학 경험이 있는 쑹메이링은 1942년 말부터 반년 정도 미국을 방문하여, 각지에서 중국에 대한 지원을 호소한 항전 중국의 외교적 상징이었다(每日新聞社).

종료한 이후에 대일 전쟁에 참가하겠다고 확약했다. 그런데 1945년 2월에 같은 수뇌가 참가한 얄타회담에서는 중국이 알지 못하는 상황에서 소련의 대일 참전 조건이 비밀리에 합의되었다.

얄타 밀약이라는 이 회담에는 중국과 관련된 합의 사항이 담겨 있었다. 외몽골(몽골인민공화국)의 현상 유지, 다롄(상업항)과 뤼순(군항)에 대한 소련의 권익 보장, 중동철도·만철선에 대한 중·소 합영(合營)과 소련의 특수 권익 보장 등 중국의 주권을 현저하게 침해하는 내용이었다. 루스벨트는 중국 전선에서 반격 공세가 지체되어 진행되지 못하고 있는 상황에서, 전쟁을 조기에 종결시키려면 강력한 소련군이 참전하여 중국 대륙에 주둔해 있는 일본군에 타격을 가해야 한다고 판단했다.

얄타 밀약의 내용을 알게 된 장제스는 중국의 주권을 거래 대상으로 한 이 합의 내용을 '매화'(賣華, 중국을 팔아넘김), '모화'(侮華, 중국을 업신여김)의 밀약이라며 격노했다. 하지만 중국이 다른 3대 강국의 힘에 미치지 못했기에 어쩔 수 없이 수용할 수밖에 없었다. 5월에 독일이 항복함에 따라 소련의 대일 참전이 임박한 가운데, 국민정부는 소련과 교섭을 거듭하여 소련 참전 후인 8월 14일 중소우호동맹조약을 체결하였다. 중국은 얄타 밀약의 내용을 기본적으로 인정한 대가로 동북의 영토와 주권, 행정권을 중국이 소유한다는 것, 국민정부가 신장의 관리권을 전면적으로 회복한다는 것, 중국공산당이 국민정부의 군령(軍令)·정령(政令)에 복종한다는 것, 소련이 중공을 지원하지 않는다고 선언한다는 것 등을 소련 측에 승인받았다.

**중국과 미국의 관계** 제2차 세계대전의 국제 관계에서 미국은 중국의 '대국화'를 뒤에서 지원하고 중국 외교는 미국을 기축으로 했지만, 미국의 중국 정책과 중국의 위치는 전쟁의 추이에 크게 좌우되었다. 중국 전선이 기본적으로 교착 상태였지만 태평양 전선에서는 미군의 공격이 순조로웠다. 따라서 일본 본토를 폭격하기 위한 기지의 확보라는 한 가지 사례만 봐도 중국 전선의 중요성이 상대적으로 낮아졌음을 알 수 있다. 또 미국은 일본 본토에 대한 상륙과 점령이 이루어진다 해도 일본군이 중국 대륙을 거점으로 장기 항전을 시도할 가능성이 충분하다고 보았다. 중국군의 상태를 볼 때 대륙의 일본군에 대한 대규모 반격 작전이 이루어질 것이라고는 크게 기대하지 않았다. 루스벨트가 스탈린에게 대일 참전을 촉구한 것은 이 때문이었다.

1942년 이후 미국은 중국 전구(戰區) 참모장 조지프 스틸웰을 통하여

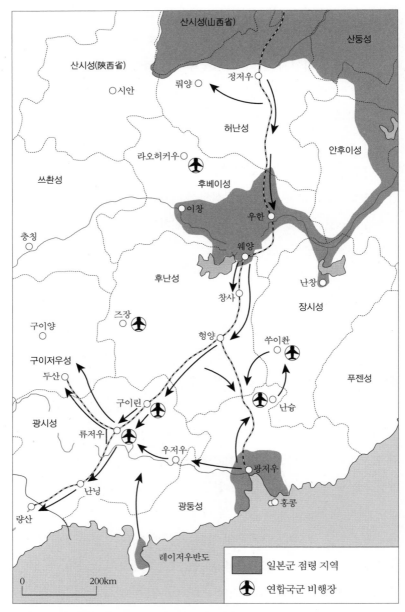

산시성(山西省)

산시성(陝西省)

산둥성

○시안

뤄양○

정저우○

허난성

안후이성

라오허커우○ ✈

쓰촨성

후베이성

○이창

우한○

충칭○

웨양○

난창○

후난성

창사○

장시성

즈장 ✈

구이양○

헝양○

쑤이촨 ✈

푸젠성

구이저우성

두산○

구이린 ✈

난슝 ✈

광시성

류저우 ✈

우저우○

광저우

난닝○

광둥성

○홍콩

량산○

레이저우반도

0    200km

■ 일본군 점령 지역

✈ 연합국군 비행장

**대륙타통작전**(木坂順一郎,《昭和の歷史 7 太平洋戰爭》, 321쪽 지도로 재작성).

중국군의 훈련과 장비를 충실하게 보강했다. 그리고 정예 중국군이 중국 전선뿐 아니라 버마 전선의 연합국 합동작전에도 투입되기를 희망했고 공산당의 군대와도 협력하기를 희망했다. 한편 대륙에서 전선 유지를 우선하면서도 공산당과의 항쟁이 불가피하다고 생각한 장제스는 중국군이 스틸웰의 지휘 아래 버마로 파견되는 것은 인정했지만, 중국에 들어온 원조 물자를 공산당과 분배하는 문제나 군사 지휘권의 통일에 대해서는 자신의 전권 사항이기 때문에 조금도 양보하려 하지 않았다. 이러한 알력은 장제스의 지도 능력과 항전 의욕에 대한 스틸웰의 불신감과 맞물려, 1944년 봄 이후 중국 전구의 지휘권 이양이라는 큰 문제로 이어졌다.

한편, 미군의 원조 아래 훈련받고 연합군의 버마 탈환 작전에 참가한 중국군(인도 주둔군)은 1943년 말 미군 부대와 함께 버마로 진격했다. 이듬해 5월에는 버마 북부 최대 요충지인 미트키나를 포위하고, 8월에는 일본군 수비대를 전멸시켰다. 또한 국민정부 직속군도 윈난에서 버마를 향해 진격하여 9월 버마 국경 부근에 있던 일본군 부대를 괴멸시켰다.

**대륙타통작전** 　1944년 4월 태평양 전선에서 잇따라 패배하면서 해상 교통권을 상실한 일본은, 중국 전선에서 승리함으로써 육상 교통을 확보하고 중국 측 공군기지를 파괴하기 위해 대륙타통작전 (大陸打通作戰, 1호 작전)을 감행했다. 참여 병력 41만, 작전 거리 약 2천 킬로미터에 이르는 중일전쟁 최대 규모의 공세였다. 일본군은 그해 연말까지 허난 성의 뤄양(洛陽), 후난 성의 창사(長沙)·헝양(衡陽), 광시 성의 구이린(桂林)·류저우(柳州)·난닝(南寧), 구이저우 성의 두산(獨山)을 차례로 점령해 갔다.

이 작전은 대체로 '타통'(관통)이라는 면에서는 성공했지만 전체적인 판도에서는 거의 의미 없는 작전이었다고 평가되었다. 육상 교통은 관통되었지만 철도와 도로는 중국군에게 파괴되어 사용할 수 없었다. 일본에 대한 미국 공군의 폭격은 청두(成都)로 출격 기지를 이동시켜 계속되었으며, 더욱이 1944년 7~8월에 마리아나 제도를 점령한 미군은 그곳을 일본 본토 폭격의 주요 기지로 삼았다.

이 작전의 의미를 찾는다면 물론 충칭정부의 권위가 크게 실추되었다는 점이다. 중국군은 일부 지역에서는 선전했지만 전체적으로는 패배를 거듭했다. 일본군이 충칭의 남쪽에 있는 구이저우 성으로부터 진입하자, 충칭으로 난민이 밀려와 일부 정부 기관은 다시 오지로 이전하는 문제를 검토할 정도였다. 연합국이 전선 전체에서 공세를 취하고 있던 상황에서 중국군만 패주했기 때문에 여론의 창끝은 국민정부의 무능과 군의 부패로 향했다. 군의 부패와 관련하여 중국군의 가렴주구에 시달리던 허난의 농민과 민병이 일본군에 협력하여 탕언부(湯恩伯) 휘하의 중국군을 공격하는 사건까지 발생했다. 이렇듯 여론을 들끓게 만든 사건은 대륙타통작전이 한창 진행 중이던 상황에서 일어났다. 오늘날 중국 연구자 가운데에는, 국민당·국민정부에 대한 민심의 이반은 이 1944년이 분수령이 되었다고 지적하는 목소리가 있을 정도이다.

**스틸웰 사건** 이때까지 장제스를 배려하던 루스벨트도 중국 전선의 참상에 큰 위기감을 느꼈다. 그는 통합 참모본부와 중국 주재 공관의 권고를 받아들여, 1944년 7월 장제스에게 중국군의 지휘권을 스틸웰에게 이양하라고 요구했다. 미국에 대한 의존을 강화시키고 있던 장제스였지만 미국 측이 9월 매우 강한 논조로 받아들이라고 압박하자, '생애 최대의 치욕'으로 여기고 거부하면서 오히려 스틸웰의 해임을 요구하기에 이르렀다. 외국인에게 자국군의 지휘권을 위임하는 것이 민족적 굴욕이라는 사실은 분명했다. 또 장제스로서는 중국군이 패주하는 가운데, 분출된 정권 비판에 따른 위신 저하가 지휘권 이양으로 결정적인 상황이 되는 것만은 어떻게든 피해야 했다.

결국 루스벨트는, 스틸웰에게 권한을 이양하는 문제에 더 얽매이게 된다면 장제스가 실각하고 중국은 전선에서 이탈할지도 모른다고 염려한 정부 내의 목소리에 동의하여, 10월 스틸웰의 해임을 결단하였다. 연합국 측에서 보면, 전쟁 국면 전체에서 중국 전구가 차지하는 중요성이 낮아진 상태에서 지휘 체제를 변화시켜 얻을 수 있는 군사적인 이익보다 중국을 연합국에 머물게 하는 정치적 이익을 추구하는 쪽이 전후 체제의 구축에 더 유리하다고 판단한 결과였다.

스틸웰의 해임을 받아들이게 되자 중국에 대한 미국의 감정은 잠시 악화되었다. 그러나 '4대국' 가운데 하나가 된 중국의 정치적 통일과 안정이 단순히 중국 한 나라의 문제가 아니라 미국이 주도하는 전후 국제 체제의 중요한 포인트였음은 명백했다. 그 때문에 미국은 국민정부가 떠맡은 문제, 예컨대 공산당과의 교섭과 독재 체제의 단계적 해소를 촉구하는 형태로 중국의 내정 문제에 더 강하게 관여했다.

한편, 국민정부로서도 국내의 정치 개혁을 추진하는 것은 국내 여론의 지지를 얻을 뿐 아니라 4대국의 일원으로서 감당해야 하는 국제적 책무이기도 했다. 대전이 연합국의 승리로 돌아가리라는 것이 누가 봐도 분명해진 1945년 5월, 국민당은 충칭에서 제6차 당대회를 개최했다(당원 약 265만 명). 대회에서 국민당은 전후 부흥 계획을 새로이 명시함과 동시에 헌정 실시의 과정으로서 헌법을 제정하기 위한 국민대회를 소집하기로 결정했다. 일정은 쑨원 탄생 기념일이 예정된 11월에 맞추었다.

**일본의 항복**　　1945년이 되어 세계대전은 막바지 단계에 진입했다. 4월 미군이 오키나와(沖繩)에 상륙했고, 5월에는 소련군에 베를린을 점령당한 독일이 항복했다. 중국 전선에서도 대륙타통작전으로 병력이 부족해진 일본의 화북 점령지로 8로군이 진공하여 '해방구'를 확대했다. 또한 국민정부군도 전년의 대패로 잃어버린 지역을 탈환했을 뿐 아니라, 미국식 훈련을 받은 신식 사단을 통해 후난의 비행장 파괴를 노린 일본군의 즈장(芷江) 작전을 격퇴시켜(5월) 큰 손실을 입혔다. 이제 일본군의 퇴각 형세는 중국 전선에서도 숨길 수 없는 사실이 되었다.

7월 미국·영국·소련 세 나라 수뇌가, 항복한 독일에서 회담하여 일본의 항복 조건(일본의 영토 축소, 군비 철폐, 전범 재판, 연합국 점령 등)을 결정했고, 중국의 승인을 얻은 뒤 26일 미국·영국·중국의 3국 공동선언으로 발표되었다(포츠담선언, 이후 소련도 참가했다). 일본이 이러한 조건 수락을 결단하지 못하고 있는 사이에 히로시마와 나가사키에 원자폭탄이 투하되면서 소련의 대일 참전이 이루어졌다(8월 8일에 대일 선전포고, 9일 진공 개시). 이로써 전쟁을 단념한 일본 정부는 8월 10일 천황제 유지를 조건으로 포츠담선언을 수락한다는 뜻을 연합국 측에 전했다.

'일본의 항복' 소식은 그날 바로 중국 각지로 퍼져 나갔고, 10일 밤부터 11일에 걸쳐 충칭을 비롯한 도시에서는 사람들이 거리로 몰려나와 폭죽을 터뜨리며 승리 소식에 기뻐했다. 오랜 기간 고통을 준 전쟁이 드디어 끝난 것이다. 그것도 일본을 항복시키고 끝이 났다. 치른 희생이 컸던 만큼 중국인들의 기쁨은 이루 말로 표현할 수 없었다.

현재 중국에서는 1937년부터 1945년까지 8년에 걸친 전쟁으로 중국 군인과 민간인 사상자 3천5백만 명 이상, 재산 손실 600억 달러 이상으로 추산하고 있다. 일본군의 사망자는 약 47만 명으로 추정된다. 오로지 중국인을 굴복시키기 위한 전쟁과 그에 따른 무수한 만행과 살육을 저지름으로써, 일본은 그때까지의 중일 관계사를 근원적으로 붕괴시키는 거대한 불행을 만들어 냈다고 할 수밖에 없다.

물론 침략을 통하여 일본이 중국에게 약간의 '기여'를 했다고 볼 수도 있다. 예컨대 중국 내셔널리즘의 각성·신장을 촉진시켰다는 사실, 만주국과 점령지에서의 경제개발이 그 후 접수를 통해 중국 산업의 일부 기반이 되었다는 사실 등이다. 그러나 이 경우의 '기여'는 모두 수탈을 통해 이루어졌다는 역설적인 의미에 그치며, 수탈의 크기와 전쟁 자체가 지닌 참화의 심대함에는 미치지 못한다.

중국에서 대일전쟁 승리는 자주 '참승'(慘勝, 참담한 승리)으로 표현되는데, 그것은 전쟁이 남긴 이와 같은 대책 없는 인적·물적 피해를 표현한 것이다.


**갑자기 이루어진 일본의 항복**  중국의 많은 사람들에게 일본의 항복은 예상된 것이긴 했지만, 1945년 8월 중순에 갑자기 현실로 나타날 것이라고는 국민당도 공산당도 상상하지 못했다. 마오쩌둥은 8월 상순까지만 해도 일본이 항복하려면 1년 정도는 더 걸릴 것으로 보고, 각지의 부대에 '해방구'를 확대하고 장차 일본 항복과 동시

**일본군의 항복 문서 조인식(난징, 9월 9일)** 고바야시 센사부로(小林淺三郎, 지나파견군 총참모 장, 오른쪽)가 건네는 항복 문서를 허잉친(何應欽, 왼쪽)이 받고 있다(《中國近代珍藏圖片庫 蔣 介石與國民政府》).

에 발생하게 될 국민당과의 내전에 준비하라고 명령했다.

　　그런가 하면 장제스로서도 1945년은 가을 또는 연말에 예정된 일본 군에 대한 총반격 작전을 위해 전비를 준비함과 병행하여 공산당에 대 한 무력 토벌에도 본격적으로 나설 때였다. 그해 4월 초에 이미 장제스 는 "전력을 다해 간비(奸匪) 조직 및 군사력을 섬멸한다"는 것을 목적으 로 하는 군 사령부의 작전 계획서를 비밀리에 승인하였다. 그들에게 공 산당의 변구와 군은 이미 '비구'(匪區)이며 '간군'(奸軍)과 다름없었다. 실제, 7월 중순에는 섬감녕 변구 주변에서 공산계 부대와 국민정부군(후 쭝난胡宗南 부대)의 전투가 시작되었다.

　　이러한 상황에서 갑자기 등장한 일본의 항복 소식은 전후 처리라는 이름으로 새로운 각축이 전개될 신호탄이었다. 충칭이 승전 소식으로 기뼈 흥분하고 있던 10일 심야부터 이튿날에 걸쳐 공산당의 옌안 총사령부(총사령관 주더朱德)는 휘하 부대에게 연달아 지령을 내렸다. 근처 일본군 점령지로 진격하여 적군을 무장해제시켜 항복시킬 것, 소련군에 호응하여 러허·랴오닝·지린 등으로 진주할 것 등이었다.

이에 대하여 장제스는 바로 공산당계 부대가 주체가 되어 항복을 수리하는 것을 금지하고 주둔지에서 명령을 대기하라고 지시했다. 지리적으로 볼 때 대체로 공산당군은 화북을 중심으로 일본군 점령지와 가까운 곳에서 작전을 펼친 것에 비해, 서남부에서 활동하던 국민정부군이 접수를 위해 이동하는 데에는 시간이 필요했다. 따라서 국민당의 입장에서 볼 때 공산당군이 접수하는 사태는 어떻게든 저지하지 않으면 안 되었다.

그러나 이때 이미 100만에 가까운 병력을 보유하고 항일전을 자력으로 싸워 왔다고 자부한 공산당은, 장제스의 명령을 거부하고 국민당과의 충돌을 각오한 끝에 진주·접수를 강행하였다. 일본군(지나파견군)의 막대한 병기와 물자가 어디로 향할 것인가는 국민정부에게도, 그 지휘 아래에 있던 공산당에게도 군사적 힘 관계와 직결되는 큰 문제였다.

**전쟁에 승리했지만**  8월 9일 이후 성난 파도와 같은 기세로 중국 동북(만주국)으로 진공한 소련군은 관동군을 쫓아 버리고 바로 동북 전체를 석권하였다. 이로써 만주국은 허망하게 와해되었다(18일에 푸이가 퇴위했고 20일에는 만주국 해산 선언이 이루어졌다). 중국 동북부의 일본군이 소련군에게 항복했기 때문에 병기, 공업 시설, 물자 등에 대한 접수·인도 문제는 그 후 소련·국민정부·중국공산당이 연루되는 복잡한 쟁탈전 양상을 보였다.

한편, 1944년의 왕징웨이가 병사한 이후 천궁보(陳公博)가 정부 주석 대리를 맡은 난징의 '국민정부'도 8월 16일 스스로 해산을 선언했다. 그러나 이 괴뢰정권이 거의 동시에 소멸한 만주국과 다른 점은 해산에 앞서 저우푸하이(周佛海) 등 수뇌가 충칭정부에 의해 '상하이 행동대 총지휘' 등에 임명되어 충칭정부의 접수 때까지 지배 지역의 치안 유지(공산당 세력의 침투 방지)를 맡았다는 것이다. 전후 한젠(漢奸) 재판에서 이렇게 충칭정부에 협력한 일부 '한젠'들은 "질서를 유지하고 인민에게 도탄의 고통을 주지 않았으며 사회의 안전에 공헌한 점이 적지 않다"는 이유로 감형되었다.

공산당에게 점령지와 무기, 탄약을 인도하지 않는다고 한다면 국민정부의 입장에서 볼 때 어제까지 적이었던 일본군의 이용 가치는 얼마든지 커질 수 있었다. 실제 44개 사단 105만의 병력을 지닌 지나파견군은 국민정부의 요구에 잘 호응하였다. '방공'이라는 면에서 국민정부 측과 같은 입장에 섰던 지나파견군 수뇌부는 국민정부군에 대해 재빠르게 항복을 결의했을 뿐 아니라, 8월 18일에는 "충칭 중앙정권의 통일을 용이하게 하고 중국의 부흥 건설에 협력하며 …… 나아가 중앙정권의 무력 충실에 기여한다"는 방침을 결정했다.

더욱이 파견군 측의 요청을 받아들여, 일본의 대본영은 22일 지나파견군에 대하여 "국지적 자위의 조치를 실시하는 것"을 인정했다. '국지적 자위'는 간단하게 말하면 공산당군에게 무장해제를 강요받은 부대는 무력으로 저항할 수 있다는 의미이다. 그 결과 화북에서는 8월 15일 이후에도 공산당군과 일본군의 전투가 계속되었고 산시(山西)에서는 1만의 일본군이 전후 3년이 넘도록 국민정부군의 지휘 아래 공산당군과 전투하는 사태가 발생했다.

전쟁 종결에 따른 수속은 일본의 항복이 보도된 8월 10일 이후 일본 측의 항복 수락 정식 결정(14일) 다음 날, 이른바 옥음방송(玉音放送), 도쿄 만에서 이루어진 연합국에 대한 항복 문서 조인(9월 2일), 중국 전구의 일본군 항복 문서 조인(9월 9일, 난징)으로 이어졌지만, 대일전 승리를 경계로 중국 전체가 복잡하게 꼬이기 시작했다.

# 결 론

<br>

일본이 항복하는 과정에서 드러난 왜곡상은 중국의
**일본의 패전 인식**　　　전후사뿐 아니라 중일 관계의 전후사에도 영향을 끼
쳤다. 잘 알려진 것처럼, 항복한 일본(군)에 대한 중국의 자세는 장기간
에 걸친 침략과 그 침략 전쟁 과정에서 저지른 수많은 학살 폭압을 본다
면 경이로울 정도로 관대했다. 그 전형적인 면모는 대일전 승리에 대한
장제스의 라디오 연설(8월 15일 오전)에 잘 드러나 있다.

　그는 나라 안팎을 향한 연설에서 8년 동안 받은 고통과 희생을 돌아
보고, 그 비극이 세계에서 마지막 전쟁이 되어야 한다고 희망함과 동시
에 일본인에 대한 일체의 보복을 금지했다. '불념구악'(不念舊惡, 과거의
죄악을 탓하지 않는다), '여인위선'(與人爲善, 남에게 좋은 일을 한다)이라는
말로 '사람의 도리'를 강조한 연설의 정신은, 그 뒤로 '이덕보원'(以德報
怨, 덕으로써 원한을 갚는다)이라는 네 글자로 집약되어 패전국 일본에 대
한 중화민국의 기본 방침이 되었다.

　물론 이 방침의 배후에는 공산당을 제압하기 위해 패배한 군대를 이
용하려는 국민정부의 의도가 없었다고는 말할 수 없다. 하지만 큰 전쟁

승전을 맞아 라디오 연설을 하고 있는 장제스(1945년 8월 15일, 《中國近代珍藏圖片庫 蔣介石與 國民政府》).

을 겪으며 '대국'의 명예를 유지하게 된 중국의 큰 도량에 수많은 일본인 (특히 중국에 있던 일본 군인과 민간인)이 감명을 받았음에 틀림없다. 하지만 이 '이덕보원'의 숭고함 덕분에 일본이 장제스(국민정부)를 존경하고 국민정부에 협력하게 되었지만, 한편으로는 일관되게 애매한 일본의 전쟁 책임을 더욱 굴절시키는 데에 모양 좋은 보호막으로 작용한 것도 사실이다.

대체로 중국에 있던 일본군은 항복에 즈음해서도 전쟁에서 패배했다고 거의 인식하지 않았다. 지나파견군의 한 참모는 전후가 되어서도 "이것은 지나파견군 전체의 분위기인데, 우리는 진 것이 아니며 전쟁 전체로는 승리하였다. 본점이 영업에 실패하여 상점 이름을 내리는 것은 어쩔 수 없으나 흑자를 보는 지점도 문을 닫아야 한다. 실력 면에서는 전혀 문제가 없는 상태였다"고 회상하였다. 결국 영국과 미국을 상대로 한 본국(본점)이 졌기 때문에, 중국을 상대로 승리하고 있던 지나파견군(지점)까지 어쩔 수 없이 졌다는 논리이다.


**전후의 중일 관계** "결국 '패전'과 '항복'의 대상은 무엇보다도 영국과 미국을 중심으로 한 나라들을 대상으로 한 것이지 중국은 아니었다." 이러한 인식 아래 왜곡된 전쟁관이나 중국관은, 아니나 다를까 중국에 대한 '전쟁 책임' 정서를 영국과 미국에 대한 '책임'과는 다른 방향으로 이끌어 갔다. 지나파견군 총사령관 오카무라 야스지(岡村寧次)가 직접 초안을 만든 〈화평 직후의 대지나 처리요강〉(和平直後の對支處理要綱, 8월 18일)에는 이렇게 서술되어 있다.

지나는 동아(東亞)에 남아 있는 유일한 대국으로서 장차 열강의 압박 아래 극히 어려운 흥국(興國)의 대업으로 나아가지 않으면 안 되는 정세에 비추어, 점차 제국은 확실히 숙원을 관철하고 일본과 지나의 기존 관계를 일소하여 극력으로 지나를 지원 강화함으로써 장래의 제국 비약과 동아의 부흥에 이바지한다.

즉 장기간에 걸친 전쟁의 참화는 '기존 관계'로서 모조리 지워졌고, 일본은 종래의 '숙원'을 달성해야 하며, 이후에도 '열강의 압박'을 받게 될 중국을 '지원 강화'하여 그를 통해 자국의 '비약'을 기대해야 한다고 생각했다. 이러한 인식에 바탕을 둔 이상, 거기에서 도출된 중국에 대한 '책임'은 침략한 자로서 자책하는 방향으로 나아가지 않고, 장제스 정권

**항복 문서에 서명하는 지나파견군 총사령관 오카무라 야스지** 그 곁에서 일본군 참모들이 지켜보고 있다(1945년 9월 9일, 《中國近代珍藏圖片庫 汪精衛與汪僞政權》).

의 "무력 충실에 기여한다"라는 방향으로 향하게 되었음은 당연한 귀결이었다. 단순히 군부만이 전쟁 책임을 둘러싸고 이렇게 왜곡된 인식을 가진 것은 아니었다. 다수의 일본인 역시 그러한 '책임' 방식을 중국 측도 바란다고 받아들여, 어떤 이는 장제스에게 감사했고 또 어떤 이는 중국과 벌인 전쟁을 잊었다.

하지만 일본이 어처구니없는 패전 인식과 중국 인식에 빠져 있던 기간은 길지 않았다. 1949년에 장제스가 '중화민국'이라는 이름을 갖고 타이완으로 도주했고, 그 결과 일본이 편하게 생각한 '중국'이 대륙에서 자취를 감추어 버렸기 때문이다. 이리하여 중일 관계는 "전쟁 책임의 재인식에 더하여, 중국은 어디로 향하는가"라는 근원적인 문제 제기를 동반한 기나긴 전후의 시간을 맞이하게 되었다.

**중국과 소련,**
**또 하나의 왜곡**

전후 중국의 부흥과 통일을 내걸었던 국민정부에게, 8월 9일의 대일 참전 이래 압도적인 병력으로 동북의 일본군을 몰아낸 소련과 관계를 서둘러 조정하는 일은, 어떤 의미에서 일본군의 항복을 받아들이는 것 이상으로 중요한 과제였다. 그것은 중국의 처지에서 볼 때 중앙정권으로서의 정통성을 국제적으로 확립하기 위한 마무리인 동시에, 공산당 처리라는 성가신 현안을 해결하는 데에도 핵심적인 과제였기 때문이다. 황급하게 중소우호동맹조약이 조인된 그날(8월 14일), 장제스가 마오쩌둥에게 나라 안팎의 '각종 중요 문제'를 논의하기 위해 충칭으로 오라고 제안했다는 사실에서 장제스에게 중소 조약이 의미하는 바를 짐작할 수 있다. 장제스는 조약 체결에 맞춰 이런저런 양보를 하는 대신 소련 측에 중공을 지원하지 말 것, 중국에 대한 원조는 모두 국민정부에게 할 것 등을 인정하게 했다.

사실 이때 공산당 쪽에서는 일본군 점령지에 대한 진주와 접수가 국민정부군과의 충돌로 발전하게 될 것이라 내다보고 내전도 불사한다는 방침을 세워 놓고 있었다. 이미 공산당은 8월 10~11일 화중(華中)의 부대에 상하이, 난징, 우한, 쉬저우(徐州) 같은 대도시와 주요 교통로를 점령하라고 명령했다. 심지어 장쑤, 안후이, 저장 성의 성정부 주석과 상하이와 난징 같은 대도시의 시장 명부까지 작성하고 있었다. 나아가 공산당은 일본군의 항복 수리가 금지된 데 항의하여 8월 15일 미국·영국·소련 앞으로 보내는 각서를 '중국 해방구 항일군 총사령관' 주더의 명의로 제출하고, 국민정부를 '국민당 정부'라는 호칭으로 불렀다. 이런 명의와 호칭은 공산당 측이 이미 국민정부의 통치에서 이탈했고, 국민정부를 중국의 정통 정권으로 인정하지 않는다는 사실을 보여 준다. 공산당계 부대를 '인민해방군'으로 개칭하고 무장봉기를 통한 상하이 탈환도 계획했다. 8월 10일 즈음에는 전쟁 종결이 내전 발발로 전환되기 직전 상황으로 치닫고 있었다.

중소우호동맹조약은 이런 긴박한 정세 속에 아주 미묘한 시점에서 체결되었다. 그리고 일주일 뒤에 공산당은 내전 회피와 충칭회담에 마오쩌둥 참가를 촉구하는 모스크바의 전보를 받았다. 스탈린은 중국이 얄타에서 거둔 성과를 보증해 주기를 바랐던 것이다. 이리하여 공산당은 8월 21일 이후 그때까지 보인 강경 방침을 전환하여, 당초에 '완벽한 도박'으로 간주한 충칭회담 제안을 수락했다. 그 사이에 이루어지는 공산당계 부대의 접수 활동에 대하여 일본군은 강하게 저항했다. 무엇보다 연합국도 국내 여론도 내전에는 분명히 반대했다.

8월 28일 충칭에 도착한 마오쩌둥은 10월까지 장제스와 교섭을 거듭했다. 두 사람의 대화는 10월 10일 '쌍십회담기요'(雙十會談紀要, 쌍십협정)라는 합의에 도달했다. 하지만 이 사이에도 공산당은 비밀리에 전략 요충지인 동북 지역으로 부대와 간부를 진입시켰고, 소련군의 묵인 아래 구일본군의 무기와 탄약을 획득하며 세력을 확대하고 있었다. 1945년 말까지 동북으로 이동한 인원은 장병 약 11만 명에 당 간부 2만 명을 헤아렸다. 동북에서 국민정부를 지지한다는 공식 입장을 취한 소련군이 몰래 공산당의 세력 확대를 지원하는 또 하나의 왜곡이 진행된 것이다. 11월부터 12월에 걸쳐 동북·화북의 요충지를 둘러싼 국민당과 공산당의 군사 분쟁은 갈수록 격렬해졌다. 전후의 평화가 달성될 수 있을까 하는 불안과 기대가 엇갈리는 가운데 승리한 1945년은 저물어 가고 있었다.

# 후 기

　이데올로기 시대의 종언이라는 말이 나온 지 오래다. 현재 중국 근현대사에 관한 일본의 연구 역시 국민당과도 공산당과도 거리를 두거나, 양당 어디도 주역이 아니었다는 데로 논의의 중심이 옮겨 가고 있다. 이렇듯 이데올로기 시대의 산물인 '혁명사관'이 진부해지긴 했지만 그렇다고 해서 그것으로 '혁명사관'으로 해결되지 않은 문제가 해결되었는가 하면 그 점에 대해서 약간은 미덥지 않다.

　혁명사관이 후퇴한 사이에 소련이 붕괴하여 모스크바 문서관 자료가 공개되고, 중국에서 자료 발굴과 연구의 진전이 이루어졌다. 그리고 이들을 통해 중대한 정치 사건의 진상에도 접근할 수 있게 되었다. 그럼에도 정치사나 혁명사에 대한 관심이 희박했기 때문에, 새 자료가 공개되어 가능해진 역사의 진상 해명에 노력을 기울이지 못한 측면도 있다. 그렇다면 새 자료를 이용할 수 있게 된 이 기회에 다시 이데올로기 시대로 뛰어 들어가 보는 건 어떨까? 그것도 그 시대의 대표 선수인 국민당과 공산당 양당을 정면에서 응시하고 이해하는 형태로 말이다. 이런 문제의식이 이 책의 출발점이었다.

그동안의 통사와 비교하면, 이 책의 특징 가운데 하나는 새로운 자료 덕분에 명확해진 소련의 역할과 혁명운동의 실제에 대하여 상당한 지면을 할애했다는 점이다. 또한 근년에 공개된《장제스 일기》를 이용할 수 있게 된 것도 필자로서는 다행스러운 일이었다. 이 책에서는 장제스의 일기를 인용할 때 스탠퍼드대학 후버연구소가 소장하고 있는 일기 원본을 이용했다. 이른바《장제스 일기》(정확하게 말하면 일기를 수록한 연보)는 예전부터 여러 판본이 간행되었다. 하지만 이번 원본과 대조하면서 종래의 판본에 장제스 스스로 뒷날 가필하고 수정한 부분이 꽤 많이 포함되었다는 사실을 보고 다시 한 번 강한 인상을 받았다.

　　예컨대 이 책에서 언급한 장쭤린 폭살 사건에 대하여, 지금까지의 판본은 사건 직후에 쓴 일기였기에 이렇게 기술되어 있었다. "장쭤린이 펑톈의 황구툰(皇姑屯)에서 관동군이 부설한 지뢰로 폭살되었다. …… 일본인의 음험비도(陰險非道)함이란 이와 같다." 그러나 장제스가 일본에 의한 모살임을 간파했음을 보여 주는 이 부분은 일기의 원본에서는 찾아볼 수 없다. 훗날 높은 위치에서 바람직한 역사상·자기상을 만들려고 하는 역사 서술의 이데올로기성은 이런 대목에서도 확인할 수 있다.

　　정치와 혁명에 정면으로 도전한 이 책이 종래의 '혁명사관'과는 다른 시각과 내용을 얼마나 제시했는지에 대해서 독자들의 판단과 평가를 기다리며 기탄없는 비판을 바란다. 마지막으로 이 책의 집필이 순조롭게 이루어질 수 있도록 도와준 오다노 코메이(小田野耕明) 씨에게 깊은 감사를 드린다.

2010년 한여름

이시카와 요시히로(石川禎浩)

# 참고문헌

전체

波多野善大,《国共合作》, 中央公論社, 1973.

サンケイ新聞社,《蔣介石秘録》, 全15冊, サンケイ出版, 1975~1977.

小野信爾,《人民中国への道》, 講談社, 1977.

小野和子,《中国女性史》, 平凡社, 1978.

野沢豊·田中正俊 編,《講座中国近現代史》第5·6巻, 東京大学出版会, 1978.

小島晋治·丸山松幸,《中国近現代史》, 岩波書店, 1986.

西村成雄,《中国ナショナリズムと民主主義》, 研文出版, 1991.

竹内実 編,《中国近現代論争年表》上, 同朋舎出版, 1992.

姫田光義 外,《中国20世紀史》, 東京大学出版会, 1993.

堀川哲男 編,《アジアの歴史と文化 5 中国史 近·現代》, 同朋舎出版, 1995.

高橋孝助·古厩忠夫 編,《上海史》, 東方書店, 1995.

NHK取材班,《毛沢東とその時代》, 恒文社, 1996.

中嶋嶺雄 編,《中国現代史》新版, 有斐閣, 1996.

狭間直樹 外,《データでみる中国近代史》, 有斐閣, 1996.

横山宏章,《中華民国》, 中央公論社, 1997.

野村浩一,《蔣介石と毛沢東》, 岩波書店, 1997.

狭間直樹·長崎暢子,《世界の歴史 27 自立へ向かうアジア》, 中央公論新社, 1999.

天津地域史研究會 編,《天津史》, 東方書店, 1999.

松丸道雄 外編,《世界歴史大系 中国史 5》, 山川出版社, 2002.

ボリス·スラヴィンスキー, ドミートリー·スラヴィンスキー, 加藤幸廣 訳,《中国革命と
    ソ連》, 共同通信社, 2002.

田中仁 編著,《原典で読む20世紀中国政治史》, 白帝社, 2003.

西村成雄,《20世紀中国の政治空間》, 青木書店, 2004.

楊奎松,《毛澤東与莫斯科的恩恩怨怨》第3版, 江西人民出版社, 2005.

菊池秀明,《中国の歴史 10 ラストエンペラーと近代中国》, 講談社, 2005.

中央大学 人文科学研究所 編,《民国後期中国国民党政権の研究》, 中央大学出版部, 2005.

劉傑 外編,《国境を越える歴史認識》, 東京大学出版会, 2006.

楊天石,《蔣介石与南京國民政府》, 中國人民大學出版社, 2007.

川島眞·服部龍二 編,《東アジア国際政治史》, 名古屋大学出版会, 2007.

沈志華 主編,《中蘇關係史綱》, 新華出版社, 2007.

楊奎松,《國民黨的'聯共'与'反共'》, 社會科學文獻出版社, 2008.

楊天石,《找尋眞實的蔣介石》, 山西人民出版社, 2008.

久保亨 外,《現代中国の歴史》, 東京大学出版会, 2008.

楊奎松,《民國人物過眼錄》, 廣東人民出版社, 2009.

飯島渉 外編,《シリーズ20世紀中国史》全4卷, 東京大学出版会, 2009.

池田誠 外,《図説 中国近現代史》第3版, 法律文化社, 2009.

貴志俊彦 外編,《摸索する近代日中関係》, 東京大学出版会, 2009.

末次玲子,《20世紀中国女性史》, 青木書店, 2009.

ロバート·ビッカーズ, 本野英一 訳,《上海租界興亡史》, 昭和堂, 2009.

榎本泰子,《上海: 多国籍都市の百年》, 中央公論新社, 2009.

王奇生,《革命与反革命》, 社會科學文獻出版社, 2010.

中央大学 人文科学研究所 編,《中華民国の摸索と苦境: 1928~1949》, 中央大学出版部, 2010.


서론

唐啓華,《北京政府與國際聯盟》, 東大圖書公司, 1998.

西村成雄 編,《中国外交と国聯の成立》, 法律文化社, 2004.

石川禎浩,〈死後の孫文〉,《東方学報》京都, 第79冊, 2006.


1장

ハロルド·R·アイザックス, 鹿島宗二郎 訳,《中国革命の悲劇》(全訂版), 至誠堂, 1971.

野沢豊 編,《中国国民革命史の研究》, 青木書店, 1974.

山田辰雄,《中国国民党左派の研究》, 慶應通信, 1980.

臼井勝美,《中国をめぐる近代日本の外交》, 筑摩書房, 1983.

ジェローム·チェン, 北村稔 外訳,《軍紳政権》, 岩波書店, 1984.

狭間直樹 編,《中国国民革命の研究》, 京都大学 人文科学研究所, 1992.

緒形康,《危機のディスクール》, 新評論, 1995.

狭間直樹 編,《1920年代の中国》, 汲古書院 1995.

ラーズ·リー 外編, 岡田良之助·萩原直 訳,《スターリン極秘書簡》, 大月書店, 1996.

栃木利夫·坂野良吉,《中国国民革命》, 法政大学出版局, 1997.

北村稔,《第一次国共合作の研究》, 岩波書店, 1998.

石川禎浩,〈国共合作の崩壊とソ連·コミンテルン〉,《五十周年記念論集 神戸大学 文学
部》, 2000.

服部龍二,《東アジア国際環境の変動と日本外交: 1918~1931》, 有斐閣, 2001.

姚金果 外,《共産國際, 聯共(布)与中國大革命》, 福建人民出版社, 2002.

王奇生,《黨員, 黨權与黨爭》, 上海書店出版社, 2003.

嵯峨隆,《戴季陶の対日觀と中国革命》, 東方書店, 2003.

坂野良吉,《中国国民革命政治過程の研究》, 校倉書房, 2004.

丁文江·趙豊田 編, 島田虔次 編訳,《梁啓超年譜長編》全5卷, 岩波書店, 2004.

服部龍二 外編,《戦間期の東アジア国際政治》, 中央大学出版部, 2007.

高嶋航,〈1920年代の中国における女性の断髪〉, 石川禎浩 編,《中国社会主義文化の研
究》, 京都大学 人文科学研究所, 2010.


2장

野沢豊 編,《中国の幣制改革と国際関係》, 東京大学出版会, 1981.

茅盾 編, 中島長文 編訳,《中国の一日》, 平凡社, 1984.

中国現代史研究会 編,《中国国民政府史の研究》, 汲古書院, 1986.

兪辛焞,《滿洲事変期の中日外交史研究》, 東方書店, 1986.

水野明,《東北軍閥政権の研究》, 国書刊行会, 1994.

臼井勝美,《滿洲国と国際連盟》, 吉川弘文館, 1995.

久保亨,《戦間期中国'自立への模索'》, 東京大学出版会, 1999.

藤井省三,《現代中国文化探検》, 岩波書店, 1999.

萩原充,《中国の経済建設と日中関係》, ミネルヴァ書房, 2000.

飯島渉,《ペストと近代中国》, 研文出版, 2000.

秋田茂·籠谷直人 編,《1930年代のアジア国際秩序》, 溪水社, 2001.

森時彦,《中国近代綿業史の研究》, 京都大学学術出版会, 2001.

家近亮子,《蔣介石と南京国民政府》, 慶應義塾大学出版会, 2002.

土屋光芳,《汪精衛と蔣汪合作政権》, 人間の科学新社, 2004.

謝黎,《チャイナドレスをまとう女性たち》, 青弓社, 2004.

江夏由樹 外編,《近代中国東北地域史研究の新視角》, 山川出版社, 2005.

飯塚靖,《中国国民政府と農村社会》, 汲古書院, 2005.

森時彦 編,《在華紡と中国社会》, 京都大学学術出版会, 2005.

貴志俊彦 外編,《戦争・ラジオ・記憶》, 勉誠出版, 2006.

段瑞聰,《蔣介石と新生活運動》, 慶應義塾大学出版会, 2006.

水羽信男,《中国近代のリベラリズム》, 東方書店, 2007.

加藤陽子,《満洲事変から日中戦争へ》, 岩波書店, 2007.

味岡徹,《中国国民党訓政下の政治改革》, 汲古書院, 2008.

久保亨,《20世紀中国経済史の探求》, 信州大学 人文学部, 2009.

金以林,《國民黨高層的派系政治》, 社會科學文献出版社, 2009.

服部龍二,《日中歴史認識—'田中上奏文'をめぐる相剋 1927~2010》, 東京大学出版会,
    2010.

小野寺史郎,〈南京国民政府期の党歌と国歌〉, 石川禎浩 編,《中国社会主義文化の研究》,
    京都大学 人文科学研究所, 2010.

## 3장

張國燾,《我的回憶》全3卷, 明報月刊出版社, 1971~1974.

宇野重昭,《中国共産党史序説》上下, 日本放送出版協会, 1973~1974.

ソ連科学アカデミー極東研究所 編著, 毛里和子・本庄比佐子 訳,《中国革命とソ連の顧
    問たち》, 日本国際問題研究所, 1977.

宍戸寛,《中国紅軍史》, 河出書房新社, 1979.

姫田光義,《中国革命に生きる》, 中央公論社, 1987.

ハリソン・E・ソールズベリー, 岡本隆三 監訳,《長征》, 時事通信社, 1988.

矢吹晋,《毛沢東と周恩來》, 講談社, 1991.

福本勝清,《中国革命への挽歌》, 亞紀書房, 1992.

金沖及 主編, 狭間直樹 監訳,《周恩來伝》全3卷, 阿吽社, 1992~1993.

福本勝清,《中国共産党外伝》, 蒼蒼社, 1994.

エドガー・スノー, 松岡洋子 訳,《中国の赤い星》上下, 筑摩書房, 1995.

田中恭子,《土地と権力: 中国の農村革命》, 名古屋大学出版社, 1996.

高橋伸夫,《中国革命と国際環境》, 慶應義塾大学出版会, 1996.

小林弘二,《20世紀の農民革命と共産主義運動》, 勁草書房, 1997.

福本勝清,《中国革命を駆け抜けたアウトローたち》, 中央公論社, 1998.

ケヴィン・マクダーマット 外, 萩原直 訳,《コミンテルン史》, 大月書店, 1998.

金冲及 主編, 村田忠禧・黄幸 監訳,《毛沢東伝》上下, みすず書房, 1999~2000.

陳永發,《中国共産革命七十年》(修訂版) 上下, 聯經出版, 2001.

中共中央黨史研究室,《中国共産黨歴史》第1巻, 中共黨史出版社, 2002.

近藤邦康,《毛沢東一実践と思想》, 岩波書店, 2003.

鄭超麟, 長堀祐造 外訳,《初期中国共産党群像》1・2, 平凡社, 2003.

高橋伸夫,《党と農民》, 研文出版, 2006.

楊奎松,《中國近代通史 8 內戰与危機》, 江蘇人民出版社, 2007.

孫江,《近代中国の革命と秘密結社》, 汲古書院, 2007.

田原史起,《20世紀中国の革命と農村》, 山川出版社, 2008.

韓鋼, 辻康吾 編訳,《中国共産党史の論争点》, 岩波書店, 2008.

高華,《革命年代》, 廣東人民出版社, 2010.

## 4장

松本重治,《上海時代》全3巻, 中央公論社, 1974.

長野広生,《西安事変》, 三一書房, 1975.

江口圭一,《日中アヘン戦争》, 岩波書店, 1988.

NHK取材班・臼井勝美,《張学良の昭和史最後の証言》, 角川書店, 1991.

岸田五郎,《張学良はなぜ西安事変に走ったか》, 中央公論社, 1995.

山本有造 編,《'満洲国'の研究》(改訂新版), 緑蔭書房, 1995.

西村成雄,《張学良》, 岩波書店, 1996.

今井駿,《中国革命と対日抗戦》, 汲古書院, 1997.

鹿錫俊,《中国国民政府の対日政策》, 東京大学出版会, 2001.

田中仁,《1930年代中国政治史研究》, 勁草書房, 2002.

安井三吉,《柳条湖事件から盧溝橋事件へ》, 研文出版, 2003.

內田尚孝,《華北事変の研究》, 汲古書院, 2006.

楊奎松,《西安事變新探》, 江蘇人民出版社, 2006.

黃自進 編,《蔣中正與近代中日関係》1・2, 稲郷出版社, 2006.

光田剛,《中国国民政府期の華北政治》, 御茶の水書房, 2007.

張友坤 外,《張學良年譜》(修訂版), 社會科學文獻出版社, 2009.

5장

德田教之,《毛沢東主義の政治力学》, 慶應通信, 1977.

益井康一,《漢奸裁判史》, みすず書房, 1977.

淺田喬二 編,《日本帝国主義下の中国》, 樂游書房, 1981.

石島紀之,《中国抗日戦争史》, 青木書店, 1984.

古屋哲夫,《日中戦争》, 岩波書店, 1985.

池田誠 編著,《抗日戦爭と中国民衆》, 法律文化社, 1987.

井上清・衛藤瀋吉 編著,《日中戦爭と日中関係》, 原書房, 1988.

公安部檔案館 編,《在蔣介石身邊八年: 侍從室高級幕僚唐縱日記》, 群衆出版社, 1991.

江口圭一,《十五年戦爭小史》(新版), 青木書店, 1991.

安井三吉,《盧溝橋事件》, 研文出版, 1993.

中央大学人文科学研究所 編,《日中戦爭》, 中央大学出版部, 1993.

王柯,《東トルキスタン共和国研究》, 東京大学出版会, 1995.

劉傑,《日中戦爭下の外交》, 吉川弘文館, 1995.

秦郁彦,《盧溝橋事件の研究》, 東京大学出版会, 1996.

奧村哲,《中国の現代史》, 青木書店, 1999.

笠原十九司,《南京事件と三光作戦》, 大月書店, 1999.

劉傑,《漢奸裁判》, 中央公論新社, 2000.

高華,《紅太陽是怎樣升起的: 延安整風運動的來龍去脈》, 中文大学出版社, 2000.

劉大年・白介夫 編, 曾田三郎 外訳,《中国抗日戦争史》, 桜井書店, 2002.

內田知行,《抗日戦爭と民衆運動》, 倉土社, 2002.

鄧野,《聯合政府与一黨訓政: 1944~1946年間國共政爭》, 社會科學文獻出版社, 2003.

三好章,《摩擦と合作: 新四軍 1937~1941》, 倉土社, 2003.

石島紀之・久保亨 編,《重慶国民政府史の研究》, 東京大学出版会, 2004.

石田米子・內田知行 編,《黄土の村の性暴力》, 創土社, 2004.

高綱博文 編著,《戦時上海: 1937~1945年》, 研文出版, 2005.

小林英夫・林道生,《日中戦爭史論》, 御茶の水書房, 2005.

倉沢愛子 外編,《岩波講座 アジア・太平洋戦爭》全8卷, 岩波書店, 2005~2006.

姫田光義・山田辰雄 編,《中国の地域政権と日本の統治》, 慶應義塾大学出版会, 2006.

波多野澄雄・戸部良一 編,《日中戦爭の軍事的展開》, 慶應義塾大学出版会, 2006.

中村哲夫,《日中戦爭を読む》, 晃洋書房, 2006.

高文謙, 上村幸治 訳,《周恩來秘錄》上下, 文藝春秋社, 2007.

秦郁彦,《南京事件》(增補版), 中央公論新社, 2007.

笠原十九司,《南京事件論爭史》, 平凡社, 2007.

楊天石,《抗戰与戰後中國》, 中國人民大學出版社, 2007.

笹川裕史·奧村哲,《銃後の中国社会》, 岩波書店, 2007.

吉田裕,《アジア·太平洋戰爭》, 岩波書店, 2007.

永井和,《日中戰爭から世界戰爭へ》, 思文閣出版, 2007.

菊池一隆,《中国抗日軍事史》, 有志舍, 2009.

**결론**

稻葉正夫 編,《岡村寧次大將資料》, 原書房, 1970.

読売新聞社 編,《昭和史の天皇》第14卷, 読売新聞社, 1971.

劉傑·川島真 編,《1945年の歴史認識》, 東京大学出版会, 2009.

※ 본문 가운데 직접 언급할 수 없었지만 지은이가 참조한 것이다. 역사 자료와 간행 사료, 사전류는 원칙적으로 제외하였다. 그 밖에 지면 관계상 싣지 않았지만 다수의 문헌, 연구로부터 가르침을 받았음을 덧붙여 둔다(각 장마다 간행 연도순으로 배열했다).

# 연 표

| | |
|---|---|
| 1925 | 3월 쑨원 사망. 5월 중화전국총공회성립. 5·30 사건. 6월 홍콩 파업 개시. 7월 광둥에서 국민정부 발족. 8월 랴오중카이(廖仲愷) 암살. 11월 궈쑹링(郭松齡) 반란. |
| 1926 | 3월 중산함 사건. 베이징정부, 시위대 탄압. 7월 국민혁명군, 북벌 본격 개시. 10월 북벌군, 우한(武漢) 점령. |
| 1927 | 1월 국민정부, 우한에서 업무 개시. 한커우(漢口) 조계 회수. 3월 상하이에서 무장봉기. 난징 사건. 4월 장제스, 상하이 쿠데타. 난징에서 국민정부 수립. 7월 우한 국민정부의 분공(分共). 제1차 국공합작 붕괴. 8월 공산당, 난창봉기. 9월 추수 봉기. 10월 마오쩌둥(毛澤東) 등 징강산으로. 11월 다나카 기이치-장제스 회담. |
| 1928 | 4월 국민혁명군, 북벌 재개. 5월 일본, 산둥 출병. 지난사변. 6월 장쭤린 폭살 사건. 북벌군, 베이징 입성. 북벌 종료. 공산당, 모스크바에서 제6차 당대회. 10월 국민당, 훈정강령 발표. 12월 장쉐량, 역치(易幟). |
| 1929 | 6월 일본, 국민정부를 정식 승인. 9월 중동철도를 둘러싼 봉소전쟁(奉蘇戰爭) 발발. |
| 1930 | 3월 좌익작가연맹 결성. 5월 중원대전(中原大戰) 발발. 중일관세협정. 7월 홍군, 창사(長沙) 점령. 9월 베이핑(北平)에 반장파(反蔣派)의 국민정부 수립. 11월 공산당에 대한 위초(圍剿) 작전 개시. |
| 1931 | 2월 장제스, 후한민(胡漢民)을 유폐시킴. 5월 훈정약법 제정. 광저우에 반장파의 국민정부 성립. 9월 류탸오후 사건(만주사변 발발). 11월 루이진(瑞金)에 중화소비에트공화국 성립. |
| 1932 | 1월 제1차 상하이사변. 3월 '만주국' 건국. 5월 《독립평론》 창간. 12월 중국민권보장동맹 결성. |
| 1933 | 2월 일본군, 러허 작전 개시. 3월 폐량개원(廢兩改元). 5월 탕구 정전협정. 11월 푸젠사변. |
| 1934 | 2월 장제스, 신생활운동 제창. 3월 '만주국,' 제제(帝制)로 이행. 10월 홍군, 장정 개시. |

| 1935 | 1월 공산당, 쭌이회의. 6월 우메즈-허잉친 협정. 도이하라-친더춘 협정. 8월 공산당, 8·1선언. 10월 홍군, 우치진에 도착. 11월 왕징웨이 저격 사건. 폐제개혁. 기동방공자치위원회(冀東防共自治委員會) 성립. 12월 12·9운동. 기찰(冀察)정무위원회 성립. 공산당, 와야오바오 회의. |
|------|------|
| 1936 | 5월 헌법초안(5·5헌법초안) 공포. 지나 주둔군 증병. 6월 전국각계구국연합회 성립. 량광사변. 10월 루쉰 사망. 11월 쑤이위안 사건. '구국 7군자' 체포 사건. 12월 시안사변. |
| 1937 | 7월 루거우차오 사건. 장제스, 루산(廬山) 담화. 중일 전면 충돌. 8월 제2차 상하이사변. 중소불가침조약. 전국징병제 발포. 9월 제2차 국공합작. 11월 국민정부, 충칭 천도를 성명. 12월 일본군, 난징 점령(난징 대학살). |
| 1938 | 1월 제1차 고노에 성명. 4월 국민당,〈항전건국강령〉채택. 10월 일본군, 우한·광저우 점령. 12월 왕징웨이, 충칭 탈출. |
| 1939 | 9월 국민참정회, 헌정 실시를 결의. 12월 국민당군, 섬감녕(陝甘寧) 변구 포위. |
| 1940 | 3월 왕징웨이, 난징에서 국민정부 수립. 8월 8로군(八路軍), 백단대전(百團大戰). 11월 일본, 왕징웨이 정권을 정식 승인. |
| 1941 | 1월 신4군(新四軍) 사건. 11월 전부(田賦)의 실물 징수. 12월 태평양전쟁 개시. 국민정부, 일본에 선전포고. 일본군, 홍콩 점령. |
| 1942 | 1월 연합국 공동선언 조인. 3월 국가총동원법. 4월 공산당, 정풍운동 개시. |
| 1943 | 1월 영미, 치외법권 철폐. 11월 장제스, 카이로회담 출석. |
| 1944 | 4월 일본군, 대륙타통작전(大陸打通作戰). 10월 스틸웰 해임. 11월 동투르키스탄공화국 수립. |
| 1945 | 2월 얄타회담. 4월 공산당 제7차 당대회. 마오쩌둥 '연합정부론.' 5월 국민당 제6차당대회. 헌법제정국민대회의 결정. 8월 소련 참전. 일본 항복. 중소우호동맹조약. 장제스와 마오쩌둥의 회담. 9월 중국 전구(戰區)의 일본군, 난징에서 항복 문서 조인. |

## 옮긴이 후기

　이 책은 차례만 한번 살펴보아도 알 수 있듯이 중국현대사를 다룬 통사이다. 주지하듯 이 시기 중국을 다룬 통사는 매우 많다. 굳이 새롭게 번역하여 중국 현대사에 관심 있는 일반 독자나 연구자를 번거롭게 할 필요는 없다고도 생각할 수 있다. 하지만 이 책은 기존의 통사와는 확실하게 구별되는 몇 가지의 특징과 장점을 갖고 있다.

　먼저 지은이 이시카와 요시히로(石川禎浩) 교수가 스스로 분명히 밝히고 있듯이, 이 책은 이데올로기 시대의 산물인 '혁명사관'(革命史觀)의 입장에서 중국 현대사를 서술하고 있다. 이러한 관점에서 국민당과 공산당을 중심으로 중국 현대사를 정면으로 서술하는 것은 유행에 한참 뒤떨어진 작업으로, 변화하는 시류에 편승하려는 일반 독자나 연구자들에게 진부하다는 인상을 주기 십상이다. 그런데 지은이가 설정한 '혁명사관'은 단순히 공산당의 승리를 전제로 한 목적론적 합리화 작업 내지는 공산당의 절대화를 지향하는 단순 지표가 아니다. 지은이의 의도는 단지 공산당과 국민당을 중심으로 전개된 중국 현대사의 실증적 규명에 방점을 두고 있다.

기존의 '혁명사관'에 대한 재검토라고 할 만한 그의 작업이 가능하게 된 것은 지은이의 학문적 역정과도 관련이 있다. 나는 2006년 베이징에서 열린 학회에서 지은이와 직접 만난 적이 있다. 그의 책을 번역하게 될 것이라고는 전혀 생각하지도 못했을 때였지만, 대학원 시절 수업 때부터 익히 알고 있던 연구자였기에 반가운 마음에 그 무렵 막 중국어로 출간된 그의 저서 《중국공산당 성립사》(中國共産黨成立史)를 받았다. 그때의 기억을 돌이켜 보면, 이른바 '민국사관'(民國史觀)이 주류가 된 일본 학계의 연구 풍토에서 여전히 정통 공산당사를 연구하는 젊은 학자가 있다는 사실에 한편으로 놀라면서 다른 한편으로 그의 학문적 열정을 부러워했던 것 같다. 이제 그의 또 다른 저서를 번역하게 되니 개인적으로 감회가 깊다.

이시카와 요시히로 교수의 공산당사 연구는 소련 해체와 그에 따른 당안관(檔案館) 자료의 개방에 따라 더욱 심화되었다. 이 책에 서술된 소련과 공산당의 관계, 항일전쟁 시기 소련과 국민당의 내밀하고도 구체적인 내용과 분석은 이렇게 새롭게 조성된 연구 환경으로 가능해졌다고도 할 수 있다. 지은이의 지적대로 역사적 사실 규명이 역사학의 본령이라 한다면, 새롭게 발굴된 사료에 기반을 둔 새로운 현대사의 서술은 어쩌면 당연한 일인지도 모른다. 이렇듯 기본에 충실하고자 한 지은이의 성실한 학문적 태도는 어설픈 이론과 일회적 연구 유행만을 쫓으려 했던 나 자신을 포함하여 여러 연구자들에게 귀감이 될 듯하다.

이 책의 또 다른 특징은 중국 현대사에 끼친 일본의 영향과 관련된 문제를 비교적 상세하게 다루고 있다는 점이다. 일본의 중국 침략이 직접적으로 중국공산당의 승리를 가져왔다고 할 수는 없겠지만, 일본을 배제하고 중국 현대사의 전개를 상상하기는 힘들다. 이른바 '전쟁과 혁명의 이중주'라고 하는 중국 현대사의 큰 흐름이다. 이 책은 만주사변-중일전쟁-태평양전쟁으로 이어지는 일본과의 전쟁과 중국의 '참승'(慘勝, 참담한 승리) 과정을 미국·소련을 비롯한 국제정치와 외교 질서 속에서 입체적으로 그려 내고 있다.

"중국과 일본의 전쟁은 왜 사변이라고 부르며, 정식 선전포고는 왜 이루어지지 않았는가?" "루거우차오 부근에 왜 일본군이 주둔했는가?" "난징대학살은 왜 발생했는가?" "시안사변의 평화적 해결은 어떻게 가능했는가?" "공산당의 만주 점령은 어떻게 이루어졌는가?" "소련은 왜 공산당이 아니라 국민당을 지원했는가?" "일본은 왜 중국에 대해 패전 의식을 느끼지 않고, 국민당은 왜 그러한 일본에게 관대했는가?" 중국 현대사의 흥미진진한 주제에 대하여 지은이는 명쾌하게 설명하고 있다. 이러한 주제들은 중국 현대사의 핵심 문제이면서도 기존의 통사, 심지어 연구서나 논문에서도 분명하게 규명되지 않은 문제라 할 수 있다. 이런 면에서 이 책은 단순한 통사나 개설서의 범위를 넘어 중요한 연구서로서도 손색이 없다고 할 수 있다.

이 책을 번역하면서, '통사'는 오랜 연구를 통해 내공을 지닌 연구자가 저술해야 한다는 학계의 진리를 다시 한 번 확인할 수 있었다.

2012년 12월
손승회

# 찾아보기

287